Juan bautista Alberdi

Obras políticas

Edición de Oscar Terán

Barcelona **2024**
Linkgua-ediciones.com

Créditos

Título original: Obras políticas

© 2024, Red ediciones S.L.

e-mail: info@linkgua-ediciones.com

Diseño de cubierta: Mario Eskenazi.

ISBN rústica: 978-84-9007-674-3.
ISBN ebook: 978-84-9007-372-8.

Sumario

Brevísima presentación

La vida

Juan Bautista Alberdi (Tucumán, 1810-París, 1884). Argentina.

Era hijo de un comerciante español y de Josefa Aráoz, de la burguesía tucumana. Su familia apoyó la revolución republicana; Belgrano frecuentaba su casa y Juan Bautista lo consideró un gran militar y un padrino, dedicando numerosas páginas a defender su figura. Esta actitud lo hizo polemizar con Mitre, y ganarse la enemistad de Domingo Faustino Sarmiento.

Alberdi estudió en el Colegio de Ciencias Morales de Buenos Aires y abandonó los estudios en 1824. Por esa época, se interesó por la música. Poco después estudió derecho y en 1840 recibió su diploma de abogado en Montevideo.

Fue autodidacta. Rousseau, Bacon, Buffon, Montesquieu, Kant, Adam Smith, Hamilton y Donoso Cortés influyeron en él. En 1840 marchó a Europa. Volvió en 1843 y se asentó en Valparaíso (Chile) donde ejerció la abogacía. En otro de sus viajes a Europa como diplomático, pretendió evitar que las naciones europeas reconocieran a Buenos Aires como nación independiente y se entrevistó con el emperador Napoleón III, el Papa Pío IX y la reina Victoria de Inglaterra. Mitre y Sarmiento lo odiaron.

Alberdi vivió entonces fuera de Argentina y regresó en 1878, cuando fue nombrado diputado nacional. Había sido diplomático durante catorce años. Las cosas habían cambiado: Sarmiento envió a su secretario personal a recibirle y lo abrazó. Sin embargo, los mitristas impidieron que fuera otra vez nombrado diplomático, en esta ocasión en París. Murió en un suburbio de dicha ciudad el 19 de junio de 1884.

Política y sociedad en Argentina

Prefacio al fragmento preliminar al estudio del derecho[1]

Yo ensayaba una exposición elemental de nuestra legislación civil, conforme a un plan que el público ha visto enunciado en un prospecto, y no podía dar un solo paso sin sentir la necesidad de una concepción neta de la naturaleza filosófica del derecho, de los hechos morales que debían sostenerle, de su constitución positiva y científica. Me fue preciso interrumpir aquel primer estudio para entregarme enteramente a este último.

Abrí a Lerminier[2] y sus ardientes páginas hicieron en mis ideas el mismo cambio que en las suyas había operado el libro de Savigny.[3] Dejé de concebir el derecho como una colección de leyes escritas. Encontré que era nada menos que la ley moral del desarrollo armónico de los seres sociales; la constitución misma de la sociedad, el orden obligatorio en que se desenvuelven las individualidades que la constituyen. Concebí el derecho como un fenómeno vivo que era menester estudiar en la economía orgánica del Estado. De esta manera la ciencia del derecho, como la física, debía volverse experimental; y cobrar así un interés y una animación que no tenía en los textos escritos ni en las doctrinas abstractas. El derecho tomó entonces para mí un atractivo igual al de los fenómenos más picantes de la naturaleza.

Así es como el derecho quiere ser concebido por nosotros; así es como su estudio honra a la mejor cabeza. Así es como Savigny, esta grande celebridad contemporánea de la jurisprudencia alemana, lo hace comprender a su nación, y como el elocuente Lerminier lo enseña a la Francia. Así es sobre todo como su estudio, es una exigencia viva de toda sociedad.

Una vez concebido de este modo, queda todavía que estudiar la ley que sigue en su desarrollo, es decir, la teoría de la vida de un pueblo; lo que constituye la filosofía de la historia. Otra ciencia nueva que nos es desconocida, y cuya inteligencia nos es tanto más precisa, cuanto que su falta ha sido y es la fuente de los infinitos obstáculos que ha encontrado nuestro

---

1   Primera edición, Buenos Aires, Imprenta de la Libertad, 1837. Reedición de Ricardo Grinberg, Buenos Aires, Editorial Biblos, 1984.

2   Jean-Louis Lerminier, *Introducción general a la historia del derecho*, París, 1825.

3   Friedrich Karl von Savigny, *De la vocación de nuestro siglo en legislación y en jurisprudencia*.

desarrollo político, desde la caída del antiguo régimen. Cuando esta ciencia haya llegado a sernos un poco familiar, nos hará ver que el derecho sigue un desenvolvimiento perfectamente armónico con el del sistema general de los otros elementos de la vida social; es decir, que el elemento jurídico de un pueblo, se desenvuelve en un paralelismo fatal con el elemento económico, religioso, artístico, filosófico de este pueblo; de suerte que cual fuere la altura de su estado económico, religioso, artístico y filosófico, tal será la altura de su estado jurídico. Así pues esta ciencia deberá decirnos, si el estado jurídico de una sociedad, en un momento dado, es fenomenal, efímero, o está en la naturaleza necesaria de las cosas, y es el resultado normal de las condiciones de existencia de ese momento dado. Porque es por no haber comprendido bien estas leyes, que nosotros hemos querido poner en presencia y armonía, un derecho tomado en la altura que no había podido soportar la Europa, y que la confederación de Norteamérica sostiene, merced a un concurso prodigioso de ocurrencias felices, con una población, una riqueza, una ilustración que acababan de nacer.[4]

Se trata pues de considerar el derecho de una manera nueva y fecunda: como un elemento vivo y continuamente progresivo de la vida social; y de estudiarle en el ejercicio mismo de esta vida social. Esto es verdaderamente conocer el derecho, conocer su genio, su misión, su rol. Es así como las leyes mismas nos mandan comprenderle, porque es el alma, la vida, el espíritu de las leyes. Saber pues leyes, no es saber derecho[5] porque las leyes

---

4   Sabemos que el señor de Angelis, trata de hacernos conocer a Vico. Haría un gran servicio a nuestra patria. Vico es uno de los que han enseñado a la Europa, la filosofía de la historia. Sea cual fuese el valor actual de sus doctrinas, él tiene el gran mérito de haber aplicado la filosofía a la historia; y su obra es todavía una mina de vistas nuevas y fecundas, una Ciencia nueva, en todo el sentido de la palabra.

5   Ca estos atales (los legisladores) sabrán conocer bien lo que deben facer, et el derecho, et la justicia et el pro comunal de todos (l. 9, tomo 1, pág. 1). Así, según las leyes, para hacer las leyes, es menester saber derecho, porque las leyes no son para otra cosa que la redacción del derecho. Si pues el derecho es el designio, el espíritu de las leyes, ni siquiera la interpretación de las leyes es posible, sin la inteligencia del derecho. Así en materia de leyes, no se puede hacer nada, si no se sabe el derecho: el derecho filosófico, se supone, porque el derecho positivo componiéndose de las leyes, la ley no ha podido decir, que para hacer las leyes fuera menester saber las leyes: porque esto no sería hacer leyes, sino copiar leyes.

no son más que la imagen imperfecta y frecuentemente desleal del derecho que vive en la armonía viva del organismo social. Pero este estudio constituye la filosofía del derecho. La filosofía pues, es el primer elemento de la jurisprudencia, la más interesante mitad de la legislación: «ella constituye el espíritu de las leyes».[6]

Lo conoció Cicerón cuando escribió estas palabras bellas y profundas: *Non e praetoris edicto, sed penitus ex intima philosophia hauriendam juris disciplinam.*

Los que no ven como Cicerón, los que no ven en el derecho más que una colección de leyes escritas, no hacen caso de la filosofía. Para ellos, hasta es extranjera a la jurisprudencia. Lo ha dicho así terminantemente el editor español de la Instituta de Álvarez en una nota anónima de que hace responsable a este autor; y cuando para decirlo se ha premunido de la autoridad de Barbadiño, ha culminado a este sensato portugués. Barbadiño no ha dicho que la filosofía fuera extranjera a la jurisprudencia, ha dicho lo contrario; ha condenado filosóficamente la filosofía escolástica, y en esto se ha mostrado discípulo de Ramus, de Bacon, de Descartes, porque en efecto, nada hay de más antifilosófico que la filosofía escolástica.

Una de las consecuencias de la separación de la filosofía y la jurisprudencia, ha sido el error de considerar esta última rama, como una pura «ciencia práctica». A nuestro ver es el mayor absurdo que pueda cometerse. Jamás se nos llegará a persuadir, de que la jurisprudencia no sea otra cosa que un arte mecánica. Esto es contrario a las intenciones mismas de nuestras leyes que quieren ser atendidas en su espíritu más que en sus palabras.

Y el estudio de este espíritu de las leyes, no es distinto de la filosofía de las leyes. Porque saber el espíritu de las leyes, es saber lo que quieren las leyes; y para esto, es menester saber de dónde salieron, qué misión tienen, a qué conducen: cuestiones todas que constituyen la filosofía de las leyes. De suerte que, filosofar, en materia de leyes, es buscar el origen de las leyes, la razón de las leyes, la misión de las leyes, la constitución de las leyes: todo esto para conocer el espíritu de las leyes. Y como indagar el espíritu de las leyes, es estudiar y entender las leyes como quieren las leyes, se sigue que

---

6   Victor Cousin.

la filosofía del derecho, es una exigencia fundamental impuesta por nuestras leyes mismas.

Y en efecto, conocer la ley, dice muy bien la ley, no es solamente conocer sus palabras, sino su espíritu. Pero, ¿cuál es el espíritu de todas las leyes escritas de la tierra? La razón: ley de las leyes, ley suprema, divina, es traducida por todos los códigos del mundo. Una y eterna como el Sol, es móvil como él: siempre luminosa a nuestros ojos, pero su luz, siempre diversamente colorida. Estos colores diversos, estas fases distintas de una misma antorcha, son las codificaciones de los diferentes pueblos de la tierra: caen los códigos, pasan las leyes, para dar paso a los rayos nuevos de la eterna antorcha.

Conocer y aplicar la razón a los hechos morales ocurrentes, es pues conocer y aplicar las leyes, como quieren las leyes. Y como esto es también filosofar, la jurisprudencia y la filosofía no vienen a diferir, sino en que la filosofía es la ciencia de la razón en general, mientras que la jurisprudencia es solamente la ciencia de la razón jurídica. El jurisconsulto digno de este nombre, será pues aquel sujeto hábil y diestro en el conocimiento especulativo, y la aplicación práctica de la razón jurídica. De modo que el primer estudio del jurisconsulto, será siempre la incesante indagación de los principios racionales del derecho, y el ejercicio constante de su aplicación práctica. Tal es la primera necesidad científica de una cabeza racional: es decir la de razonar, filosofar. Así lo vemos en Cicerón, Leibniz, Grocio, Montesquieu, Vico. Por eso ha dicho Dupin: es necesario estudiar el derecho natural, y estudiarle antes de todo.[7] Al paso que es la primera avidez de una cabeza

---

7   *Manuel des étudiants en Droit. Discours preliminaire.* Algunas personas creen que este estudio no es para la juventud, que es menester «conocer» primero, «comprender» después. Que sean estas dos operaciones del entendimiento que se suceden en el orden en estrecha, conocer la letra, el cuerpo, la materia de la ley. ¿Qué resultado tiene esta manera de estudiarla? La habitud estúpida de acudir, para la defensa de las cosas más obvias, más claras de sí mismas, a la eterna y estéril invocación servil, de un texto chocho, reflejo infiel y pálido de una faz efímera de la razón: la propiedad de abdicar sistemáticamente el sentido común, la razón ordinaria, el criterio general, para someterse a la autoridad antojadiza y decrépita de una palabra desvirtuada. Los discípulos de esta escuela consiguen razonar peor que todo el mundo: mejor que ellos discierne cualquiera lo justo de lo injusto. Para ellos la humanidad no tiene otros derechos legítimos que los que ha recibido de los reyes. En cuanto a nosotros, don Alonzo ha creado lo justo y lo injusto.

estrecha, conocer la letra, el cuerpo, la materia de la ley. ¿Qué resultado tiene esta manera de estudiarla? La habitud estúpida de acudir, para la defensa de las cosas más obvias, más claras de sí mismas, a la eterna y estéril invocación servil, de un texto chocho, reflejo infiel y pálido de una faz efímera de la razón: la propiedad de abdicar sistemáticamente el sentido común, la razón ordinaria, el criterio general, para someterse a la autoridad antojadiza y decrépita de una palabra desvirtuada. Los discípulos de esta escuela consiguen razonar peor que todo el mundo: mejor que ellos discierne cualquiera lo justo de lo injusto. Para ellos la humanidad no tiene otros derechos legítimos que los que ha recibido de los reyes. En cuanto a nosotros, don Alonzo ha creado lo justo y lo injusto. Mis bienes son míos por don Alonzo, yo soy

---

Mis bienes son míos por don Alonzo, yo soy libre por don Alonzo; mi razón, mi voluntad, mis facultades todas las debo a don Alonzo. De modo que si don Alonzo hubiese querido, habría podido legítimamente privarme de mi propiedad, de mi libertad, de mis facultades, ¡y hasta de mi vida, y yo, y toda mi raza estaríamos hoy privados de la luz del Sol! Nosotros no lo creíamos así, cuando en mayo de 1810, dimos el primer que acaban de ser nombradas, nos parece cosa clara; pero que ellas correspondan a dos edades distintas de la vida del hombre, la juventud, y la vejez, no nos parece exacto. En la vejez no hay otra cosa que un desarrollo de los elementos que estaban en germen en la juventud: si pues un hombre ha gastado toda su juventud en conocer, no hará en su vejez más que seguir conociendo. Todas las facultades humanas, piden un temprano desarrollo; y la habitud de reflexionar, como la de ver, quiere ser adquirida desde el principio. Un hábil historiador de la inteligencia humana, Condillac, opina que desde doce años nuestra razón puede principiar su emancipación. Los hechos garanten la doctrina. Todas las conquistas del espíritu humano, han tenido órganos jóvenes. Principiando por el grande de los grandes, por el que ha ejecutado la más grande revolución que se haya operado jamás en la humanidad, Jesucristo. Y que no se objete su divinidad, porque es un argumento demás, no una objeción. Esta elección de un hombre joven, para la encarnación de Dios, es la gloria de la juventud. Y si hemos de considerar el genio como una porción celeste del espíritu divino, podemos decir que siempre que Dios ha descendido al espíritu humano, se ha alojado en la juventud. Alejandro, Napoleón, Bolívar, Leibniz, Montesquieu, Descartes, Pascal, Mozart todavía no habían tenido canas, cuando ya eran lo que son. La vejez es demasiado circunspecta para lanzarse en aventuras. Esto de cambiar la faz del mundo y de las cosas, tiene algo de la petulancia juvenil, y sienta mal a la vejez que gusta de que ni las pajas se agiten en torno de ella. Despreciar la juventud es despreciar lo que Dios ha honrado. Bastaba que una sola vez la juventud hubiese hospedado a la divinidad, para que esta morada fuese por siempre sagrada. Bastaba que Dios hubiese hablado a los hombres por una boca joven, para que la voz de la juventud fuese imponente.

libre por don Alonzo; mi razón, mi voluntad, mis facultades todas las debo a don Alonzo. De modo que si don Alonzo hubiese querido, habría podido legítimamente privarme de mi propiedad, de mi libertad, de mis facultades, iy hasta de mi vida, y yo, y toda mi raza estaríamos hoy privados de la luz del Sol!

Nosotros no lo creíamos así, cuando en mayo de 1810, dimos el primer paso de una sabia jurisprudencia política: aplicamos a la cuestión de nuestra vida política; la ley de las leyes: esta ley que quiere ser aplicada con la misma decisión a nuestra vida civil, y a todos los elementos de nuestra sociedad, para completar una independencia fraccionaria hasta hoy. Nosotros hicimos lo que quiso don Alonzo; nos fuimos al espíritu de la ley. De modo que son aquéllos que proceden opuestamente los que calumnian al filósofo de la media edad, dándole un designio que no tuvo. Don Alonzo, como Paulo, como Celso, como Cicerón, como Grocio, como Montesquieu, dijo; que la ley sea, lo que quiera, lo que piense, lo que sienta la ley; *Scire leges non hoc est, verba earum tenere: sed vim ac potestarem.*[8] Sea como fuere, de lo que digan, de lo que hablen las leyes: ellas no tienen ni pueden tener más que un solo deseo, un solo pensamiento: la razón.

Pero esta razón de las leyes, no es simple; no está al alcance de todo el mundo. Se halla formulada por la ciencia en un orden armónico al de las principales relaciones sociales, bajo cierto número de principios fundamentales, de verdades generales, que se llaman ordinariamente «reglas o axiomas de derecho». Como los géneros de relaciones que estos axiomas presiden, se modifican y alteran sin cesar bajo las impresiones del tiempo y del espacio, también los axiomas, quieren ser modificados, quieren ser construidos por un orden respectivo al nuevo sistema de relaciones ocurrentes. Bajo el continuo desarrollo social aparecen también géneros nuevos de relaciones cuya dirección quiere ser sometida a nuevas reglas, a nuevos axiomas. Y como esta movilidad es indefinida y progresiva, la necesidad de organizar axiomas nuevos de derecho, es de todos los tiempos. Es pues menester llenarla. Y los medios ¿dónde se hallarán? Con la antorcha de la filosofía en la mano, en el íntimo y profundo estudio de las necesidades racionales de nuestra condición natural y social: *penitus ex intima philosophia.*

---

8   Celso, *Digestorum*, Lex XVII, lib. 26.

De aquí la necesidad de un orden científico para las verdades de la jurisprudencia. Pero para que un cuerpo de conocimientos merezca el nombre de ciencia, es necesario que estos conocimientos formen un número considerable, que lleven nomenclatura técnica, que obedezcan a un orden sistematizado, que se pongan en método regular. Sin estas condiciones, que es menester llenar más o menos estrictamente, habrá una compilación cuando más, pero jamás una ciencia. De todas estas condiciones, la que más caracteriza a la ciencia, es la teoría, elemento explicativo de las causas, razones, y efectos de todos los hechos que la forman. Y como es esta triple operación lo que más especialmente constituye la filosofía, se ve que la ciencia no es otra cosa que la filosofía misma. ¿Qué se ha querido decir pues, cuando se ha definido la jurisprudencia como «una ciencia práctica»? ¿Qué es susceptible de aplicación? ¿Y qué ciencia no lo es igualmente? ¿Qué sin aplicación es inconducente? ¡Como si otro tanto no pudiera decirse de todas! La jurisprudencia es pues altamente científica y filosófica; el que la priva de estas prerrogativas, la priva de la luz; y de una ciencia de justicia y verdad, hace un arte de enredo y de chicana. *Alte vero, et, ut oported, a capite, frater, repetis, quod quaerinus; et qui aliter jus civile tradunt, non tam justitiae, quam litigandi tradunt vias.*[9]

Así pues, los que pensando que la práctica de interpretar las leyes, no sea sino como la práctica de hacer zapatos, se consagran a la jurisprudencia sin capacidad, sin vocación, deben saber que toman la actitud más triste que puede tenerse en el mundo.

El derecho quiere ser concebido por el talento, escrito por el talento, interpretado por el talento. No nos proponemos absolver el vicio, pero no tenemos embarazo en creer que hace más víctimas la inepcia, que la mala fe de abogados.

Que no se afanen pues en desdeñar el derecho los jóvenes que se reconocen fuertes; y lejos de merecer el desdén de los talentos de primer rango, el derecho quiere ser abrazado con tanta circunspección, tal vez, como la poesía.

Una rápida apreciación filosófica de los elementos constitutivos del derecho, conforme a las vistas precedentes, hace la materia del siguiente

---

9   Cicerón, *De Legibus*, lib. 1. § IV.

escrito. Si hacemos pasar el derecho al través del prisma del análisis, tendremos un espectro jurídico (si se nos pasa la expresión) compuesto de los tres elementos siguientes: 1.º el derecho en su naturaleza filosófica; 2.º el derecho en su constitución positiva; 3.º el derecho en su condición científica. De aquí las tres partes en que este trozo se divide:

Primera parte. Teoría del derecho natural.

Segunda parte. Teoría del derecho positivo.

Tercera parte. Teoría de la jurisprudencia.

II

Y desde luego, al concebir el derecho como un elemento constitutivo de la vida en la sociedad, que se desarrolla con esta, de una manera individual y propia, hemos debido comprender que la misma ley presidía al desarrollo de los otros elementos que la constituyen. De modo que el arte, la filosofía, la industria, no son, como el derecho, sino fases vivas de la sociedad, cuyo desarrollo se opera en una íntima subordinación a las condiciones del tiempo y del espacio. Así donde quiera que la vida social se manifiesta, se da a conocer por el cuadro de estos elementos: ellos la constituyen y sostienen. No se importan armas; por todas partes son indígenas, como el hombre; tienen su germen en la naturaleza de éste, o más bien, ellos la forman.

Pero sus manifestaciones, sus formas, sus modos de desarrollo, no son idénticos: ellos como el hombre, y el hombre como la naturaleza, son fecundos al infinito. La naturaleza no se plagia jamás y no hay dos cosas idénticas bajo el Sol. Es universal y eterna en sus principios, individual y efímera en sus formas o manifestaciones. Por todas partes, siempre la misma, y siempre diferente; siempre variable y siempre constante. Es pues necesario distinguir lo que hay en ella de esencialmente variable, y lo que hay de esencialmente invariable para no empeñarse en hacer invariable lo variable, y variable lo invariable. Cuando se ha conseguido distinguir con claridad estas cosas, el desarrollo social viene a ser obvio; porque ya no se toman las formas por los principios, ni los principios por las formas. Se comprende que los principios son humanos y no varían; que las formas son nacionales y varían. Se buscan y abrazan los principios, y se les hace tomar la forma más adecuada, más individual, más propia. Entonces se cesa de plagiar, se abdica lo imposible y se vuelve a lo natural, a lo propio, a lo oportuno. Tal es la edad de la verdadera emancipación, el verdadero principio del progreso. Tal es la edad que América Meridional parece querer tocar ya.

¿Pero qué importa esta distinción de la forma y el fondo de los hechos fundamentales de la sociedad humana? ¿Qué es penetrar la substancia, la naturaleza filosófica de estas cosas, al través de sus formas positivas y locales? Es tener una razón, y saber emplearla, es reflexionar, es filosofar. La filosofía pues, que es el uso libre de una razón formada, en el principio de toda nacionalidad, como de toda individualidad. Una nación no es una nación, sino por la conciencia profunda y reflexiva de los elementos que la constituyen. Recién entonces es civilizada; antes había sido instintiva, espontánea; marchaba sin conocerse, sin saber adónde, cómo, ni por qué. Un pueblo es civilizado únicamente cuando se basta a sí mismo, cuando posee la teoría y la fórmula de su vida, la ley de su desarrollo. Luego no es independiente, sino cuando es civilizado. Porque el instinto, siendo incapaz de presidir el desenvolvimiento social, tiene que interrogar su marcha a las luces de la inteligencia extraña, y lo que es peor aún, tomar las formas privativas de las naciones extranjeras, cuya impropiedad no ha sabido discernir.

Es pues ya tiempo de comenzar la conquista de una conciencia nacional, por la aplicación de nuestra razón naciente, a todas las fases de nuestra vida nacional. Que cuando, por este medio, hayamos arribado a la conciencia de lo que es nuestro, y deba quedar, y de lo que es exótico y deba proscribirse, entonces, sí que habremos dado un inmenso paso de emancipación y desarrollo; porque, no hay verdadera emancipación, mientras se está bajo el dominio del ejemplo extraño, bajo la autoridad de las formas exóticas. Y como la filosofía, es la negación de toda autoridad que no sea la de la razón, la filosofía es madre de toda emancipación, de toda libertad, de todo progreso social. Es preciso pues conquistar una filosofía, para llegar a una nacionalidad. Pero tener una filosofía, es tener una razón fuerte y libre; ensanchar la razón nacional, es crear la filosofía nacional, y por tanto, la emancipación nacional.

¿Qué nos deja percibir ya la luz naciente de nuestra inteligencia respecto de la estructura actual de nuestra sociedad? Que sus elementos, mal conocidos hasta hoy, no tienen una forma propia y adecuada. Que ya es tiempo de estudiar su naturaleza filosófica, y vestirles de formas originales y americanas. Que la industria, la filosofía, el arte, la política, la lengua, las costumbres, todos los elementos de civilización, conocidos una vez en su naturaleza absoluta, comiencen a tomar francamente la forma más propia que las condiciones del suelo y de la época les brindan. Depuremos nuestro espíritu de todo color postizo, de todo traje prestado, de toda parodia, de todo servilismo. Gobernémonos, pensemos, escribamos, y procedamos en todo, no a imitación de pueblo ninguno de la tierra, sea cual fuere su rango, sino exclusivamente como lo exige la combinación de las leyes generales del espíritu humano, con las individuales de nuestra condición nacional.

Es por no haber seguido estas vías, que nuestra patria ha perdido más sangre en sus ensayos constitucionales, que en toda la lucha de su emancipación. Si cuando esta gloriosa empresa hubo sido terminada, en vez de ir en busca de formas sociales, a las naciones que ninguna analogía tenían con la nuestra, hubiésemos abrazado con libertad, las que nuestra condición especial nos demandaba, hoy nos viera el mundo andar ufanos, una carrera tan dichosa como la de nuestros hermanos del Norte. No por otra razón son ellos felices, que por haber adoptado desde el principio instituciones propias a las circunstancias normales de un ser nacional. Al paso que nuestra historia constitucional, no es más que una continua serie de imitaciones forzadas, y nuestras instituciones, una eterna y violenta amalgama de cosas heterogéneas. El orden no ha podido ser estable, porque nada es estable, sino lo que descansa sobre fundamentos verdaderos y naturales. La guerra y la desolación han debido ser las consecuencias de una semejante lucha contra el imperio invencible del espacio y del tiempo.

El día que América Meridional cantó:

Oíd mortales, el grito sagrado:
¡Libertad! ¡Libertad! ¡Libertad!
Oíd el ruido de rotas cadenas,
Ved en trono a la noble igualdad.

Ese día comenzó un cambio, del que hasta hoy no ha tenido toda la conciencia. Un comentario pide este sublime grito con el que hemos llenado toda la tierra, para justificarle bajo todo aspecto.

La emancipación no es un hecho simple: es el complejo de todas las libertades, que son infinitas, y como las virtudes, solidarias y correlativas; por mejor decir, no hay más que una libertad —la de razón— con tantas fases como elementos tiene el espíritu humano. De modo que cuando todas estas libertades o fases de la libertad racional no existen a la vez, puede decirse que ninguna libertad racional, existe a la vez, puede decirse que ninguna libertad existe propiamente. Es pues menester desenvolver la razón, y desenvolverla en todo sentido, para completar el cuadro de nuestras libertades. Tener libertad política, y no tener libertad artística, filosófica, industrial, es tener libres los brazos, y la cabeza encadenada. Ser libre no es meramente obrar según la razón, sino también, pensar según la razón, creer según la razón, escribir según la razón, ver según la razón. Este elemento fundamental, *substratum* de todas las libertades, es lo que nos falta conquistar plenamente: la juventud no tiene otra misión.

Nuestros padres nos dieron independencia material: a nosotros nos toca la conquista de una forma de civilización propia, la conquista del genio americano. Dos cadenas nos ataban a la Europa: una material que tronó; otra inteligente que vive aún. Nuestros padres rompieron la una, por la espada: nosotros romperemos la otra por el pensamiento. Esta nueva conquista, deberá consumar nuestra emancipación. La espada pues en esta parte cumplió su misión. Nuestros padres llenaron la misión más gloriosa que un pueblo tiene que llenar en los días de su vida. Pasó la época homérica, la época heroica de nuestra revolución. El pensamiento es llamado a obrar hoy por el orden necesario de las cosas, si no se quiere hacer de la generación que asoma, el pleonasmo de la generación que pasa. Nos resta por conquistar, sin duda, pero no ya en sentido material. Pasó el reinado de la acción, entramos en el del pensamiento. Tendremos héroes, pero saldrán del seno de la filosofía. Una sien de la patria lleva ya los laureles de la guerra; la otra sien pide ahora los laureles del genio. La inteligencia americana quiere también su Bolívar, su San Martín. La filosofía americana, la política americana, el arte americano, la sociabilidad americana son otros tantos mundos que tenemos por conquistar.

Pero esta conquista inteligente quiere ser operada, con tanta audacia, como nuestros padres persiguieron la emancipación política. Porque es notable que en las cosas del pensamiento, fueron ellos tan tímidos y rutineros, como habían sido denodados en las cosas materiales. Este fenómeno no es nuevo, ni es incompatible con la naturaleza anómala del hombre. Boileau saluda la victoria de Descartes sobre la filosofía de Aristóteles, y sucede a este en el despotismo artístico. Voltaire pulveriza las teorías religiosas y políticas del siglo precedente, y profesa una veneración religiosa por sus formas de estilo: consagra su imperial pluma a la causa de la libertad religiosa y socialista, y nada hace por la libertad del arte. Nuestros padres derriban una sociedad que cuenta siglos, y no se atreven a quebrantar un precepto de Horacio y de Boileau.

Hemos tocado consideraciones fecundas que los intereses de la emancipación americana, quieren ver amplificadas vastamente: contraigámonos a la faz política.

Cuando la voluntad de un pueblo, rompe las cadenas que la aprisionan, no es libre todavía. No es bastante tener brazos y pies para conducirse: se necesitan ojos. La libertad no reside en la sola voluntad, sino también en la inteligencia, en la moralidad, en la religiosidad, y en la materialidad. Tenemos ya una voluntad propia; nos falta una inteligencia propia. Un pueblo ignorante, no es libre porque no puede; un pueblo ilustrado no es libre porque no quiere. La inteligencia es la fuente de la libertad; la inteligencia emancipa los pueblos y los hombres. Inteligencia y libertad son cosas correlativas; o más bien, la libertad es la inteligencia misma. Los pueblos ciegos no son pueblos, porque no es pueblo todo montón de hombres, como no es ciudadano de una nación, todo individuo de su seno. La ley civil que emancipa la mayoridad, no es arbitraria; es una ley natural sancionada por la sociedad. Es la naturaleza, no la sociedad, quien la emancipa proveyéndola de toda la fuerza de voluntad, de actividad, y de inteligencia para ser libre. La filosofía debe absolver esta teoría practicada instintivamente por el buen sentido legislativo de todos los pueblos. En todas las edades, la humanidad no ha visto culpabilidad, donde faltaba la razón.

La soberanía pues, pertenece a la inteligencia. El pueblo es soberano cuando es inteligente. De modo que el progreso representativo es paralelo al progreso inteligente. De modo que la forma de gobierno es una cosa normal, un resultado fatal de la respectiva situación moral e intelectual de un pueblo; y nada tiene de arbitraria y discrecional; puesto que no está en que un pueblo diga —quiero ser república— sino que es menester que sea capaz de serlo.[10] Hay en la vida de los pueblos, edad teocrática, edad feudal, edad despótica, edad monárquica, edad aristocrática, y por fin, edad democrática. Esta filiación es normal, indestructible, superior a las voluntades y a los caprichos de los pueblos. Y no es otra cosa que la marcha progresiva del poder legislativo, del poder soberano, del poder inteligente, que principia por un individuo, y pasa sucesivamente a varios, a muchos, a una corta minoría, a una minoría mayor, a la mayoría, a la universalidad. Así un pueblo no ha venido a ser rey sino después de haber sido sucesivamente vasallo, cliente, plebeyo, pupilo, menor, etc. La democracia es pues, como lo ha dicho Chateaubriand, la condición futura de la humanidad y del pueblo. Pero adviértase que es la futura, y que el modo de que no sea futura, ni presente, es empeñarse en que sea presente, porque el medio más cabal de

---

10   La España nos responde de esta verdad. Después de haber pasado en un apoltronamiento vergonzoso, todo el tiempo en que el resto de la Europa se agitaba en los grandes trabajos intelectuales de la escolástica, la reforma, la regeneración, la filosofía, después de no haber concurrido con un solo hombre, con una sola idea, a estas empresas, hoy se empeña recién en figurar repentinamente en los rangos representativos. Nosotros no vemos generosidad, ni elevación en la conducta del ministerio Guizot, respecto a la cuestión española, pero estamos lejos de creerla desatinada. La Europa entera, armada de pies a cabeza, sería incapaz de hacer representativa a la España, puesto que no hay poder humano que pueda darle en un día, toda la inteligencia y moralidad que necesita para gobernarse a sí misma. Si en el resto de la Europa los progresos representativos han sido tan rápidos y dichosos, es porque una inmensa preparación intelectual, los había precedido desde algunos siglos. Abelardo, Santo Tomás, Gerónimo de Praga, Juan Huss, Lutero, Descartes, y Bacon, son otros tantos profesores que han hecho hacer a la Europa cursos preparatorios de gobiernos representativos. De lo mejor de esta Europa civilizada, fueron las gentes que fundaron los estados de Norteamérica: y aquí está la llave de su maravilloso progreso representativo. Nosotros, por el contrario, como la España, no hemos asistido al movimiento inteligente de la Europa, y de aquí la grande analogía que ofrecen nuestros destinos con los de la España.

alejar un resultado, es acelerar su arribo con imprudente instancia.¹¹ Difundir la civilización, es acelerar la democracia: aprender a pensar, a adquirir, a producir, es reclutarse para la democracia. La idea engendra la libertad, la espada la realiza. La espada de Napoleón, de Washington, de Bolívar, es hija de la pluma de Montesquieu, de Descartes, de Rousseau. Un rey que va a la escuela coronado, es ridículo. Un pueblo que estando en la cartilla, pretende darse códigos, es más ridículo aún.

Si pues queremos ser libres, seamos antes dignos de serlo. La libertad no brota de un sablazo. Es el parto lento de la civilización. La libertad no es la conquista de un día: es uno de los fines de la humanidad, fin que jamás obtendrá sino relativamente; porque cuando se habla de libertad, como de todo elemento humano, se habla de más o de menos. Porque la libertad jamás falta a un pueblo de una manera absoluta, y si le faltase absolutamente, perecería, porque la libertad es la vida. No se ha de confundir pues lo poco con la nada. De que un pueblo no sea absolutamente libre, no se ha de concurrir que es absolutamente esclavo. Por lo mismo la libertad, no es impaciente. Es paciente, porque es inmortal. Es sufrida, porque es invencible. Las cosquillas y las susceptibilidades extremadas contrastan ridículamente con su indestructibilidad.

Existe pues un paralelismo fatal entre la libertad y la civilización, o más bien, hay un equilibrio indestructible entre todos los elementos de la civilización, y cuando no marchan todos, no marcha ninguno. El pueblo que quiera ser libre, ha de ser industrial, artista, filósofo, creyente, moral. Suprímase uno de estos elementos, se vuelve a la barbarie. Suprímase la religión, se mutila al hombre. La religión es el fundamento más poderoso del desenvolvimiento humano. La religión es el complemento del hombre. La religión es la escarapela distintiva de la humanidad; es una aureola divina que corona su frente y la proclama soberana de la tierra.

Réstanos pues una grande mitad de nuestra emancipación, pero la mitad lenta, inmensa, costosa; la emancipación íntima, que viene del desarrollo

---

11 Los promotores de la emancipación social, comúnmente han agrandado los escollos con sus petulancias y precipitaciones, y han hecho retroceder su causa por un espacio igual a aquel en que querían aventajar al tiempo. Faltas funestas que acarrean una derrota pasajera en que se envuelven la razón y la justicia, lo mismo que las pretensiones extremadas (Lerminier).

inteligente. No nos alucinemos, no la consumaremos nosotros. Debemos sembrar para nuestros nietos. Seamos laboriosos con desinterés; leguemos para que nos bendigan. Digamos con Saint Simon; La edad de oro de la República Argentina no ha pasado; está adelante; está en la perfección del orden social. Nuestros padres no la han visto; nuestros hijos la alcanzarán un día; a nosotros nos toca abrir la ruta. Alborea en el fondo de la Confederación Argentina, esto es, en la idea de una soberanía nacional, que reúna las soberanías provinciales, sin absorberlas, en la unidad panteísta, que ha sido rechazada por las ideas y las bayonetas argentinas.

Tal es pues nuestra misión presente, el estudio y el desarrollo pacífico del espíritu americano, bajo la forma más adecuada y propia. Nosotros hemos debido suponer en la persona grande y poderosa que preside nuestros destinos públicos, una fuerte intuición de estas verdades, a la vista de su profundo instinto antipático, contra las teorías exóticas. Desnudo de las preocupaciones de una ciencia estrecha que no cultivó, es advertido desde luego por su razón espontánea, de no sé qué de impotente, de ineficaz, de inconducente que existía en los medios de gobierno practicados precedentemente en nuestro país; que estos medios importados y desnudos de toda originalidad nacional, no podían tener aplicación en una sociedad cuyas condiciones normales de existencia diferían totalmente de aquellas a que debían su origen exótico; que por tanto, un sistema propio nos era indispensable. Esta exigencia nos había sido ya advertida por eminentes publicistas extranjeros. Debieron estas consideraciones inducirle en nuevos ensayos, cuya apreciación, es, sin disputa, una prerrogativa de la historia, y de ningún modo nuestra, porque no han recibido todavía todo el desarrollo a que están destinados, y que sería menester para hacer una justa apreciación. Entretanto, podemos decir que esta concepción no es otra cosa, que el sentimiento de la verdad profundamente histórica y filosófica, que el derecho se desarrolla bajo el influjo del tiempo y del espacio. Bien pues; lo que el gran magistrado ha ensayado de practicar en la política, es llamada la juventud a ensayar en el arte, en la filosofía, en la industria, en la sociabilidad; es decir, es llamada la juventud a investigar la ley y la forma nacional del desarrollo de estos elementos de nuestra vida americana, sin plagio, sin limitación, y únicamente en el íntimo y profundo estudio de nuestros hombres, y de nuestras cosas.

La crítica podrá encontrar absurdas y débiles las consideraciones que preceden y que vienen, pero nada oficial, nada venal, nada egoísta, descubrirá en ellas.[12] Es la filosofía, la reflexión libre y neutral aplicada al examen de

---

12 Algunos compatriotas «egoístas», es decir, discípulos de Bentham, nos han creído «vendidos», cuando han visto estas ideas iniciadas en un prospecto. No es extraño que nos juzguen así, los que no conocen en la conducta humana, otro móvil que la utilidad. Los patriotas utilitarios, es decir, egoístas, es decir, no patriotas, no sirven a la patria por deber, sino por honores, por vanidad, por amor propio, esto es, por interés, por egoísmo. Nosotros que no tenemos el honor de pertenecer a la escuela de Bentham, servimos a la patria por una impulsión desinteresada, y porque creemos que todo ciudadano tiene el deber de servirla: de suerte que, aun cuando en vez de recompensas, no esperásemos más que desprecios (porque a veces la patria paga los servicios con desdenes) nosotros nos creeríamos siempre en el deber de servirla. Pero estos sacrificios no entran en las cabezas utilitarias. Su patriotismo egoísta, dejaría arder diez veces la patria, antes que salvarla a precio de una efímera ignominia. ¡Fuera lindo que los que se proponen desterrar de entre nosotros el dogma inmoral del egoísmo, comenzarán por venderse ellos mismos! ¡Oh, sin duda, que es dulce y grande el marchar en el sentido de las tendencias legítimas de los pueblos, en sus movimientos de libertad y emancipación, sobre todo, que son divinos y sagrados! Dichosos los que son llamados en momentos tan bellos. Pero el desarrollo social se opera alternativamente por movimientos activos y reactivos; y las represiones oportunas y justas, son tan conducentes a los progresos de la libertad social, como los impulsos más progresivos de sí mismo. Épocas hay en la vida de los pueblos, destinadas alternativamente a esta doble función, y de ahí los momentos impulsivos, y los momentos reactivos; nuestros padres llegaron en los primeros: a nosotros nos ha tocado de los últimos. Todos los tiempos, todos los movimientos, todas las generaciones, conducen a un mismo fin —el desarrollo social— pero no todos los caminos son igualmente brillantes. Hay siempre no sé qué de triste en toda misión reaccionaria, por justa que sea; y cuando por lo mismo, debiera tener un título más de consideración el desgraciado que la llena, es casi siempre detestado; al paso que no hay un camino más corto para vestirse de gloria, que presidir un movimiento directamente progresivo. Procede esto sin duda, de que por lo común todos los movimientos humanos son excesivos, y la humanidad perdona más fácilmente los excesos progresivos, que los excesos reaccionarios, porque casi siempre nacen aquéllos de un sentimiento noble, y éstos de un sentimiento pérfido. Si toda reacción fuese justa, no sería odiosa; pero casi siempre es excesiva, y de ahí es que siempre es abominable.

Sin embargo, a veces las sociedades jóvenes, son como las mujeres jóvenes que quieren más al seductor que las pierde, que al amigo que les habla de verdad. Pero el tiempo, que

nuestro orden de cosas, porque es ya tiempo de que la filosofía mueva sus labios. Es ya tiempo de que la nueva generación llamada por el orden regular de los sucesos a pronunciar un fallo, sin ser ingrata por los servicios que debe a sus predecesores, rompa altivamente, toda solidaridad con sus faltas y extravíos. Que una gratitud mal entendida no la pierda; que lo pasado cargue con su responsabilidad. No más tutela doctrinaria que la inspección severa de nuestra historia próxima.

Hemos pedido pues a la filosofía una explicación del vigor gigantesco del poder actual: la hemos podido encontrar en su carácter altamente representativo. Y en efecto, todo poder que no es la expresión de un pueblo, cae: el pueblo es siempre más fuerte que todos los poderes, y cuando sostiene uno, es porque lo aprueba. La plenitud de un poder popular, es un síntoma irrecusable de su legitimidad. «La legitimidad del gobierno, está en ser —dice Lerminier. Ni en la historia, ni en el pueblo cabe la hipocresía; y la popularidad es el signo más irrecusable de la legitimidad de los gobiernos». El poder es pues inseparable de la sociedad; deja de ser poder desde que se separa de la sociedad, porque el poder no es sino una faz de la sociedad misma. Napoleón ha dicho: «Todo gobierno que no ha sido impuesto por el extranjero, es un gobierno nacional». Los gobiernos no son jamás pues, sino la obra y el fruto de las sociedades: reflejan el carácter del pueblo que los cría. Si llegan a degenerar, la menor revolución los derroca; si una revolución es imposible, el poder no es bastardo; es hijo legítimo del pueblo, no caerá. Nada pues más estúpido y bestial, que la doctrina del asesinato político. Es preciso no conocer absolutamente estas intimidades del gobierno con la sociedad, es preciso considerarle un hecho aislado y solo, para pensar que los destinos de un gran pueblo, puedan residir jamás en la punta de un puñal; brutal recurso que Dios ha condenado dotándole de la más completa esterilidad. La libertad es divina, y se consigue a precio de la virtud, no del crimen. Tiene su fuente, como todas las riquezas humanas, en el trabajo. «La libertad es el pan que los pueblos deben ganar con el sudor de su rostro.»[13]

---

todo lo revela, le hace ver que si sus emancipadores fueron unos amigos dichosos, sus moderadores no fueron más que otros amigos desgraciados.

13   *Hugues-Félicité-Robert* de Lamennais.

Así, pretender mejorar los gobiernos, derrocándolos, es pretender mejorar el fruto de un árbol, cortándole. Dará nuevo fruto, pero siempre malo, porque habrá existido la misma savia: abonar la tierra y regar el árbol, será el único medio de mejorar el fruto.

¿A qué conduciría una revolución de poder entre nosotros? ¿Dónde están las ideas nuevas que habría que realizar? Que se practiquen cien cambios materiales; las cosas no quedarán de otro modo que como están; o no valdrá la mejoría la pena de ser buscada por una revolución. Porque las revoluciones materiales, suprimen el tiempo, copan los años, y quieren ver de un golpe, lo que no puede ser desenvuelto sino a favor del tiempo. Toda revolución material quiere ser fecundada, y cuando no es la realización de una mudanza moral que la ha precedido, abunda en sangre y esterilidad, en vez de vida y progreso. Pero la mudanza, la preparación de los espíritus, no se opera en un día. ¿Hemos examinado la situación de los nuestros? Una anarquía y ausencia de creencias filosóficas, literarias, morales, industriales, sociales los dividen. ¿Es peculiar de nosotros el achaque? En parte; en el resto es común a toda la Europa, y resulta de la situación moral de la humanidad en el presente siglo. Nosotros vivimos en medio de dos revoluciones inacabadas. Una nacional y política que cuenta veintisiete años, otra humana y social que principia donde muere la edad media, y cuenta trescientos años. No se acabarán jamás, y todos los esfuerzos materiales no harán más que alejar su término, si no acudimos al remedio verdadero: la creación de una fe común de civilización. Pero esta operación que no está comenzada, no es operación de un día; por tanto, tengamos un poco de paciencia.

Se persuaden los pueblos que no tienen más enemigos que los gobiernos: que una era nueva de paz, de libertad, de abundancia ha de seguir a su ruina. No una vez sola; cien veces han sido derrocados nuestros poderes públicos. ¿Se ha avanzado alguna cosa? Es porque el germen del mal reside en el seno mismo de la sociedad; es preciso extirparlo despacio, y depositar uno nuevo y fecundo que prepare cambios verdaderamente útiles y grandes. A veces los gobiernos comienzan de buena fe: les es imposible satisfacer esta ansiedad indefinida que ocupa el corazón de los pueblos, esta esperanza vaga y brillante que están viendo siempre realizarse a dos pasos, y se disgustan los pueblos; se irritan también los gobiernos, y concluyen por hacerse enemigos. De aquí el flujo por nuevos hombres, nuevas instituciones, nuevos sistemas, nuevos trastornos. Se mudan los hombres, las instituciones, las cosas; ¿mejoran los ánimos? Por un día, y luego, sigue el tedio, la desesperación, el abatimiento. ¿Por qué? Porque la revolución íntima, moral, es la que falta y debe anteceder.[14]

Nosotros disentimos pues abiertamente de esos espíritus microscópicos, que, fatigados de vivir en la situación en que nos hallamos, no encuentran otro medio de salida que las revoluciones materiales. Nosotros encontramos más cruel el remedio que la enfermedad. Nuestra quietud intestina, a menos que no sea mortífera, será siempre más respetada que nuestras revoluciones superficiales y raquíticas. Porque en el estado en que nos encontramos, una revolución no puede tener por resultado sino la desmoralización, la pobreza, el atraso general, y por corolario de todas estas ganancias, la risa de los pueblos cultos. ¿Queremos también ser la materia de las ironías amargas de la Europa, como México ha conseguido serlo? Es menester no dudarlo —dice la Revista de Ambos Mundos—, después de haber trazado una amarga parodia de las revoluciones intestinas de los mexicanos, el país agitado sin cesar, por revoluciones tan funestas como ridículas, es imposible que los hombres bien intencionados, si los hay en la República, puedan operar las reformas saludables, preparar las medidas que reclama el interés general, y que las instituciones tengan el tiempo de afirmarse y consolidarse. Pero, preguntamos nosotros, ¿qué ventajas pueden resultar para un país, de revoluciones emprendidas por un pequeño número de facciosos con la sola mira de satisfacer una ambición personal, y un vil egoísmo? Por fortuna, nosotros estamos libres de reproches semejantes. Ya nuestros poderes no serán derrocados por ejércitos de veinte hombres; porque son la obra de una mayoría irrecusable y fuerte, son la expresión de la nación, cuyo buen sentido admirable, ha acabado de comprender, después de los más amargos desengaños, de las más crueles defecciones, que de los trastornos materiales, no depende el bienestar que busca. Demasiadas veces burlada

---

14   M. Théodore Jouffroy ha consagrado la lección duodécima de su *Curso de Derecho Natural* a la exposición de una teoría luminosa de las revoluciones, y una ojeada profunda de la situación actual de la gran revolución de la civilización humana. Este fragmento debiera ser el manual de nuestra juventud. Es un antídoto contra la manía de revolver.

ya por las promesas falaces de espíritus egoístas, ahora, cuando un sedicioso brinda a la revolución con las divisas hipócritas de «libertad, garantías, constitución», no le cree, y le desdeña con razón, porque sabe que estas palabras solo disfrazan tendencias egoístas. Ya el pueblo no quiere lisonjas, ya no se deja engañar, ha dejado de ser zonzo. Él conoce bien a sus verdaderos servidores y los respeta en silencio. Puede no estar contento, puede tener deseos, esperanzas, pero todo esto ya no lo mueve a una revolución material, porque la experiencia le ha enseñado muchas veces, que en las revoluciones materiales, en vez de su felicidad, solo reside su desmoralización, su retroceso, su oprobio.[15] Sabe que el peor orden, es preferible a toda revolución incompleta, porque el peor orden, da siempre lugar al desarrollo espontáneo y fatal de la civilización. Se entrega al trabajo, al estudio, y espera en el tiempo.

Sin duda es admirable esta resignación, y por más que se diga, ella atesta un progreso de nuestra patria, sobre las otras repúblicas del Sur. Se nos ha querido pintar como envilecidos. Algunos espíritus petulantes, llenos de una pueril impaciencia, han confundido esta paciencia magnánima con el servilismo. En nuestras cabezas no ha podido caber la idea de que el pueblo argentino sea un canalla. El pueblo no les ha hecho caso, y ha seguido su camino. Tiene bastante buen sentido, demasiada modestia, para conocer que todavía no es hora de agitarse por un sistema de cosas, de que no se reconoce acreedor, porque no está preparado aún para recibirle. Satisfecho con la conquista de su emancipación externa, ha depositado la soberanía conquistada, en las manos de los hombres que ha reputado dignos. Él espera que no abusarán de esta inmensa nobleza. En este depósito ha tenido primero en vista, la buena fe, la integridad de los depositarios, que las formas y exterioridades constitucionales. Y no se ha asustado luego de este proceder, porque sabe que poca garantía añaden por ahora, las formas, a unos derechos esencialmente sagrados, que viven en la conciencia de la

---

15 «Los pueblos pueden quejarse, murmurar, sufrir; pero difícilmente se determinan a la ruina de un poder que han elevado o reconocido; solo el yugo del extranjero, o el desprecio de los derechos mismos de la humanidad, puede conducirlos repentinamente a la insurrección; de otro modo, prefieren la reforma del gobierno a su caída. Dios ha puesto esta paciencia en el corazón de los pueblos, para el honor y la estabilidad de las cosas humanas» [Lerminier].

nación a quien pertenecen, y de los mandatarios que los ejercen; porque el derecho y la libertad, como fases de la vida nacional, tienen un desarrollo fatal que se opera espontáneamente a la par de todos los elementos sociales, y a pesar de todos los obstáculos del mundo.

La crítica pues, no debe confundir todo movimiento reaccionario, con el movimiento retrógrado. La reacción, queda dicho, es una ley tan esencial al desenvolvimiento del mundo moral, como al desenvolvimiento del mundo físico. La acción progresiva del siglo XVIII se habría vuelto funesta si no hubiese sido templada por la reacción moderadora del siglo XIX. No llamemos pues retrógrado a todo lo reaccionario que hoy vemos practicarse entre nosotros, sobre la impulsión necesariamente extremada de nuestra revolución patriótica. Era esta una vital exigencia del siglo XIX que la Francia y la Europa regeneradas habían satisfecho ya, y que en nuestros días vemos recién llenarse entre nosotros. Porque hay, en nuestros destinos con los de la Europa, más solidaridad que la que pensamos. Nada es parcial hoy, nada es aislado en el sistema general de los negocios humanos. La unidad del género humano es cada día más sensible, cada día más íntima. La prensa, el comercio, la guerra, la paz y hasta el océano, que parece alejar los pueblos, y que en realidad los aproxima, son otros tantos vehículos que la robustecen de más en más. El Atlántico es un agente de civilización, y los pasos de la libertad europea, son otros tantos pasos de la libertad americana. Así, hemos visto propagarse en el mundo las ideas progresivas de la Francia, y al fenecer el siglo pasado y comenzar el nuestro, cien revoluciones estallar casi a un tiempo y cien pueblos nuevos ver la luz del mundo. Todo el continente occidental, la Francia, la Rusia, la Inglaterra, la España, la Italia, el Oriente, todo se conmueve y regenera bajo la influencia de las ideas de un solo pueblo. El *Contrato social* es a la vez el catecismo de Jefferson, Adams, Franklin, La Fayette, de Aranda, de Florida Blanca, de Pombal, de Mirabeau, de Pasos, de Moreno. Así, toda esta juventud de repúblicas que pueblan la América de extremo a extremo, es tan hija legítima de las ideas del siglo XVIII, como lo es la Revolución Francesa y todos los bellos síntomas progresivos que hoy agitan el mundo. Así pretender el retroceso del espíritu humano, es pretender arrollar el tiempo desenvuelto. Pero el tiempo ¿qué es, sino los acontecimientos, las instituciones, los hechos, las cosas? Si es posible volver a la nada, volver a su primitiva condición colonial a la América entera, volver la actual monarquía representativa de la Francia al monarquismo puro y resignar la Europa entera al absolutismo real, este sería el solo medio de concluir con los resultados del siglo XVIII.

Sin embargo, el siglo XVIII ha tenido y debido tener excesos; y es la moderación de estos excesos, así como la continuación de sus principios de emancipación, lo que forma hasta hoy la doble misión del siglo XIX.

¿En qué consisten los excesos del siglo pasado? En haber comprendido el pensamiento puro, la idea primitiva del cristianismo y el sentimiento religioso, bajo los ataques contra la forma católica. En haber proclamado el dogma de la voluntad pura del pueblo, sin restricción ni límite. En haber difundido la doctrina del materialismo puro de la naturaleza humana. Una reacción, niveladora, de que saliese el equilibrio moral de la sociedad, es lo que ha ocupado a la Europa desde el principio de nuestro siglo, y de lo que algún día debíamos ocuparnos nosotros que la necesitamos como la Europa; porque se ha de saber que es en Suramérica donde las ideas extremadas del siglo XVIII han tenido y continúan teniendo una realización más completa. Todavía una gran parte de nuestra juventud tiene a menos creer en las verdades del Evangelio. Todavía se devoran los libros de Helvecio y Holbach. Todavía se aprende política por El *Contrato social*. ¿Qué otra cosa es esto que haberse estancado en el siglo pasado? Y es raro que se obstinen en permanecer parados, los que hacen alarde de ser hombres de movimiento y de progreso. Si queremos, pues, ser de nuestro siglo, si realmente aspiramos a ser progresivos, principiemos por abdicar a las preocupaciones antirreligiosas de Voltaire, bien desacreditadas en el día, las preocupaciones antipolíticas de Rousseau, justamente batidas por espíritus no menos amigos de la libertad, de los cuales el menor, es Benjamin Constant; las preocupaciones antifilosóficas de Helvecio; sin olvidar por otra parte los grandes hechos de que el siglo es deudor a estos ilustres genios; nuestro siglo, acepta, no hay duda, la tradición del pasado, pero la tradición de sus verdades, no de sus excesos. Nuestro siglo acepta la materialidad del hombre, pero también profesa su espiritualidad, dualismo misterioso que ofrece sin cesar nuestra naturaleza. Cree que la voluntad del pueblo complementa la ley, pero que, no ella, sino la razón, la constituye. No niega los extravíos del cristianismo, pero tampoco niega su divinidad e indestructibilidad. Sin duda que estas creencias dan a nuestro siglo un cierto espíritu de edificación y sociabilidad, cuya influencia benéfica llenará de fertilidad nuestro suelo, el día que habrá penetrado en él. Porque ¿quién duda que una de las causas de las tendencias insociales y anarquistas de nuestras repúblicas meridionales sea la grande y rápida difusión de la doctrina egoísta de Bentham y Helvecio? La moral egoísta aniquila el dogma de la moral verdadera, de la moral desinteresada y panteísta, ahoga los bellos ardores de la patria y la humanidad, y conduce a un individualismo estéril y yerto. La moral sintética y panteísta que nosotros proclamamos, al contrario, es uno de los antídotos más heroicos que pueda emplearse contra estos aciagos resultados.

Por lo demás, aquí no se trata de calificar nuestra situación actual; sería abrogarnos una prerrogativa de la historia. Es normal, y basta: es porque es, y porque no puede no ser. Llegará tal vez un día en que no sea como es, y entonces sería tal vez tan natural como hoy. El señor Rosas, considerado filosóficamente, no es un déspota que duerme sobre bayonetas mercenarias. Es un representante que descansa sobre la buena fe, sobre el corazón del pueblo. Y por pueblo no entendemos aquí, la clase pensadora, la clase propietaria únicamente, sino también la universalidad, la mayoría, la multitud, la «plebe». Lo comprendemos como Aristóteles, como Montesquieu, como Rousseau, como Volney, como Moisés y Jesucristo. Así, si el despotismo pudiese tener lugar entre nosotros, no sería el despotismo de un hombre, sino el despotismo de un pueblo; sería la libertad déspota de sí misma; sería la libertad esclava de la libertad. Pero nadie se esclaviza por designio, sino por error. En tal caso, ilustrar la libertad, moralizar la libertad, sería emancipar la libertad.

Y séanos permitido creer también en nombre de la filosofía, que nuestra patria, tal cual hoy existe, está bajo este aspecto, más avanzada, que los otros estados meridionales, Bolivia está ufana con sus códigos, su fuerza, su industria, sus instituciones. Pues Bolivia está muy atrás de nosotros, porque es estar muy atrás vivir en una condición ficticia, afectada. La prosperidad actual de Bolivia será efímera y este pronóstico no es un voto.

El pueblo boliviano no se compone de mejor masa que el nuestro, y no será capaz de sostener una elevación que nosotros no hemos podido sostener. Bolivia cuenta con una constitución política y civil y no tiene más que constituciones prestadas. Esto importaría poco si la vida social pudiera plagiarse como los escritos. Pero la sociabilidad es adherente al suelo y a la edad, y no se importa como el lienzo y el vino; ni se adivina, ni se profetiza. Bolivia quiere una vida francesa; es una pueril afectación que abandonará pronto. Porque Bolivia es infante y la Francia, viril y, porque Bolivia es Bolivia y la Francia es Francia. El derecho es una cosa viva, positiva, no una abstracción, un pensamiento, una escritura. El derecho, pues, como todas las fases de la vida nacional, se desenvuelve progresivamente y de una manera propia. El derecho que circulaba y circula en la vida de Bolivia es español de origen, como su sangre. Y tan posible le es a Bolivia sustituir a este derecho por el derecho francés, como reemplazar su sangre española por la sangre francesa. Así no se condujo la Francia, y sus códigos modernos no son otra cosa que la refundición metódica y elegante de su antigua jurisprudencia nacional.

Los pueblos, como los hombres, no tienen alas; hacen sus jornadas a pie y paso a paso. Como todo en la creación, los pueblos tienen su ley de progreso y desarrollo, y este desarrollo se opera por una serie indestructible de transiciones y transformaciones sucesivas. La edad representativa es la virilidad de los pueblos. Tres siglos hace que la Europa moderna la persigue y todavía la Europa es bien moderna en esta conquista. Sin haber vivido tanto como la Europa, al primer albor de independencia, quisimos alcanzar nuestros tiempos representativos; y saltando de la edad colonial, a la edad representativa, quisimos ser viejos cuando recién nacíamos. Nos hicimos independientes y enseguida demócratas, como si la independencia interior fuese un inmediato resultado de la independencia exterior. No es este el lugar de juzgar esta última faz de nuestra doble revolución, pero podemos decir que con ella, intentamos principiar un camino por el fin, porque en efecto, la democracia es el fin, no el principio de los pueblos. Pero pues, está dada ya entre nosotros, nos avenimos tanto con ella, nos gusta tanto, no hay más remedio que ser demócratas. Sin embargo, una convicción es necesaria, cuya falta pudiera todavía colmarnos de desastres y es que: es menester dejar pasar a nuestra democracia por la ley de desarrollo sucesivo a que todo está subordinado en la creación; y desde luego, convenir en que la democracia actual tiene que ser imperfecta, más visible que íntima, y que serlo sin remedio, porque así lo exigen las condiciones normales de nuestra existencia presente.

Así pues, los que piensan que la situación presente de nuestra patria es fenomenal, episódica, excepcional, no han reflexionado con madurez sobre lo que piensan. La historia de los pueblos se desarrolla con una lógica admirable. Hay no obstante posiciones casuales, que son siempre efímeras; pero tal no es la nuestra. Nuestra situación, a nuestro ver, es normal, dialéctica, lógica. Se veía venir, era inevitable, debía de llegar más o menos tarde, pues no era más que la consecuencia de premisas que habían sido establecidas de antemano. Si las consecuencias no han sido buenas, la culpa es de los que sentaron las premisas, y el pueblo no tiene otro pecado que haber seguido el camino de la lógica. La culpa, hemos dicho, no el delito, porque la ignorancia no es delito. ¿En qué consiste esta situación? En el triunfo de la mayoría popular que algún día debía ejercer los derechos políticos de que había sido habilitada. Esta mayoría buscaba representantes; les encontró, triunfó. Esta misma mayoría existe en todos los estados de Suramérica cuya constitución normal, tiene con la nuestra, una fuerte semejanza que deben a la antigua política colonial que obedecieron juntos. El día que halle representantes, triunfará también, no hay que dudarlo, y este triunfo será de un ulterior progreso democrático, por más que repugne a nuestras reliquias aristocráticas.

Esta mayoría, es lo que una minoría privilegiada había llamado «plebe», en aquella sociedad que no existe ya en América, y que en Europa ha tocado su feliz decadencia.

Una nueva era se abre pues para los pueblos de Suramérica, modelada sobre la que hemos empezado nosotros, cuyo doble carácter es: la abdicación de lo exótico, por lo nacional, del plagio por la espontaneidad; de lo extemporáneo por lo oportuno; del entusiasmo, por la reflexión; y después, el triunfo de la mayoría sobre la minoría popular.

Esta mudanza encierra pues gérmenes de un progreso venidero y solo puede alarmar a los espíritus estrechos, impacientes, medrosos. ¿Se dirá que un niño, que se había empeñado en ser hombre, ha retrocedido por haber abdicado la edad fingida, para volver al genio de su edad verdadera?

No hay atraso sino fuera de la naturaleza de las cosas, en cuyo caso, elevarse es descender. Esta naturaleza de los pueblos americanos, es el grande, el nuevo estudio de las generaciones jóvenes.

Y este movimiento nuestro, no solo es precursor de un movimiento americano, sino también europeo y humano. El mundo viejo recibirá la democracia de las manos del mundo nuevo y no será por la primera vez, para dar la última prueba de que la juventud tiene la misión de todas las grandes innovaciones humanas. La emancipación de la plebe es la emancipación del género humano, porque la plebe es la humanidad, como ella, es la nación. Todo el porvenir es de la plebe. Esta plebe que Jesucristo amó y cuya inocente indigencia le atrajo dignamente en todo tiempo, las afecciones de los corazones insignificantes predilecciones.

—¡Eh! ¿No es grande, no es hermoso, ver que esta plebe que desde las edades de Grecia, desde los primeros siglos de Roma, conspira en el continente oriental por su emancipación, tenga ya un mundo joven gobernado por ella y esperanzas bien fundadas, de que el antiguo, también pronto será suyo? Todo conduce a creer que el siglo XIX acabará lo glorioso.

En la educación de la plebe descansan los destinos futuros del género humano.

La mejora de la condición intelectual, moral y material de la plebe es el fin dominante de las instituciones sociales del siglo XIX.

Tales son las verdaderas y sólidas vías de prosperidad y emancipación que la naturaleza progresiva de las cosas humanas ofrece al mundo social y, en especial, a las sociedades de América Meridional. Ellas son vastas, inmensas, no hay duda, pero infalibles y, sobre todo, necesarias. Todo otro sendero es inconducente, estrecho, retrógrado. Los caminos cortos podrán lisonjear nuestras esperanzas egoístas, pero nos burlarán a su vez, no hay que dudarlo. La vida de los pueblos es inmensa, y su infancia, como la del hombre, es oscura, destinada al depósito de los gérmenes, cuyo desarrollo formará el carácter de todo el resto de su vida.

Aprendamos pues a revolucionar del padre de las revoluciones, del tiempo. Tomemos la calma, la prudencia, la lógica de su método. Así elevaremos un edificio indestructible. Las verdaderas revoluciones, es decir, las revoluciones doblemente morales y materiales, siempre son santas, porque se consuman por una doble exigencia invencible de la que toman su legitimidad. Son invencibles, porque son populares: solo el pueblo es legítimo revolucionario: lo que el pueblo no pide, no es necesario. Preguntad al pueblo, a las masas si quieren revolución. Os dirán que si la quisiesen, la habrían hecho ya. Y en efecto, los movimientos abortados, las conspiraciones impotentes que hemos visto estallar en torno de nosotros, no son revoluciones; son ensayos estériles de pequeños círculos, esfuerzos nulos de un egoísmo personal o de una política irracional y estrecha.

Respetemos al pueblo, venerémosle: interroguemos sus exigencias y no procedamos sino con arreglo a sus respuestas. No le profanemos tomando por él lo que no es él. El pueblo no es una clase, un gremio, un círculo: es todas las clases, todos los círculos, todos los roles. Respetemos esta celeste armonía, esta sagrada integridad, que es el espíritu del evangelio, y el dogma del espíritu humano. Respetemos la pobre mayoría, es nuestra hermana: aunque inculta y joven, pero vigorosa y fuerte. Respetemos su inocente ignorancia, y partamos con ella nuestra odiosa superioridad mental. «¡Ah! Verted la luz sobre la cabeza del pueblo; le debéis este bautismo; ha dicho el mejor amigo de la democracia: instruidla, educadla, aconsejadla con severidad: no la envanezcáis con lisonjas».[16] Evitad el dicterio también, porque es amargo y estéril. Confesemos que la civilización de los que nos precedieron se había mostrado impolítica y estrecha; había adoptado el sarcasmo como un medio de conquista, sin reparar que la sátira, es más terrible que el plomo porque hiere hasta el alma y sin remedio. No debiera extrañarse que las masas incultas cobraran ojeriza contra una civilización de la que no habían merecido sino un tratamiento cáustico y hostil. Una civilización más verdadera y más patriota, habría debido disfrazarse más urbanamente del ropaje del atraso, para la completa eficacia de un catequismo honorable. Hoy pues es tiempo de terminar este triste divorcio entre la civilización y la fuerza. Ya el poder, las masas, la nación, podrán abrir una franca acogida a

---

16 Porque también los pueblos tienen aduladores desde que son reyes. Esos caracteres débiles y flojos que en las edades despóticas se ven pulular en torno del poder, son los mismos que, en los períodos representativos fascinan los ojos del pueblo con inciensos hipócritas. El poder es diferente, el adulón es el mismo: la misma flojedad, la misma duplicidad, pero los resultados, mil veces más temibles, pues que la ira del pueblo, como la ira de Dios, es terrible y todopoderosa.

la joven generación que parece caracterizada por una reflexión y profunda obsecuencia a los poderes consagrados por el pueblo; llena de la convicción más íntima de que la primera exigencia de la patria es de paz interna y a su amparo, de inteligencia, de moralidad, de religiosidad, de industria, de disciplina, de desarrollo en fin, de no revoluciones; del término del espíritu disolvente, demoledor, revolucionario, y del principio del espíritu reparador, organizador, social.

De pocos días necesitaron nuestros padres para disolver la antigua sociedad: tenemos necesidad de muchos años para elevar la nueva; se destruye en una hora lo que se ha desarrollado en un siglo.

Pretender nivelar el progreso americano, al progreso europeo, es desconocer la fecundidad de la naturaleza en el desarrollo de todas sus creaciones: es querer subir tres siglos sobre nosotros mismos. Todos los pueblos son llamados a un fin, pero no tienen hora, ni ruta designada.

Nosce te ipsum.

Dice a los pueblos la política, después que la filosofía lo dijo al hombre.

Nosce te ipsum.

Dicen también la filosofía, el arte, la industria, la religión.

¿Por qué hemos entrado nosotros en estas últimas consideraciones? Porque todo hombre —dice Jouffroy—, que comprende bien su época, tiene una misión patriótica que llenar; y consiste en hacerla comprender a los demás; en calmar así al país como se ha calmado a sí mismo. Desde que se comprenden bien las circunstancias del estado en que nos encontramos, deja uno de asustarse; cuando uno cesa de asustarse, piensa en sí mismo, se forma un plan de conducta, se trabaja, se vive: mas si creéis todas las mañanas que vais a naufragar, que estáis próximos a una catástrofe, os olvidáis de vosotros mismos, os abandonáis a la marea de las circunstancias; no hay paz, trabajo, reflexión, plan de conducta, ni desarrollo de carácter: no sois sino una hoja arrastrada por el viento que sopla y pasa.

III

Algunas explicaciones sobre la forma y carácter de este Fragmento.

Poco caso han merecido del autor las disciplinas académicas y retóricas de la escuela española; decir la verdad con candor y buena fe, ha sido todo su cuidado; ha creído tan injusto imponerse la obligación de escribir a la española, como vestir y proceder en todo a la española, en desprecio del espíritu de su nación. Tiene por sentado que toda la vida será tan diferente el estilo español, del estilo americano, como lo son nuestros genios, inclinaciones, costumbres, y clima. Se ha dicho que el estilo es el hombre; debe añadirse que el hombre es el espacio y el tiempo.

El autor ha creído que están equivocados los que piensan que entre nosotros se trata de escribir un español castizo y neto: importación absurda de una legitimidad exótica, que no conduciría más que a la insipidez y debilidad de nuestro estilo; se conseguiría escribir a la española y no se conseguiría más: se quedaría conforme a Cervantes, pero no conforme al genio de nuestra patria; se tomarían las frases, los giros, los movimientos de que este escritor se valía para agradar a su nación; pero todo esto no agradaría a la nuestra, cuyo carácter propio jamás tendrá por representante un espíritu extranjero.

Si la lengua no es otra cosa que una faz del pensamiento, la nuestra pide una armonía íntima con nuestro pensamiento americano, más simpático mil veces con el movimiento rápido y directo del pensamiento francés, que no con los eternos contorneos del pensamiento español. Nuestras simpatías con la Francia no son sin causa. Nosotros hemos tenido dos existencias en el mundo, una colonial, otra republicana. La primera nos la dio la España, la segunda, la Francia. El día que dejamos de ser colonos, cayó nuestro parentesco con la España; desde la República, somos hijos de la Francia. Cambiamos la autoridad española por la autoridad francesa, el día que cambiamos la esclavitud por la libertad. A la España le debemos cadenas, a la Francia libertades. Para los que están en los íntimos orígenes históricos de nuestra regeneración, nuestras instituciones democráticas no son sino una parte de la historia de las ideas francesas. El pensamiento francés envuelve y penetra toda nuestra vida republicana. De este modo, ¡cómo no hemos de preferir las nobles y grandes analogías de la inteligencia francesa! A los que no escribimos a la española, se nos dice que no sabemos escribir nuestra lengua. Si se nos dijera que no sabemos escribir ninguna lengua, se tendría más razón. Decir que nuestra lengua es la lengua española, es decir también que nuestra legislación, nuestras costumbres, no son nuestras sino de la España, esto es, que nuestra patria no tiene personalidad nacional, que nuestra patria no es una patria, que América no es América, sino que es España, de modo que no tener costumbres españolas es no tener las costumbres de nuestra nación. La lengua argentina no es pues la lengua española; es hija de la lengua española, como la nación argentina es hija de la nación española, sin ser por eso la nación española. Una lengua, es una facultad inherente a la personalidad de cada nación y no puede haber identidad de lenguas, porque Dios no se plagia en la creación de las naciones.

¿Tu lenguaje penetra, convence, ilumina, arrastra, conquista? Pues es puro, es correcto, es castizo, es todo. La legitimidad de un idioma, no viene ni puede venir sino del pleno desempeño de su misión.

Sin duda que fuera preciso ver bajo el yugo de las tradiciones legitimistas de la lengua metropolitana, a los que han roto audazmente con las tradiciones políticas de la Península. Nuestra lengua aspira a una emancipación, porque ella no es más que una faz de la emancipación nacional, que no se completa por la sola emancipación política. Una emancipación completa consiste en la erección independiente de una soberanía nacional. Pero la soberanía del pueblo no es simple, no mira a lo político únicamente. Cuenta con tantas fases, como elementos tiene la vida social. El pueblo es legislador no solo de lo justo, sino también de lo bello, de lo verdadero, de lo conveniente. Una academia es un cuerpo representativo que ejerce la soberanía de la nación en cuanto a la lengua. El pueblo fija la lengua, como fija la ley; y en este punto, ser independiente, ser soberano, es no recibir su lengua sino de sí propio, como en política es no recibir leyes sino de sí propio.

Los americanos pues que en punto a la legitimidad del estilo invocan a la sanción española, despojan a su patria de una faz de su soberanía, comenten una especie de alta traición. No reconocer la autoridad de los estamentos y soportar autoridad de la academia, es continuar siendo medio colonos españoles. La lengua americana necesita pues constituirse y para ello necesita de un cuerpo que represente al pueblo americano, una academia americana. Hasta tanto que esto no suceda, a los que escribamos mal, dígasenos que escribimos mal, porque escribimos sin juicio, sin ligazón, sin destreza, pero no porque no escribimos español neto; porque una semejante imputación es un rasgo de godismo.

Se trata mucho menos entre nosotros de una pulcritud clásica de estilo, que sería tan impertinente como pedantesca. El clasicismo de estilo y costumbres es una planta que por lo regular germina al abrigo propicio de los tronos despóticos, bajo el rocío benigno de las oficiosidades de una corte degradada. Pero nosotros, pobres demócratas, ¿en qué palacios, en qué salones, para qué monarcas cultivaremos frutos tan exquisitos? Nuestro rey es el pueblo; sus palacios y salones, son las plazas y calles públicas. Ya se deja ver que su cortesía exige proporciones adecuadas: que las modulaciones delicadas, la periodicidad armónica, la exquisita redacción, son cosas perdidas para sus órganos colosales que quieren un tono poderoso y fuerte. ¿Quién ignora que el régimen representativo es una de las causas del cambio inmenso que acaba de recibir la literatura francesa, y del que a pasos largos experimenta hoy mismo la literatura española? En los estados representativos, es el pueblo quien habla por la boca del escritor; y el pueblo es demasiado grave y demasiado sencillo para curarse de los frívolos ornamentos del estilo; busca el fondo de las cosas y desdeña las frases y las palabras.

Por otro lado, bajo la democracia, todo debe penetrarse de su espíritu, literatura, arte, lengua, costumbres, usos, trajes, todo debe ostentar un modesto nivel, una cristiana y filosófica armonía. A medida que avanza la democracia sobre las alas de oro del cristianismo, que nivela las almas ante Dios, y de la filosofía, que nivela las inteligencias ante la razón, a medida que se aproxima este santo equilibrio, que es la codicia y el voto de la humanidad; a medida que todos los hombres, van siendo hombres, que una misma estatura comienza a reemplazar las jerarquías que antes quebraban la humanidad, ya el hombre podrá mostrarse a la faz del hombre, más natural, más familiar, más negligente, menos etiquetero, menos obsequioso; y por lo mismo, más considerado y digno, porque la dignidad es inseparable de la igualdad. Hermanos todos, merced al cristianismo y a la filosofía, hábitos, vestidos, estilos generales, todo entre nosotros irá sustentando progresivamente un amable abandono, una fraternal simplicidad.

Sobre todo, el autor de este Fragmento cree con Lerminier que no estamos ya por fortuna en aquellos tiempos en que un libro era un destino; y le importa poco que le llamen mal escritor si llega a merecer la concesión de algunas verdades útiles. Cuando un libro era la expresión de la vida entera de un hombre, los defectos de la forma, eran imperdonables, y los del fondo, de una importancia decisiva en la suerte del escritor. Mas, hoy que los libros se hacen en un momento, y se publican sobre la marcha, para no exponerse a publicar libros viejos (porque los libros filosóficos, van siendo como esos insectos que nacen y se envejecen en un día) los defectos de forma son imperceptibles, y los del fondo, no pueden ser decisivos, porque no siendo otra cosa un libro que la expresión sumaria de un momento del pensamiento, fácilmente pueden ser reparados. No se crea pues que este libro nos reasume completamente: hacemos un ensayo, no un testamento. Comenzamos una vida que tenemos tiempo de revelar más completamente por ulteriores datos.

«Cuando se critica una obra —dice Montesquieu— se ha de procurar adquirir particular conocimiento de la ciencia que en ella se trata, y leer atentamente los autores aprobados que han escrito antes sobre esta ciencia, a fin de ver si el autor se ha desviado del modo recibido y ordinario de tratarla».

Sentiríamos ser criticados de otro modo. Sentiríamos caer en manos de esos críticos que todo lo juzgan *a priori*, sin ningún antecedente, que no son críticos sino porque no tienen criterio; cuyo orgullo necio, condena como malo, todo aquello que no es conforme a sus infalibles principios, sin tener siquiera la modesta sospecha de que el error pueda existir en ellos. Porque es la inmodestia comúnmente la que murmura a la inmodestia y, más de una vez, el llamar pedante, es ser pedante.

Hay hombres que sin haberse dado cuenta jamás de los conocimientos que poseen, sin indagar si hay otros que ellos ignoran, estando obligados a tenerlos, son muy fáciles en tratar de «ignorante», sin miedo de que uno les conteste: somos. Y esto, en especial, en aquellas ocasiones en que la instrucción es naciente y el saber incompleto, en cuyo caso es menester mirarse bien para hacer críticas, porque suele ser fácil mostrar los flancos del crítico; pues que todo se vuelve flancos en semejantes circunstancias.

Con esto, no queremos decir que no gustamos que se nos critique. Al contrario, lo deseamos, y sin hipocresía, porque somos de opinión con Montesquieu de que nuestros críticos son nuestros colaboradores. Pero queremos críticos colaboradores, no críticos impertinentes, ignorantes, tontos. Que no se diga que lo ignoramos todo porque no lo sabemos todo. Nosotros no somos abogados, no somos jueces, no somos maestros, no somos nada todavía: no estamos, pues, obligados a saberlo todo. Somos aún escueleros. La ignorancia nos pertenece. Escribimos para aprender, no para enseñar, porque escribir es muchas veces estudiar. Nada más lejos de nuestras miras que toda pretensión magistral. No podemos enseñar lo que nosotros mismos vamos a aprender. Pero no tenemos sospechas, y las decimos francamente a nuestros colegas, de la debilidad y estrechez de la antigua enseñanza, y de la extensión y miras de la futura. Deseamos entablar con ellos un aprendizaje normal en que comenzamos teniendo el honor de ser monitores. Mañana nomás, en distinta o en la propia materia, descenderemos dócilmente a los avisos de nuestros amigos más hábiles y más instruidos que nosotros.

Este modo de estudiar no tiene inconvenientes y está lleno de ventajas.

No hay cosa que más ahogue la doctrina —dice Montesquieu—, que poner a todo un bonete de Doctor; las personas que quieren enseñar siempre impiden mucho de aprender: no hay ingenio que no se encoja si lo envuelven en un millón de escrúpulos vanos. ¿Tiene uno las mejores intenciones del mundo? Pues le obligan a dudar de sí mismo. Ninguno puede dedicarse a decir bien cuando va acosado del temor de decir mal, y en lugar de seguir su pensamiento, tiene que atender únicamente a usar términos que no ofrezcan reparo a la sutileza de los críticos. Esto es ponernos un capillo en la cabeza para decirnos a cada palabra, cuidado con no caer: tú quieres hablar como tú, pues yo quiero que hables como yo. ¿Va uno a tomar vuelo? Al instante le cogen del brazo. ¿Tiene uno fuerza y vida? Se la quitan a puro pincharle con alfileres. ¿Se eleva uno algún poco? Al instante viene alguno con su vara de medir, levanta la cabeza, y le dice que baje para tomarle la medida. ¿Corre uno por su carrera? Pues quieren que uno vaya mirando todas las piedras que las hormigas han puesto en el camino: ino hay ciencia ni literatura que resista a tal pedantismo.[17]

---

17   *Defensa del espíritu de las leyes*, tercera parte.

Lo que sobre todo caracteriza este escrito es el movimiento independiente y libre de una inteligencia joven que procura darse cuenta de sus creencias. El autor tiene, por fortuna, la conciencia de sus numerosas faltas de estilo, de composición, de razonamiento, de método; y esta conciencia le consuela, porque la reputa una garantía de un progreso nuevo. Es más que todo este Fragmento, un sacudimiento violento y oportuno a los espíritus jóvenes, que parecían sumergidos en una profunda y deplorable apatía.

El modesto profesor que formó las primeras habitudes intelectuales del que hace estas líneas, cuando hubo terminado sus lecciones, le despidió recomendando a su memoria, estas bellas palabras de Aristóteles, con las cuales coronó su curso: «Respeto a Platón, mi maestro, pero amo más la verdad».

El fiel discípulo del filósofo argentino no ha olvidado en el curso de esta redacción el precepto que debiera ser también la insignia honorable de las jóvenes inteligencias americanas, así como lo es de la era filosófica moderna.

La edad media es caracterizada por el reinado de la autoridad sobre el de la razón. Es continuar en la edad media, el hacer más caso de un nombre que de una verdad. La edad moderna es la victoria del racionalismo. Descartes pone a la Europa en esta ruta fecunda en que América es llamada a colocarse, si ambiciona a los rangos de la civilización moderna, enteramente inaccesible por otra vía. La España no es lo que es, sino porque ha tenido más gusto en creer en los errores de san Agustín y san Bernardo que en las verdades de Newton y Descartes.[18]

Por lo demás, nosotros sabemos bien que algunas de las ideas vertidas en este prefacio no carecerán de desafectos: no nos quejamos de ello; no nos hemos propuesto agradar a nadie: solo hemos procurado decir verdades útiles, a nuestro parecer, para la patria.

En tiempos de partidos —decía Benjamin Constant con motivo de los tiros que experimentaba a la aparición de su obra sobre la religión— religiosos o políticos, cualquiera que no se pone al frente de uno de ellos o no se deja

---

18 ...Malimus cum Clemente, Basilio, Agustino, vel Thoma errare, quam cum Cartesio, vel Nevtono vera sentire. Tesis públicas sostenidas por el P. Mtro. Alvarado en Sevilla a fines del siglo XVIII.

arrastrar a su marcha, encuentra enemigos y nunca defensores. Felizmente yo temo poco a los unos y no necesito de los otros. Mi obra cumplirá su destino si merece cumplir uno, y no cometeré el error de callar una verdad, o de inclinarme ante una preocupación para desarmar críticas que dirigen pasiones personales y que esperan un inevitable olvido.[19]

Sin embargo, no podríamos disimular nuestro dolor si los espíritus jóvenes, para los cuales escribimos, rechazasen nuestras ideas. Porque siendo nuestras ideas las ideas de nuestro siglo, tendrían que ponerse en lucha y ser vencidas por el tiempo: derrota que para una inteligencia joven es de incurable ignominia. La juventud no es fuerte sino porque tiene el tiempo por aliado; si por una infidelidad se aparta de este aliado, su inepcia da una inepcia de una piedad que no merece.

IV

Como nosotros estamos todavía bajo la tutela intelectual de la Europa, haremos ver por nuestras frecuentes citas que hemos sido bastantemente autorizados por esta misma Europa para pensar, como hemos pensado. Haremos ver también el propio modo en que nuestra legislación civil reposa sobre los principios más racionales y más sólidos de todo buen sistema legal. Como la legislación romana, como la legislación germánica, como la inglesa, como la francesa, como las legislaciones todas de la Europa moderna, ella descansa doblemente sobre una base moral y utilitaria: declara el derecho, su principio nativo y necesario, del cual se confiesa distinta.

Los discípulos de Bentham han padecido entre nosotros el mismo error que en Inglaterra había padecido el maestro. Confundiendo el fondo con la forma del derecho, no se han contentado con atacar la condición gótica de esta forma, como un obstáculo al progreso del espíritu moderno, lo que sin duda era justo, sino que han envuelto también en esta reprobación, el fondo, el principio mismo del derecho, que reemplazaron por la «utilidad»: lo que sin duda era absurdo pues que el derecho como la religión, es indestructible. Este capital error ha desopinado mucho la escuela de Bentham que, por otra parte, por lo que mira a la jurisprudencia externa, sus trabajos gozan de día

---

19   De una carta de Benjamin Constant al editor de la *Revista Europea*.

en día de la más alta y justa consideración. «Es con sus libros en la mano —nos decía el año 35 la Revista de Ambos Mundos—, que en Inglaterra, en Bélgica, en Alemania, los corazones más jóvenes y más puros combaten los añejos abusos.»

Es lisonjero pues que nuestras viejas leyes, procedentes de siglos tenebrosos, se hallen de acuerdo en cuanto a sus principios, con lo que la ciencia ofrece de más bello y filosófico en el siglo XIX. Así nuestras leyes y la ciencia se justifican y apoyan mutuamente. Al ver en las tinieblas de la edad media que un príncipe hace leyes tan maestramente, al través de una lengua comenzada, y de una civilización ruda todavía, se diría que es el genio que adivina y crea antes de saber hablar. Pero el fenómeno tiene más sencilla explicación para los que ven los orígenes de la legislación española y la nuestra, en una aplicación de la razón pública de los romanos, como ha debido ser de todas las legislaciones del mundo moderno,[20] pues que la razón de los romanos había sido la razón universal que ellos concibieron y realizaron con inimitable habilidad.[21] Hija de siglos de distintas fisonomías, cuya civilización a la par del espíritu romano, no ha cesado de obedecer al elemento religioso que dominaba la nueva sociedad hasta mucho después de su desarrollo, nuestra legislación es necesariamente a la vez jurídica y teológica. También conserva señales góticas, insignias germánicas, colores feudales. Ella no es perfecta, pues, pero peca, por fortuna, más por exceso que por escasez: hay más que destruir que edificar. Quiere rejuvenecerse, quiere aclimatarse, quiere secularizarse, pero lo que sobre todo pide es una pronta y severa refundición metódica bajo un cuadro estrecho y luminoso.

Pero esta operación pide preliminares: debe de precederla un poderoso desenvolvimiento científico del derecho para que sea posible la redacción de un código que no encierre sino pocos principios de donde emanen las decisiones de los casos especiales; pues que el derecho, como la geometría, existe por pocos puntos fundamentales y generadores, de suerte que la obra del jurisconsulto no sea otra que la percepción de las consecuencias, en la inteligencia de los principios.[22] Se ha de esperar pues a que la

---

20   Edward Gibbon.
21   Jacques-Bénigne Bossuet.
22   Friedrich Kart von Savigny.

48

ciencia descubra y reúna estos hechos fundamentales, estos principios que ella y, solamente ella, está encargada de investigar. Cuanto mayor sea la altura en que pueda colocarse el legislador, más extensión habrá abrazado en sus vistas, menos casos habrán quedado fuera de la ley.[23] La ley es una abstracción, una idea general, compleja [viene de escoger, recoger, según Cicerón y Vico;[24] será tanto mejor cuanto más general, más abstracta, más compuesta sea.[25] Pero las ideas generales no son muchas y se forman lentamente; y nunca son sobradamente generales: cada día se estrechan y aparecen fuera de su círculo nuevos hechos; entonces quieren ser reconstruidas, más abiertas, más generales. De ahí la necesidad de una movilidad indefinida en la legislación.[26] Por tesis general, sucede en legislación lo que en las otras cosas del pensamiento, que nunca es superflua la necesidad en someterlas a otra forma dada, porque esta forma, es tanto más adecuada, cuanto más tardía y ulterior es, o por mejor decir, cuanto menos prematura y temprana es.

Por otra parte nosotros no tenemos historia, somos de ayer, nuestra sociedad recién es un embrión, un bosquejo, estamos aún bajo el dominio del instinto, de la costumbre, nos rodea todavía mucho de feudal porque, como lo notan Vico y Lerminier, la feudalidad es una forma normal de las

---

23   Si el carácter de la ley es la generalidad, es a esta generalidad sola que el legislador debe dirigirse: debe procurar no dar sino leyes que comprendan en sus disposiciones el más grande número de especies y casos particulares (Meyer, *Instit. Judiciarias*, lib. 8, cap. 2).

24   Cicerón, *De Legibus*, lib. Y, § VI. Vico, *Principio de la filosofía de la historia*, lib. Y, cap. 2, § 65.

25   Es imposible en legislación, como en todo otro conocimiento, agotar enteramente la ciencia. El arte se reduce a dar leyes generales, en tanto que nuestras acciones son otros tantos hechos particulares. De aquí viene que algunas leyes pueden ser imperfectas, y que es bueno cambiarlas (Aristóteles, lib. 2, cap. 6). De aquí viene, decimos nosotros menos circunspectos que el discípulo de Platón, que «todas» las leyes «deben» ser imperfectas a su vez, y que es «necesario» cambiarlas.

26   Tal es la forma de las leyes más antiguas que parecen dirigirse a un solo hombre, de un primer caso se extendían a los demás, porque los «primeros pueblos eran incapaces de ideas generales». Pero cuando se hubo adquirido ideas generales, se reconoció que la propiedad esencial de la ley debía ser la «universalidad», y se estableció esta máxima de jurisprudencia: legibus, non exemplis est judicandum (Vico). Con las leyes, no con los ejemplos se ha de juzgar.

sociedades nacientes, es el triunfo de las costumbres antes de la venida de las ideas, la expresión del instinto antes de la intervención de la regla, el triunfo de la familia sobre el Estado, de la cosa particular sobre la cosa pública. Dejemos que el tiempo amase más, estreche más, haga homogénea nuestra sociedad. Entonces cuando la unidad filosófica, haya puesto fin a la incoherencia general que domina nuestros espíritus, cuando hayamos adquirido la unidad moral, artística, industrial, escribiremos nuestra legislación que es la expresión de la unidad social. Pero pretender dar principio por la unidad política, es invertir una filiación indestructible, es principiar por el fin, por lo que debe ser su resultado, un producto de aquello de lo cual no queremos ocuparnos: la unidad del sistema general de creencias, ideas, sentimientos y costumbres. Tal es lo que parecen no haber comprendido ni un instante aquellos que han pretendido someter nuestra constitución nacional a una forma unitaria. Y en este sentido nosotros acordamos preferentemente a los que han seguido la idea federativa, un sentimiento más fuerte y más acertado de las condiciones de nuestra actualidad nacional.

Añádase a todo esto la situación de nuestra literatura, porque ni toda lengua, ni en todas circunstancias, una lengua es apropiada para la redacción de un código. Así las leyes escritas en los primeros tiempos de la formación de las lenguas modernas, como las de los últimos tiempos del imperio romano, son difusísimas a causa de que procurando los redactores aclarar el sentido por un cúmulo de expresiones sinónimas, lo oscurecían. Inglaterra ha conservado las antiguas formas; la Francia las ha abandonado; esto mismo intentan la Alemania y los Países Bajos; pero semejante empresa —dice Meyer— no puede avanzar sino lentamente, y depende en gran parte del estado de la literatura nacional, así como de su tendencia.

¿Conocemos el estado y la tendencia de la nuestra? ¿Qué tiempo hace que principiamos a iniciarnos en el movimiento actual de la ciencia metafísica? ¿Se han propagado ya entre nosotros las habitudes concisas, lacónicas, precisas de pensamiento y de estilo? ¿Nos permitiremos algunas palabras sobre el estado de la ciencia del derecho entre nosotros? Toda la doctrina filosófica que alimenta el espíritu de nuestra juventud se encierra en un débil escrito sobre la materia de M. Rayneval.

No hacemos estudios históricos del derecho. Tomamos doctrina civil, en el texto de J. M. Álvarez, cuyo mérito científico estriba en ser una copia de Heineccio. Escribió Heineccio cuando la Alemania principiaba su carrera jurídica. No mucho después que Puffendorf subía con el libro de Grocio, restaurador de la filosofía del derecho; en la primera cátedra de derecho natural fundada en Heidelberg y en Alemania, reasumió Heineccio por su filosofía del derecho, al maestro de Puffendorf, y a Wolfio, discípulo de Leibniz. Pero después de Puffendorf y Leibniz, todavía la Alemania carecía de filosofía y literatura propias. Leibniz, filósofo más europeo que alemán, como dice Lerminier, no sirvió a su literatura porque escribió en latín y francés. La filosofía alemana comienza propiamente con Kant. La literatura puede decirse que principia con Klopstock a quien suceden Lessing, precursor de Goethe, y Schiller, dos grandes artistas que ponen la Alemania en el rango literario de la Inglaterra y de la Francia. Entonces recién se opera allí una revolución jurídica, promovida, es cierto, por Leibniz y Tomacio, discípulo de Grocio, pero no consumada hasta después y a consecuencia del desenvolvimiento de la filosofía y literatura nacionales.

Era en 1790, cuando Gustavo Hugo, espíritu enciclopédico y vasto sobre las trazas de Vico y Montesquieu, emprende la reforma del estudio de la jurisprudencia, de la enseñanza universitaria, y de la ciencia entera del derecho por la historia. Se asocian a él sucesivamente Cramer, Haubold, Savigny y Niebuhr y dan a luz la famosa escuela histórica alemana, cuyas laboriosísimas e infatigables tareas desde 1790 hasta el día de hoy, no solo han eclipsado a Heineccio, sino también a su sucesor Bach y otros juristas distinguidos. Se ha enriquecido la ciencia con preciosos hallazgos. La *Instituta* de Gayo, numerosos fragmentos del *Código Theodosiano*, los fragmentos llamados del Vaticano, *La República* de Cicerón, muchos fragmentos de sus discursos, las obras de Frontonio, las cartas de Frontonio y de Marco-Aurelio, *La Retórica* de Julio-Víctor, fragmentos de *Symmaco*, de Dionisio de Halicarnaso, de Lido sobre las magistraturas de la República romana; todas estas piezas han sido para la jurisprudencia y la filología, inestimables conquistas. De este modo la ciencia histórica del derecho ha sido regenerada desde los cimientos. No ha sido más desatendida la jurisprudencia filosófica que ya cuenta en Europa con varias escuelas jóvenes pero vigorosas, cuyos representantes más célebres son, en Alemania, Hegel, muerto hace poco, en la especulación; y en lo positivo, Gans; en Francia; Jouffroy y Lerminier; en Inglaterra, Bentham muerto no ha mucho.

Estaba la ciencia poco menos que en este estado, cuando un eminente jurisconsulto alemán, Thibaut, proponía el proyecto de un código general y uniforme para toda la Confederación Germánica. Este proyecto encontró la más viva oposición por parte del jefe de la escuela histórica, Savigny, que juzgaba prematura todavía una semejante empresa y opinaba que la Alemania debía esperar. No hay duda en que ella ha abrazado este dictamen cuando nada ha hecho hasta hoy. Si la Alemania pues, a cuya influencia científica obedecía ayer mismo la Francia que se había constituido su discípula de derecho, pensaba que aún debía esperar, ¿deberemos nosotros pensar hoy en códigos propios? Principiemos pues por la ciencia. Ella debe estar prevenida para el día en que, la política, y no los abogados, competente y exclusiva iniciadora y creadora de los códigos, disponga de ella. Puede importar este aviso a los jóvenes que aspiren a las coronas cívicas.

Buenos Aires, enero 5 de 1837

La República Argentina, treinta y siete años después de su Revolución de mayo[27]

> Toutes les aristocraties; anglaise, russe, allemande, n'ont besoin que de montrer une chose en temoignage contre la France: les tableaux qu'elle fait d'elle même par la main de ses grands écrivains, amis la plupart du peuple et partisans du progrès.
>
> Nul peuple ne resisterait a une telle épreuve. Cette manie singulière de se denigrer soi-même, d'etaler ses plaies, et comme d'aller chercher la honte, serait mortelle a la longue.
>
> J. Michelet

Hoy más que nunca, el que ha nacido en el hermoso país situado entre la Cordillera de los Andes y el Río de la Plata, tiene derecho a exclamar con orgullo: «soy argentino.» En el suelo extranjero en que resido, no como proscripto, pues he salido de mi patria según sus leyes, sino por franca y libre elección, como puede residir un inglés o un francés alejado de su país por conveniencia propia; en el lindo país que me hospeda y tantos goces brinda al que es de fuera; sin hacer agravio a su bandera, beso con amor los colores argentinos y me siento vano al verles más ufanos y dignos que nunca.

La verdad sea dicha sin mengua de nadie: los colores del Río de la Plata, no han conocido la derrota ni la defección. En las manos de Rosas o de Lavalle, cuando no han patrocinado la victoria, han presidido a la libertad. Si alguna vez han caído en el polvo, ha sido ante ellos propios; en guerra de familia, nunca a la planta del extranjero.

Guarden, pues, sus lágrimas, los generosos llorones de nuestras desgracias; que a pesar de ellas, ningún pueblo de esta parte del continente tiene derecho a tributarnos piedad.

La República Argentina no tiene un hombre, un suceso, una caída, una victoria, un acierto, un extravío en su vida de nación, de que deba sentirse

---

27 De *Obras completas* de Juan Bautista Alberdi, Buenos Aires, *La Tribuna Nacional*, 1886, tomo III, págs. 219-242. Publicado originalmente en Valparaíso, Imprenta del Mercurio, 1847.

avergonzada. Todos los reproches, menos el de villanía. Nos viene este derecho de la sangre que corre en nuestras venas: es la castellana: es la del Cid, la de Pelayo.

Lleno de efusión patriótica y poseído de esa imparcialidad que da el sentimiento puro del propio nacionalismo, quiero abrazarlos todos y encerrarlos en un cuadro: cegado alguna vez, del espíritu de partido, he dicho cosas que han podido halagar el oído de los celos rivales, que me oigan ellos hoy algo que no les parecerá tan halagüeño: ¿no habrá disculpa para el egoísmo de mi patriotismo local, cuando la parcialidad a favor del propio suelo es un derecho de todos? Me conduce a más de esto una idea seria; y es la de la necesidad que todo hombre de mi país tiene de recapacitar hoy sobre el punto en que se halla nuestra familia nacional; qué medios políticos poseemos sus hijos; qué deberes nos cumplen; qué necesidades y votos forman la orden del día de la afamada República Argentina.

No sería extraño que alguien hallase argentino este panfleto, pues voy a escribirle con tintas de colores blanco y azul.

Si digo que la República Argentina está próspera en medio de sus conmociones, asiento un hecho que todos palpan; y si agrego, que posee medios para estarlo más que todas, no escribo una paradoja.

No habrá hombre que me niegue que su estado es respetable, y que él nada tiene de vergonzoso. ¿Por qué no decirlo alguna vez con la frente descubierta? La República Argentina, ha podido conmover la sensibilidad extraña con los cuadros de su guerra civil; ha podido parecer bárbara, cruel: pero nunca ha sido el ridículo de nadie: y la desgracia que no llega hasta la befa, está lejos de ser la última desgracia.

En todas épocas la República Argentina aparece al frente del movimiento de esta América. En lo bueno y en lo malo su poder de iniciativa es el mismo: cuando no se arremeda a sus libertadores, se imita a sus tiranos.

En la revolución, el plan de Moreno da la vuelta a nuestro continente. En la guerra, San Martín enseña a Bolívar el camino de Ayacucho. Rivadavia da a la América el plan de sus mejoras e innovaciones progresivas. ¿Qué hombre de Estado antes que él puso a la orden del día las cuestiones de caminos, canales, bancos, instrucción pública, postas, libertad de cultos, abolición de fueros, reforma religiosa y militar, colonización, tratados de comercio y navegación, centralización administrativa y política, organización del régimen representativo, sistema electoral, aduanas, contribuciones, leyes rurales, asociaciones útiles, importaciones europeas de industrias desconocidas? La compilación de los decretos de su época, es un código administrativo perfecto; como los decretos de Rosas, contienen el catecismo del arte de cometer despóticamente y enseñar a obedecer con sangre.

De aquí a veinte años, muchos estados de América se reputarán adelantados porque estarán haciendo lo que Buenos Aires hizo treinta años ha: y pasarán cuarenta, antes que lleguen a tener su respectivo Rosas. Digo su Rosas porque le tendrán. No en vano se le llama desde hoy, hombre de América. Lo es en verdad, porque es un tipo político, que se hará ver al derredor de América, como producto lógico de lo que en Buenos Aires lo produjo y existe en los estados hermanos. En todas partes el naranjo, llegando a cierta edad, da naranjas. Donde haya repúblicas españolas, formadas de antiguas colonias, habrá dictadores llegando a cierta altura el desarrollo de las cosas.

No se aflijan ellas por esta idea. Esto es decir que avanzarán tanto como hoy lo está la República Argentina, no importa por qué medios. Rosas es un mal y un remedio a la vez: la América lo dice así respecto de Buenos Aires; y yo lo reproduzco como verdadero, respecto de la América, para más adelante.

No es este un maligno y vengativo presagio de un mal deseado. Aunque opuesto a Rosas, como hombre de partido, he dicho que escribo esto con colores argentinos.

Rosas no es un simple tirano a mis ojos. Si en su mano hay una vara sangrienta de fierro, también veo en su cabeza la escarapela de Belgrano. No me ciega tanto el amor de partido para no conocer lo que es Rosas, bajo ciertos aspectos.

Sé, por ejemplo, que Simón Bolívar no ocupó tanto el mundo con su nombre, como el actual gobernador de Buenos Aires.

Sé que el nombre de Washington es adorado en el mundo, pero no más conocido que el de Rosas.

Los Estados Unidos, a pesar de su celebridad, no tienen hoy un hombre público más espectable que el general Rosas. Se habla de él popularmente de un cabo al otro de la América, sin haber hecho tanto como Cristóbal Colón. Se le conoce en el interior de Europa, más o menos como a un hombre visible de Francia o Inglaterra: y no hay lugar en el mundo donde no sea conocido su nombre, porque no hay uno a donde no llegue la prensa inglesa y francesa, que hace diez años le repiten día por día. ¿Qué orador, qué escritor célebre del siglo XIX no le ha nombrado, no ha hablado de él muchas veces? Guizot, Thiers, O'Conell, Lamartine, Palmerston, Aberdeen. ¿Cuál es la celebridad parlamentaria de esta época que no se haya ocupado de él, hablando a la faz de la Europa? Dentro de poco será un héroe de romance: todo está en que un genio joven, recordando lo que Chateaubriand, Byron y Lamartine deben a los viajes, se lance a través del Atlántico, en busca del inmenso y virginal terreno de explotación poética, que ofrece el país más bello, más espectable y más abundante en caracteres sorprendentes del Nuevo Mundo.

Byron, que alguna vez pensó en visitar a Venezuela, y tanto ansió por atravesar la línea equinoccial, habría sido atraído a las márgenes del inmenso Plata, si durante sus días hubiese vivido el hombre que más colores haya podido ofrecer, por su vida y carácter, a los cuadros de su pincel diabólico y sublime: Byron era el poeta predestinado de Rosas; el poeta de El corsario, de El pirata, de Mazzepa, de Marino Faliero. Sería preciso que el héroe como el cantor, pudieran definirse «ángel o demonio» como Lamartine llamó al autor de Childe Harold.

Sería necesario no ser argentino para desconocer la verdad de estos hechos, y envanecerse de ellos, sin mezclarse a examinar la legitimidad del derecho con que ellos ceden en honra de la República Argentina, bastando fijarse en que la gloria es independiente a veces de la justicia, de la utilidad y hasta del buen sentido común.

Así, yo diré con toda sinceridad una cosa que considero consecuente con lo que dejo expuesto: si se perdiesen los títulos de Rosas a la nacionalidad argentina, yo contribuiría con un sacrificio no pequeño al logro de su rescate. Me es más fácil declarar, que explicar el motivo porque me complazco en pensar que Rosas pertenece al Río de la Plata.

Pero, cuando hablando así, se nombra a Rosas, se habla de un general argentino, se habla de un hombre del Plata, o más propiamente se habla de la República Argentina. Hablar de la espectabilidad de Rosas, es hablar de la espectabilidad del país que representa. Rosas no es una entidad que pueda concebirse en abstracto y sin relación al pueblo que gobierna. Como todos los hombres notables, el desarrollo extraordinario de su carácter, supone el de la sociedad a que pertenece. Rosas y la República Argentina, son dos entidades que se suponen mutuamente: él es lo que es, porque es argentino: su elevación supone la de su país: el temple de su voluntad, la firmeza de su genio, la energía de su inteligencia, no son rasgos suyos, sino del pueblo, que él refleja en su persona. La idea de un Rosas boliviano o ecuatoriano, es un absurdo. Solo el Plata podía dar por hoy un hombre que haya hecho lo que Rosas. Un hombre fuerte supone siempre otros muchos de igual temple a su alrededor. Con un ejército de ovejas, un león a su cabeza sería hecho prisionero por un solo cazador.

Suprimid Buenos Aires, y sus masas y sus innumerables hombres de capacidad, y no tendréis Rosas.

Se le atribuye a él exclusivamente la dirección de la República Argentina. ¡Error inmenso! Él es bastante sensato, para escuchar cuando parece que inicia; como su país, es muy capaz de dirigir cuando parece que obedece.

Rosas no es Pedro de Rusia. La grandeza argentina es más antigua que él. Rosas es posterior a Liniers en cuarenta años; a Moreno, a Belgrano, a San Martín, en treinta; a Rivadavia en veinte. Bajo su dirección, Buenos Aires ha lanzado un «no» altanero a la Inglaterra y a la Francia coaligadas: en 1807, hizo más que eso, sin tener a Rosas a la cabeza; despedazó en sus calles quince mil soldados de la flor de los ejércitos británicos, y arrebató los cien estandartes que hoy engalanan sus templos.

En 1810, sin tener a Rosas a su cabeza, hizo rodar por el suelo la corona que Cristóbal Colón condujo al Nuevo Mundo.

En 9 de julio 1816, la República Argentina escribió la página de oro de su independencia y el nombre de Rosas no está al pie de ese documento.

En ese mismo año, los ejércitos argentinos treparon con cañones y caballería, montañas dos veces más altas que el Monte Cenis y el San Bernardo, para ayudar a Chile a hacer lo que se había consumado al otro lado: pero no es Rosas el que firma los boletines victoriosos de Chacabuco y Maypo, sino el argentino don José de San Martín.

Toda la gloria de Rosas, elevada al cuadrado y multiplicada diez veces por sí misma, no forma un trofeo comparable en estimación al estandarte de Pizarro obtenido por San Martín, en su campaña del Perú, de 1821.

Esto no es apocar el mérito de Rosas. Esto es agrandar el mérito de la República Argentina: esto es decir que no es Rosas el que ha venido a enseñarle a ser brava y heroica.

De aquí se sigue una conclusión muy lógica y natural, a saber: que no bien habrá dejado Rosas de figurar al frente de la República Argentina, cuando ya otro hombre tan notable como él y otras escenas tan memorables como las suyas, estarán llamando la atención hacia la República, que desde los primeros días de este siglo, nunca dejó de hacerse espectable, por sus hombres y sus hechos.

Pero, hoy mismo, ¿es acaso Rosas y su partido lo único que ofrezca ella de extraordinario y digno de admiración? Eso sería ver una mitad de la verdad, y no la verdad entera.

Nadie es grande sino midiéndose con grandes. Se alaba mucho la heroica constancia de Rosas: pero la constancia de su acción, ¿no supone la de la resistencia que él trata de extinguir? Si la pertinacia con que Rosas persigue a sus enemigos hace veinte años, ofrece ese interés de una voluntad que no cambia jamás, no es menos digna de admiración la invariable tenacidad con que ellos reaccionan su poder por el mismo espacio de tiempo.

No es mi ánimo entablar aquí un paralelo comparativo del mérito de los dos partidos en que se divide la República Argentina. Mitades de mi país, igualmente queridas, uno y otro, yo quiero hacer ver el heroísmo que les asiste a los dos. En ambos se observan los caracteres de un gran partido político: la América del Sur no presenta en la historia de sus guerras civiles, dos partidos más tenaces en su acción, más consagrados a su idea dominante, más bien organizados, más leales a su bandera, más claros en sus fines, más lógicos y consecuentes en su marcha.

Estas cualidades no presentan tanto relieve en el partido unitario, porque no ha tenido un hombre solo en que él se encarne. No ha tenido ese hombre, porque nunca le tienen las oposiciones, que se pronuncian y organizan militarmente en el seno de las masas populares: ha tenido infinitas cabezas en vez de una, y por eso ha dividido y perturbado su acción, haciendo estériles sus resultados.

Pero, ¿no es tan admirable como la constancia de Rosas y los suyos, la de esos hombres, que en la patria, en el extranjero, en todas partes luchan hace veinte años, arrostrando con firmeza de héroes todas las contrariedades y sufrimientos de la vida extranjera, sin doblegarse jamás, sin desertar su bandera, sin apostatar nunca bajo el manto de esas flojas amalgamas, celebradas en nombre del derecho parlamentario? Se han hecho reproches a uno y otro, unas veces merecidos, las más veces injustos.

El reaccionario teniendo que luchar con masas sin disciplina, improvisando sus soldados, sus jefes, su arreglo y sus recursos, ha sido objeto de desagradables imputaciones. Pero, ¿en qué reacción no se vieron excesos de ese género? La santa guerra de la Independencia contra la España, ¿no presentó infinitos rasgos de esos que el brillo del suceso y la justicia han dejado en el silencio? ¿No se oyen hasta hoy murmuraciones secretas contra los grandes nombres de San Martín y Bolívar, Carrera y O'Higgins, Monteagudo y La Mar, por actos inapercibidos, que en el laberinto de una gran guerra, practicaron las masas de su mando? ¡Revelad, a ver, con justicia o sin ella, algún acto de cobardía, algún proceder de crapulosa indignidad que manche la vida de los Rivadavia, Agüero, Pico, Alsina, Varela, Lavalle, Las Heras, Olavarría, Suárez, y tantos otros alistados como jefes en las filas nobles del partido unitario! Este elogio no es un rasgo de esa rutinera declamación de los partidos. Es la justa vindicación de una mitad de la República Argentina.

Se imputan faltas y extravíos a uno y otro. Los tienen tal vez, los han cometido, y el primero de ellos es el de haberse lanzado a las armas, para desgarrarse mutuamente. Pero una vez metidos en guerra —último extravío de la pasión y del calor— ¿ha podido parecer extraño, que incurriesen en algunos otros? ¿A cuál no conduce la fiebre de una contienda de sangre, en que están empeñados el honor, la fe política, el interés de una causa considerada como la de la patria misma? El partido federal echó mano de la tiranía: el unitario de la liga con el extranjero.

Los dos hicieron mal. Pero los que han mirado esta liga como crimen de traición, ¿por qué han olvidado que no es menor crimen el de la tiranía? Hay, pues, en ello dos faltas que se explican la una por la otra. Digo faltas y no crímenes, porque es absurdo pretender que los partidos argentinos hayan sido criminales en el abuso de sus medios.

Rosas tiene quienes comprendan sus miras, porque es vencedor. Los unitarios, no, porque están caídos. Así es el mundo en sus fallos. Llama traidor a Lavalle, porque murió derrotado en Jujuy. Si hubiese entrado victorioso en Buenos Aires, le habría llamado Libertador. Si O'Higgins y San Martín, hubiesen sido derrotados en Maypo, capturados y colgados al otro día en la plaza de Santiago; si otro tanto hubiese sucedido a los revolucionarios de septiembre y subsistiese hasta hoy la dominación de los españoles, aquellos grandes de primer orden, estarían olvidados como oscuros insurgentes, dignos del patíbulo, en que expiarán su «traición».

La pasión, en su idioma de embuste y de hipérbole, ha podido solo dar el nombre de «traición» a la simple alianza militar de los unitarios, con las fuerzas de la Inglaterra y de la Francia.

¡La traición, es un crimen; pero no hay crimen cuando no hay intención de obrar el mal! Es, pues, algo más que un proceder ligero; es un acto de imbecilidad el presumir que hombres de la sinceridad, del calor, del patriotismo de Lavalle, Suárez, Olavarría, etc., hayan podido abrigar la intención de deshonrar los colores que defendieron desde niños en cien combates de gloria y de honor, exponiendo su vida ante las balas extranjeras! ¡Si lo hubiesen hecho otros hombres sin los antecedentes de aquellos, el sofisma sería menos manifiesto! ¡Pero imputar traición a la patria, a los que han creado y fundado la patria con su espada y con su sangre! ¡Lavalle, Paz, Rodríguez, que no tenían más fortuna que sus gloriosos trofeos obtenidos en la guerra de la independencia de América, habían de tener la intención de pelear, para después del triunfo entregar al extranjero la patria, su independencia, sus insignias, y hasta su honor y libertad personales! Los tiranos han gastado el sentido de la palabra «traición» abusando de ella; de modo que es raro que alguna vez, sobre todo en países jóvenes y guerreros, se aplique con justicia. Pero cuando se usa de ella contra los unitarios de la República Argentina, se comete algo más que un error común: se comete, como he dicho, un acto de imbecilidad inexcusable. Tiberio, el tenebroso y sangriento Tiberio, llegó a ver el crimen de traición, hasta en un verso, en una palabra indiscreta y confidencial, en una lágrima, en una sonrisa, en las cosas más insignificantes.[28] Dionisio el tirano hizo condenar a muerte a un hombre que soñó que le había asesinado. Alterad un poco el sentido de la palabra traición, decía Montesquieu, y tendréis el gobierno legal convertido en arbitrario.

Un reproche grave, dice Chateaubriand, se ligará a la memoria de Bonaparte: hacia el fin de su reinado tornó tan pesado su yugo, que el sentimiento hostil al extranjero se amortiguó: y una invasión, hoy de doloroso recuerdo, tomó en el momento de consumarse, el aire de una campaña de libertad. Los La Fayette, los Lanjuinais, los Camilo Jordán, los Ducis, los Lemercier, los Chenier, los Benjamin Constant, erguidos en medio de la multitud impetuosa, se atrevieron a despreciar la victoria y protestar contra la tiranía... Abstengámonos, pues, de decir que aquellos a quienes la fatalidad conduce a pelear contra un poder que pertenece a su país, sean unos miserables; en todos los tiempos y países, desde los griegos hasta nosotros, todas las opiniones se han apoyado en las fuerzas que podían asegurarles su triunfo. Algún día se leerá en nuestras Memorias las ideas de Mr. de Malesherbes sobre la emigración. No conocemos en Francia un solo partido que no haya tenido hombres en el suelo extranjero, mezclados con los enemigos y marchando contra la Francia. Benjamin Constant, ayudante de campo de Bernadotte, servía en el ejército aliado que entró en París, y Carrel fue tomado con las armas en la mano en las filas españolas.[29]

Inútil es decir que La Fayette, Chenier, Constant, Carrel, son nombres que todos los partidos en Francia se vanaglorian de contar entre sus hombres célebres. ¿De qué nace este modo de verlos, a pesar de aquellos actos, que un sofista habría apellidado de «traición»? Del convencimiento universal de que sus intenciones, al ejecutarlos, eran enteramente francesas y patrióticas; y que solo una situación del todo excepcional, podía haberles colocado en el caso de buscar el bien de la patria por un camino semejante.

---

28 Tácito, *Anales*, libs. 6 y 11.
29 Chateaubriand, Congreso de Verona, caps. XXXI y XXXVII. Bastaría traer en apoyo de lo que dice este historiador, el recuerdo de la gloriosa revolución de los ingleses, promovida y apoyada por una escuadra y trece mil bayonetas holandesas.

Los unitarios en Buenos Aires han hecho menos que Constant, Carrel y La Fayette en Francia; ellos no han marchado jamás contra una cosa que pudiera decirse su país. Han marchado con su bandera, con su cucarda, con sus jefes, por su camino, a su fin aparte y peculiar: después de haber exigido y obtenido declaraciones escritas y solemnes, que ponían al abrigo el honor y la integridad de la República, contra toda mira perniciosa de parte del extranjero. Era imposible emplear ese medio delicado de reacción, con más discreción, reserva y prudencia que lo hicieron ellos. Son bien conocidos los documentos que lo prueban; a más del justificativo que nace de los resultados.

Otras miras altas y nobles explican también la conducta de los argentinos que en 1840 se unieron a las fuerzas francesas, para atacar el poder del general Rosas. Esa unión tenía miras más lejanas que un simple cambio de gobernador en Buenos Aires. Direlas con la misma sinceridad y franqueza con que entonces se manifestaban. Podrán ser erróneas: eso depende del modo de pensar de cada uno. Pero jamás se mezcló el dolo a su concepción. Pertenecían generalmente a los hombres jóvenes del partido reaccionario; y estos las debían a sus estudios políticos de escuela. Sospechar que la traición se hubiese mezclado en ellas, es suponer que hubiese habido gentes bastante necias para iniciar a estudiantes de derecho público, en los arcanos de esa diplomacia oscura, que según algunos, tiende a cambiar el principio político del gobierno en América.

La idea trascendente de los jóvenes defensores de esa liga era la de introducir, conciliando con la nacionalidad perfecta del país, el influjo de la acción civilizadora de la Europa, por medios honorables y admitidos por el derecho de gentes, a fin de hacer practicable en América un orden de cosas político, en el que las ideas más adelantadas y liberales contasen con una mayoría de población ilustrada, desenvuelta bajo el influjo de leyes e instituciones protectoras de tal dirección de cosas. Querían, en una palabra, buscar una fórmula de solución para el problema del establecimiento de la libertad política en América; de ese problema que aún permanece sin solución, pues no lo son de ningún modo esas constituciones escritas, que, por lo inadecuadas e impracticables, solo sirven las más veces para fomentar la hipocresía de la libertad, tan opuesta a la libertad verdadera. ¿Ignora alguno que la América del Sur, desde la proclamación de la democracia ilimitada, se halla en una falsa posición? ¿Qué el orden ensayado hasta aquí es transitorio, porque es inadecuado, y que es necesario traer las cosas a bases más normales y verdaderas? ¿Quién que medite con sinceridad sobre lo que son nuestras constituciones actuales, no comprende toda la importancia y dificultad de esta materia y la necesidad profunda de ocuparse de ella? Bien pues: esos jóvenes abordando esa cuestión, que es la de la vida misma de esta parte del Nuevo Mundo, pensaron que mientras prevalezca el ascendiente numérico de la multitud ignorante y proletaria, revestida por la revolución de la soberanía popular, sería siempre reemplazada la libertad por el régimen del despotismo militar de un solo hombre: y que no había más medio de asegurar la preponderancia de las minorías ilustradas de estos países, que dándoles ensanchamiento por vínculos y conexiones con influencias civilizadas traídas de fuera, BAJO CONDICIONES COMPATIBLES CON LA INDEPENDENCIA Y DEMOCRACIA AMERICANAS, PROCLAMADAS POR LA REVOLUCIÓN DE UN MODO IRREVOCABLE.

Absurdo o sabio, este era el pensamiento de los que en esa época apoyaban la liga con las fuerzas europeas, para someter el partido de la multitud plebeya capitaneada y organizada militarmente por el general Rosas. Los partidarios de esas ideas las sostenían pública y abiertamente por la prensa, con el candor y el desinterés que son inherentes al carácter de la juventud.

Esa cuestión es tan grave, afecta de tal modo la existencia política de los nuevos estados de América, es tan incierta y oscura, cuenta con tan pocos pasos dados en su solución, que es preciso hallarse muy atrasado en experiencia y buen sentido político, para calificar de extraño este o aquel plan de solución ensayado. Ese punto ha llamado la atención de todos los hombres que han pensado seriamente en los destinos políticos del Nuevo Mundo; y en él han cometido errores de pensamiento, Bolívar, San Martín, Monteagudo, Rivadavia, Alvear, Gómez y otros no menos espectables por su mérito y patriotismo americano. Mil otros errarán tras ellos en la solución de ese problema, y no serán las cabezas menos altas y menos distinguidas; pues los únicos para quienes la cuestión está ya resuelta, son los demagogos que engañan a la multitud y los espíritus limitados que se engañan a sí mismos.

Si, pues, los partidos argentinos han podido padecer extravío en la adopción de sus medios, en ello no han intervenido el vicio, ni la cobardía de los espíritus, sino la pasión que, aun siendo noble y pura en sus fines, es casi siempre ciega en el uso de sus medios, y la inexperiencia de que adolecen los nuevos estados de este continente en la tocante al sendero por donde deben conducir los pasos de su vida pública.

No: la República Argentina no es un país depravado, como lo suponen los que la juzgan por los dictados que ella propia se ha dado en el delirio de la fiebre revolucionaria. Son sus partidos políticos los que la han difamado en el exterior, exagerando mutuamente en el calor de la pelea, sus defectos y suponiendo otros como medio ordinario de ataque y destrucción. Juzgar de la República Argentina, por la prensa de sus partidos en armas, es juzgar de la Francia por los cuadros lúgubres que de ella hace la impaciente misantropía de algunos de sus grandes escritores, que viviendo en la perfección del porvenir, solo ven en el presente, vicios, desorden, iniquidad y mentira.

Cada partido ha tenido cuidado en ocultar o desfigurar las ventajas y méritos de su rival. Según la prensa de Rosas, la mitad más culta de la República Argentina, es igual a las hordas meridionales de «Pehuenches» y «Pampas»: se compone de los «salvajes unitarios» (como quien dice los «salvajes progresistas», siendo la unidad el término más adelantado, la idea más alta de la ciencia política). Los unitarios, por su parte, han visto muchas veces en sus rivales a los «caribes del Orinoco». Cuando algún día se den el abrazo de paz en que acaban las más encendidas luchas, qué diferente será el cuadro que de la República Argentina tracen sus hijos de ambos campos.

¡Qué nobles confesiones no se oirán alguna vez de boca de los frenéticos federales! ¡Y los unitarios, con qué placer no verán salir hombres de honor y corazón, de debajo de esa máscara espantosa con que hoy se disfrazan sus rivales cediendo a las exigencias tiránicas de la situación! Entretanto, no hay que hacer un delito a los escritores que involuntariamente dañan al país dañándose ellos, por más que diga Michelet que eso disminuya su lustre a los ojos del extranjero. Los pueblos representativos tienen que vivir hoy como ese romano que quería habitar una casa de cristal, para ostentar la diafanidad de su vida privada. Es necesario hacer una vida de verdad, y mostrarla al mundo tal cual es, con sus faltas y méritos. Para remediar el mal es preciso decirlo en alta voz: la sociedad y el poder son sordos; para que oigan es preciso hablarles con la bocina de la prensa y la tribuna. Pero es imposible levantar la voz en la casa, sin que la escuche el vecino. No queda otro remedio que refugiarse bajo el consolador axioma que dice – hombre soy y de nada me reputo ajeno. Si algunos pueblos no tienen errores que lamentar, es porque no han empezado a vivir. Las grandes naciones tienen sus manchas a la espalda: los pueblos muy atrasados, las tienen en el porvenir. En el pueblo, como en el hombre, la enfermedad es un estado anormal y transitorio: nuestro país se aproxima al fin de sus achaques.

Se oye también que la República Argentina padece atraso general, por consecuencia de su larga y sangrienta guerra. Este error, el más acreditado fuera de sus fronteras, viene también de las mismas causas que el otro. Sin duda que la guerra es menos fecunda en ciertos adelantos que la paz: pero trae consigo ciertos otros que le son peculiares, y los partidos argentinos los han obtenido con una eficacia igual a la intensidad de los padecimientos.

La República Argentina tiene más experiencia que todas sus hermanas del Sur, por la razón de que ha padecido más que ninguna. Ella ha recorrido un camino que las otras están por principiar.

Como más próxima a la Europa, recibió más pronto el influjo de sus ideas progresivas, que fueron puestas en ejecución por la Revolución de Mayo de 1810, y más pronto que todas recogió los frutos buenos y malos de su desarrollo: siendo por ello en todos tiempos, «futuro» para los estados menos vecinos del manantial trasatlántico de los progresos americanos, lo que constituía el pasado de los estados del Plata. Así, hasta en lo que hoy se toma como señal de atraso en la república vecina, está más adelantada que las que se reputan exentas de esos contratiempos, porque no han empezado aún a experimentarlos.

Un hecho notable, que hace parte de la organización definitiva de la República Argentina, ha prosperado al través de sus guerras, recibiendo servicios importantes hasta de sus adversarios. Ese hecho es la centralización del poder nacional. Rivadavia proclamó la idea de la unidad: Rosas la ha realizado. Entre los federales y los unitarios, han centralizado la República: lo que quiere decir, que la cuestión es de voces que encubren mera fogosidad de pueblos jóvenes; y que en el fondo, tanto uno como otro, han servido a su patria, promoviendo su nacional unidad. Los «unitarios» han perdido; pero ha triunfado la «unidad». Han vencido los «federales»; pero la «federación», ha sucumbido. El hecho es que del seno de esta guerra de nombres ha salido formado el poder, sin el cual es irrealizable la sociedad, y la libertad misma imposible.

El poder supone como base de su existencia firme, el hábito de la obediencia. Ese hábito ha echado raíces en ambos partidos. Dentro el país, Rosas ha enseñado a obedecer a sus partidarios y a sus enemigos: fuera de él, sus enemigos ausentes, no teniendo derecho a gobernar, han pasado su vida en obedecer; y por uno y otro camino, ambos han llegado al mismo fin.

A este respecto ningún país de América meridional cuenta con medios más poderosos de orden interior, que la República Argentina.

No hay país de América que reúna mayores conocimientos prácticos acerca de los estados hispanoamericanos, que aquella República, por la razón de ser el que haya tenido esparcido mayor número de hombres competentes fuera de su territorio, y viviendo regularmente ingeridos en los actos de la vida pública de los estados de su residencia. El día que esos hombres, vueltos a su país se reúnan en asambleas deliberantes, ¡qué de aplicaciones útiles, de términos comparativos, de conocimientos prácticos y curiosas alusiones, no sacarán de los recuerdos de su vida pasada en el extranjero! Si los hombres aprenden y ganan con los viajes, ¿qué no sucederá a los pueblos? Se puede decir que una mitad de la República Argentina viaja en el mundo, de diez y veinte años a esta parte. Compuesta especialmente de jóvenes, que son la patria de mañana, cuando vuelva al suelo nativo, después de su vida flotante, vendrá poseedora de lenguajes extranjeros, de legislaciones, de industrias, de hábitos, que después son lazos de confraternidad con los demás pueblos del mundo. ¡Y cuántos, a más de conocimientos, no traerán capitales a la riqueza nacional! No ganará menos la República Argentina, dejando esparcidos en el mundo alguno de sus hijos ligados para siempre en países extraños, porque esos mismos extenderán los gérmenes de apego al país que les dio la vida que trasmiten a sus hijos.

La República Argentina, tenía la arrogancia de la juventud. Una mitad de sus habitantes se ha hecho modesta, sufriendo el despotismo que ordena sin réplica: y la otra mitad, llevando fuera la instructiva existencia del extranjero.

Las masas plebeyas, elevadas al poder, han suavizado su fiereza en esa atmósfera de cultura que las otras dejaron, para descender en busca del calor del alma, que, en lo moral como en lo geológico, es mayor a medida que se desciende. Este cambio transitorio de roles ha de haber sido provechoso al progreso de la generalidad del país. Se aprende a gobernar obedeciendo; y viceversa.

Si la República no ha avanzado en gloria, lo ha hecho al menos en celebridad y nombradía; y en este punto es deudora de tales resultados a los dos partidos en igual medida. Si ha merecido asombro Rosas por haber repelido a los poderes extranjeros, no le han merecido menos sus enemigos por haber movido en su favor esos poderes. El primer partido en América, que haya recibido a los Estados de Europa, es el de Rosas: y el primero que haya sido capaz de moverlos a tomar una parte activa en su apoyo, es el unitario. La República Argentina es, pues, el Estado de América Meridional que más haya hecho sentir su acción en sus relaciones con las primeras potencias de Europa.

Los negocios del Plata atraen hace muchos años la atención de las Cámaras de Francia y del Parlamento de Inglaterra.

El *Times* de Londres —primer papel del mundo—, se ha ocupado quinientas veces de Rosas, no importa en qué sentido. La *Revista de los dos Mundos*, *El Constitucional*, *La Prensa*, *El Diario de Debates*, y todos los periódicos políticos de París, se ocupan del Plata hace ocho años con tanta frecuencia como de un Estado europeo.

Los primeros oradores de este siglo, han empleado cien veces su calor en tratar del Río de la Plata, y están familiarizados con sus asuntos.

El oro argentino, es el primero que se haya empleado por Estado alguno de América para comprar escritores extranjeros, en Europa y en este continente, con el fin de que se ocupen favorable y sistemáticamente de Rosas.

No hay prensa más conocida en toda la América del Sur que la de Buenos Aires, habiendo existido en los estados circunvecinos a él, infinitos periódicos a vivir ocupados de los negocios del Río de la Plata, ya en pro de un partido o de otro. Esos papeles extranjeros, cuando no han sido unitarios, han sido rosistas; pero siempre argentinos. Ocupándose de algo del vecino país, ellos le han hecho homenaje de atención y respeto. Rosas ha dado tanta atención a su prensa, como a sus ejércitos: ha hecho ricos muchos impresores y escritores. *Le gouvernement espagnol se fait journaliste,* decía una vez Girardin: qué tiempo hace que el de Buenos Aires vive hecho Gaceta, British Packet y Archivo Americano.

Todo esto es tanto más capaz de lisonjear a la República Argentina, cuanto que, por el número de su población, es el Estado más pequeño de toda la América española, si se exceptúa el de la República del Uruguay. Difícilmente se hallará familia más corta y más bulliciosa en el mundo, que la tal familia argentina. Se la llamaría con razón vocinglera y charlatana, si no fuese el Estado americano español que haya obrado cosas más numerosas y extraordinarias. Es el único en que haya sucumbido entero un ejército europeo respetable, sin escapar un solo hombre, ni un solo estandarte. Es el único donde la reacción contra el gobierno español, no fue vencida ni por un solo día, después del 25 de mayo de 1810 en que dio principio. Es el único que haya impuesto al Imperio del Brasil, ganándole batallas, quitándole una escuadra entera, infinidad de banderas, y obligándole a renunciar por tratados gloriosos, derechos que pretendió tener toda la vida: el único que posea el estandarte de la conquista española en este continente; el que hoy reciba mayores señales espontáneas un poco más que de respeto y consideración de parte de los Estados americanos que le rodean: el único que en su guerra interior y exterior recientes, haya excitado el asombro de todos, por su constancia, heroísmo, habilidad y fuerza, sea que se le juzgue en la persona de un partido u otro.

Al pensar en todo esto puede, pues, un argentino, donde y como quiera que se halle en el mundo, ver lucir la luz de mayo, sin arrepentirse de pertenecer a la nación de su origen.

Sin embargo: todo es poco: todo esto no satisface el destino verdadero de la República Argentina. Todo esto es extraordinario, lucido, sorprendente. Pero la República Argentina tiene necesidad, para ser un pueblo feliz dentro de sí mismo, de casos más modestos, más útiles y reales, que toda esa brillantez de triunfos militares y resplandores inteligentes. Ella ha deslumbrado al mundo por la precocidad de sus ideas. Tiene glorias guerreras que no poseen pueblos que han vivido diez veces más que ella. Tiene tantas banderas arrancadas en combates victoriosos, que pudiera ornar su frente con un turbante compuesto de todos los colores del iris; o alzar un pabellón tan alto como la «Columna de Vendóme», y más radiante que el bronce de «Austerlitz».

¿Pero todo esto a qué conduce, sin otras ventajas que, la pobre ha menester todavía en tanto número? Ha hecho ya demasiado para la fama: muy poco para la felicidad. Posee inmensas glorias; pero, ¡qué lástima! No tiene una sola libertad.

«Sean eternos», muy enhorabuena, «los laureles que supo conseguir», puesto que juró no vivir sin ellos. Pero recuerde que las primeras palabras de su génesis revolucionario, fueron aquellas tres que forman unidas un código santo y un verso sublime, diciendo: «libertad, libertad, libertad».

Por fortuna, ella sabe ya, a costa de llanto y de sangre, que el goce de este beneficio está sujeto a condiciones difíciles y graduales, que es menester llenar. Así, si en los primeros días fue ávida de libertad, hoy se contentaría con una libertad más que moderada.

En sus primeros cantos de triunfo, olvidó una palabra menos sonora que la de «libertad», pero que representa un contrapeso que tenerse en pie a la libertad: el «orden».

Un orden, una regla, una ley; es la suprema necesidad de su situación política.

Ella necesita esto, porque no lo tiene.

Puede poseerlo, porque tiene los medios conducentes.

No hay una ley que regle el gobierno interior de la República Argentina y el ejercicio de las garantías privadas. Este es el hecho más público que ofrezca aquel país.

No tiene una constitución política; siendo en esto la única excepción de todo el continente.

No hay cuestión ya sobre si ha de ser unitaria o federal: sea federal enhorabuena, pero haya una ley que regle esa federación: haya una constitución federal. Aunque la carta o constitución o constitución escrita, no es la ley o el pacto, sin embargo, ella la prueba, la fija y la mantiene invariable. La letra, es una necesidad de orden y armonía. Se garante la estabilidad de todo contrato importante, escribiéndolo: ¿qué contrato más importante, que el gran contrato constitucional? Tampoco hay cuestión sobre que haya de ser liberal. Sea despótica, sea tiránica, si se quiere, esa ley; pero haya una ley. Ya es un progreso, que la tiranía sea ejercida por la ley, en vez de serlo por la voluntad de un hombre. Lo peor del despotismo no es su dureza, sino su inconsecuencia. La ley escrita es inmutable como la fe.

Decir que la República Argentina no es capaz de gobernarse por una constitución, aunque sea despótica o monárquica, es suponer que la República Argentina no está a la altura de ninguno de los Estados de América del Sur, sino más abajo que todos; es suponerla menos capaz que Bolivia, que el Ecuador, que el Paraguay, que bien o mal poseen una constitución escrita, y pasablemente observada.

Esto pasa de absurdo.

La República Argentina posee más medios de organización, que ningún otro Estado de la América del Sur. Lo que necesita es coordinarlos.

¿Cuál de ellos posee un poder más real, eficaz y reconocido? Quien dice «tener el poder», dice tener la piedra fundamental del edificio político.

Ese poder, necesita una ley, porque no la tiene. Se objeta, que con ella es imposible el hecho de su existencia. Désela en tal caso tan despótica como se quiera: pero dése una ley. Sin esa ley de subordinación interior, la República Argentina podrá tener un exterior muy bello; pero no será por dentro sino un panteón de vivos. De otro modo es mejor ser argentino desde lejos, para recibir el reflejo honroso de la gloria, sin sentir en los hombros los pies del héroe.

¿Cuál Estado de América Meridional posee respectivamente mayor número de población ilustrada y dispuesta para la vida ocupada de la industria y del trabajo, por resultado del cansancio y hastío de los disturbios anteriores? Hay quien ve un germen de desorden en el regreso de la emigración. Pero eso es temer la conducta del pecador, justamente porque sale de ejercicios. La emigración es la escuela más rica en enseñanza: Chateaubriand, La Fayette, Madame Staël, el rey Luis Felipe, son discípulos ilustres formados en ella. La emigración argentina es el instrumento preparado para servir a la organización del país, tal vez en manos del mismo Rosas. Sus hombres actuales son soldados, porque hasta aquí no ha hecho sino pelear: para la paz se necesita gente de industria; y la emigración ha tenido que cultivarla para comer en el extranjero.

Lo que hoy es emigración era la porción más industriosa del país, puesto que era la más rica, era la más instruida, puesto que pedir instituciones las comprendía. Si se conviene en que Chile, el Brasil, el Estado Oriental, donde principalmente ha residido, son países que tienen mucho bueno en materia de ejemplos, se debe admitir que la emigración establecida en ellos, ha debido aprender, cuando menos a vivir quieta y ocupada.

¿Cómo podría retirarse pues llevando hábitos peligrosos? El menos dispuesto a emigrar, es el que ha emigrado una vez. No se emigra dos ocasiones en la vida: con la primera basta para hacerse circunspecto.

Por otra parte: esa emigración que salió joven, casi toda ella, ¿no ha crecido, en edad, en hábitos de reposo, en experiencia? Indudablemente que sí; pero se comete el error de suponerla siempre inquieta, ardorosa, exigente, entusiasta, con todas las calidades que tuvo cuando dejó el país.

Se reproduce en todas las provincias lo que a este respecto pasa en Buenos Aires. En todas ellas existe hoy abundantes materiales de orden: como todas han sufrido, en todas ha echado raíz el espíritu de moderación y tolerancia. Ya ha desaparecido el anhelo de cambiar las cosas desde la raíz; se han aceptado muchas influencias, que antes repugnaban, y en las que hoy se miran hechos normales con que es necesario contar para establecer el orden y el poder.

Los que antes eran repelidos con el dictado de «caciques», hoy son aceptados en el seno de la sociedad de que se han hecho dignos, adquiriendo hábitos más cultos, sentimientos más civilizados. Esos jefes, antes rudos y selváticos, han cultivado su espíritu y carácter en la escuela del mando, donde muchas veces los hombres inferiores se ennoblezcen e ilustran. Gobernar diez años es hacer un curso de política y de administración. Esos hombres son hoy otros tantos medios de operar en el interior un arreglo estable y provechoso.

Nadie mejor que el mismo Rosas y el círculo de hombres importantes que le rodea, podrían conducir al país a la ejecución de un arreglo general en este momento.

¿Qué ha hecho Rosas hasta aquí de provechoso al país, hablando con imparcialidad y buena fe? Nada: un inmenso ruido, y un gran hacinamiento de poder: es decir, ha echado los cimientos de una cosa que todavía no existe, y está por crearse. Hacer ruido y concentrar poder, por el solo gusto de aparecer y mandar, es frívolo y pueril. Se obtienen estas cosas, para operar otras reales y de verdadera importancia para el país. Napoleón vencía en Jena, en Marengo, en Austerlitz, para ser emperador y promulgar los cinco códigos, fundar la Universidad, la Escuela Normal y otros establecimientos, que lo perpetúan mejor que el laurel y el bronce, en la memoria del mundo.

Rosas no ha hecho aún nada útil para su país: hasta aquí está en preparativos. Tiene como nadie el poder de obrar el bien: como el vapor impele el progreso de la industria, así su brazo pudiera dar impulso al adelanto argentino.

Hasta aquí no es un gran hombre, es apenas un hombre extraordinario. Solo merece el título de grande, el que realiza cosas grandes y de utilidad durable y evidente para la nación. Para obtener celebridad basta ejecutar cosas inauditas, aunque sean extravagantes y estériles. Si Rosas desapareciese hoy mismo, ¿qué cosa quedaría creada por su mano, que pudiera excitar el agradecimiento sincero de su patria? ¿El haber repelido temporalmente las pretensiones de la Inglaterra y la Francia? Eso puede tener un vano esplendor; pero no importa un beneficio real, porque las pretensiones repelidas no comprometen interés alguno grave de la República Argentina.

¿El haber creado el poder? Tampoco: el poder no es esa institución útil, que conviene a la libertad misma, cuando no es una institución organizada sobre bases invariables. Hasta aquí, es un accidente: es la persona mortal de Rosas.

¡Es inconcebible cómo ni él ni su círculo se preocupen de esta cuestión, ni hagan porque las terribles cosas realizadas hasta aquí, den al menos el único fruto benéfico, que pudiera justificarlas a los ojos de la posteridad, cuyas primeras filas ya distan solo un paso de esos hombres! ¿Qué esperan, pues, para dar principio a la obra? El establecimiento de la paz general, se responde.

¡Error! La paz no viene sino por el camino de la ley. La constitución es el medio más poderoso de pacificación y orden interior. La dictadura es una provocación constante a la pelea: es un sarcasmo, es un insulto a los que obedecen sin reserva, ni limitación. La dictadura es la anarquía constituida y convertida en institución permanente. Chile debe la paz a su constitución; y no hay paz durable en el mundo, que no tenga origen en un pacto expreso que asegure el equilibrio de todos los intereses públicos y personales.

La reputación de Rosas es tan incompleta, está tan expuesta a convertirse en humo y nada; hay tanta ambigüedad en el valor de sus títulos, tanto contraste en los colores bajo los que se ofrece, que aquellos mismos que por ceguedad, envidia o algún mal sentimiento preconizan su gloria cuando juzgan la conducta de su política exterior, enmudecen y se dan por batidos, cuando vuelto el cuadro al revés se les ofrece el lado de la situación interior.

Sobre ese punto no hay sofisma ni engaño que valga. No hay constitución escrita en la República Argentina; no hay ni leyes sueltas de carácter fundamental que la suplan. El ejercicio de las que hubo en Buenos Aires está suspendido, mientras el general Rosas es depositario indefinido «de la suma del poder público».

Este es el hecho. Aquí no hay calumnia, pasión, ni espíritu de partido.

Reconozco, acepto todo lo que en el general Rosas quiera suponerse de notable y digno de respeto. Pero es un dictador: es un jefe investido de poderes despóticos y arbitrarios, cuyo ejercicio no reconoce contrapeso. Este es el hecho. Poco importa que él use de un poder conferido legalmente. Eso no quita que él sea dictador: el hecho es el mismo, aunque el origen sea distinto.

Vivir en Buenos Aires, es vivir bajo el régimen de la dictadura militar. Hágase cuanto elogio se quiera de la moderación de ese poder: será en tal caso una noble dictadura. En el tiempo en que vivimos las ideas han llegado a un punto, en que se apetecen más las constituciones mezquinas, que las dictaduras generosas.

Vivir bajo el despotismo, aunque sea legal, es una verdadera desgracia. Esta desgracia pesa sobre la noble y gloriosa República Argentina. Esta desgracia ha llegado a ser innecesaria y estéril.

Tal es el estado de la cuestión de su vida política y social: la República Argentina, es la primera en glorias, la primera en celebridad, la primera en poder, la primera en cultura, la primera en medios de ser feliz; y la más desgraciada de todas, a pesar de eso.

Pero su desgracia no es la de la miseria. Ella es desgraciada al modo que esas familias opulentas, que en medio del lustre y pompa exteriores, gimen bajo el despotismo y descontento domésticos.

Ahora, cuarenta años, afligida por una opresión menos brillantes, tuvo la fortuna de sacudirla, reportando por fruto de su coraje victorioso los laureles de su Revolución de Mayo.

Ella ha hecho posteriormente esfuerzos mayores por deshacerse del adversario que abriga en sus entrañas: pero nada ha conseguido, porque entre el despotismo extranjero y el despotismo nacional, hay la diferencia a favor de éste, del influjo mágico que añade a cualquier causa, la bandera del pueblo. ¿Cómo destruiríais un poder que tiene la astucia de parapetarse detrás de la gloria nacional y alza en sus almenas los colores queridos de la patria? ¿Qué haríais en presencia de una estratagema tan feliz? Invencible por la vanidad del país mismo, no queda otro camino que capitular con él, si tiene bastante honor para deponer buenamente sus armas arbitrarias en las manos religiosas de la ley.

Rosas arrodillado, por un movimiento espontáneo de su voluntad, ante los altares de la ley, es un cuadro que deja atrás en gloria al del león de Castilla rendido a las plantas de la República coronada de laureles.

Pero si el cuadro es más bello, también es menos verosímil; pues menos cuesta a veces vencer una monarquía de tres siglos, que doblegar una aberración orgullosa del amor propio personal.

Con todo: ¿a quién, sino a Rosas, que ha reportado triunfos tan inesperados, le cabe obtener el no menos inesperado, sobre sí mismo? El problema es difícil, pues; y la dificultad no pequeña.

Pero cualquiera que sea la solución, una cosa hay verdadera a todas luces; y es que la República Argentina tiene delante de sí sus más bellos tiempos de ventura y prosperidad. El Sol naciente que va en su escudo de armas, es un símbolo histórico de su destino: para ella todo es porvenir, futura grandeza y pintadas esperanzas.

Valparaíso, mayo 25 de 1847

Palabras de un ausente en que explica a sus amigos del Plata los motivos de su alejamiento[30]

La ausencia y libertad

Amar a su país, hacer de sus intereses el estudio de su vida, darle sus destinos, y vivir en el extranjero, es una contradicción que necesita explicarse. Yo debo y quiero dar a mis amigos menos familiarizados con las intimidades de mi vida, la explicación de los motivos que han prolongado mi ausencia. Quiero darla en el interés de la opinión que deseo conservar a sus ojos de no ser un mal ciudadano. Deseo demostrarles que si los motivos de mi ausencia no me hacen valer más que otro argentino, tampoco son de naturaleza que me hagan valer menos.

Felizmente creo poder entrar en estas explicaciones en el interés público representado por la situación, que ha querido formar a mi libertad de ciudadano, la conducta del gobierno, que me tiene excluido de mi país.

Mi larga ausencia ha cambiado naturalmente de motivos. Fue el primero de ellos haber dado una vez principio, pues toda situación tiende a prolongarse. Lo que debe preguntarse es, ¿por qué me ausenté de mi país? Yo dejé mi país en busca de la libertad de atacar la política de su gobierno, cuando ese gobierno castigaba el ejercicio de toda libertad necesaria como crimen de traición a la patria. El gobierno que hoy reemplaza al de hace treinta años, tiene pruebas de que no estoy ya en mi país, por no responder como de un crimen de traición, de la libertad que me he tomado de tener opiniones opuestas a las suyas. Así el motivo que me tiene hoy lejos de mi país bajo su gobierno dicho liberal, es el mismo que me hizo salir de él, bajo su gobierno tiránico, a saber: la poca confianza en la seguridad personal con que pueden contar los que desagradan al que gobierna cuando el país, por educación o temperamento político, se desinteresa de la gestión de su poder público, hasta dejar nacer en sus gobernantes la ilusión de creerse un equivalente del país mismo.

En semejante estado de cosas que, si no es de completa tiranía, tampoco es de completa libertad, lo mismo es hacerse desagradable al que gobierna,

---

30 *Obras completas* de Juan Bautista Alberdi, [1.ª ed., París, Imprenta Pablo Dupont, 1874], Buenos Aires, *La Tribuna Nacional*, 1886, tomo VII, págs. 136-175.

que pasar a sus ojos por enemigo de la patria y justiciable del crimen de traición. Si el que gobierna se abstiene de ejercer ese poder que la apatía del país le abandona, no por eso deja de tenerlo, y hasta que lo tenga para que la confianza en su seguridad propia falta a los que son objeto de su encono. Pero esta confianza en su seguridad es cabalmente lo que constituye la libertad política.

Yo sé que para otros basta la libertad que consiste en el deseo de ser libre. Confieso que mi amor por la libertad no es un amor platónico. Yo la quiero de un modo material y positivo. La amo para poseerla, aunque esta expresión escandalice a los que no la aman sino para violarla. Pero no hay más que un modo de poseer su libertad, y ese consiste en poseer la seguridad completa de sí mismo. Libertad que no es seguridad, no es garantía, es un escollo. De Montesquieu es esta noción, no mía, y él la debe al país libre por excelencia, a la madre patria de los Estados Unidos de América, la Inglaterra de cuya Constitución fue ese grande apóstol de la libertad, como el Tocqueville de su tiempo, por la razón de que los reinos de la Unión Británica fueron desde entonces como los Estados Unidos de la Europa en punto a libertad.[31]

---

31 «La liberté politique (dice Montesquieu), est cette tranquillité de l'esprit qui provient de l'opinion que chacun à de sa sûreté...» «La liberté politique consiste dans la sûreté», repite Montesquieu en otra parte, «...Cette sûreté n'est jamás plus attaquée que dans les accusations publiques et privées».

Patriotas para quienes el patriotismo de otro es crimen de lesa patria

Lo peor es que para causar al que gobierna ese desagrado que constituye a sus ojos una traición pública, no es preciso atacarlo en sus actos políticos. Bastará haberlo atacado en sus libros, si es escritor; o en sus aspiraciones al gobierno, si el ejercicio de sus funciones constituye su oficio de vivir. A veces no será preciso atacarlo de ninguno de esos modos y bastará, para desagradarlo, el ser agradable al país por algún título fundado o infundado. Como no es la traición sino el patriotismo lo que recomienda al sufragio del país, es el patriotismo naturalmente y no la traición lo que forma el crimen más execrado de los poseedores del poder.

Pero como el patriotismo no figura como crimen en ningún código penal, para encontrarle digno de castigo, es el medio natural tergiversarlo de manera que parezca un crimen, y eso se consigue por la cómoda teoría del poder personal, es decir del gobierno hecho hombre y del hombre hecho Estado. No tenéis sino que atacar los desaciertos del que gobierna para veros acusado de traidor a la patria. Eso se vio todos los días bajo los caudillos argentinos, pero no ha cesado bajo sus biógrafos.

Es verdad que la calumnia de esas acusaciones se revela por su propio cuidado de no pasar de baladronada, cuando la ausencia del acusado quita al proceso toda su razón de ser; pues hay delitos que no existen, sino con motivo de tener en su poder al delincuente. Su ausencia le basta para disipar su crimen, porque ella le asegura la libertad de la defensa, y es bastante que el acusado pueda defenderse para que el acusador se torne en reo de calumnia.

Caso en que la ausencia es patriotismo

Es justo que los alejados de su país por esa táctica desleal ejerzan el derecho que tienen de explicar a los suyos que, lejos de tener su ausencia por motivo la traición o el odio o el desdén de su país, no están fuera de él sino por amor y por causa de la libertad de su país.

Justo es que los acusados de odiar a su país porque desagradan a su gobernante, hagan ver a los suyos, que el amor a su país constituye todo su crimen de traición para los que tienen el patriotismo de considerarse como la patria misma.

No se dirá que toda ausencia sea incompatible con el patriotismo. A menudo en Suramérica no hay otro modo de ejercerlo. Si así no fuese, el diplomático, el militar, que tienen que llenar sus funciones en misiones y campañas destinadas a países extranjeros, no podrían invocar sus servicios como prueba de su patriotismo. Tales ausencias no lo son sino en sentido material. Moralmente está en su país el que vive en el extranjero, ocupado del pensamiento y del estudio de su país. No es esto menos cierto respecto del simple ciudadano que del funcionario. El origen y significado liberal de nuestra ausencia es un hecho repetido en la historia de las repúblicas militares. Más de una vez ese hecho ha servido a la ciencia como a la libertad. Si el italiano Albérico Gentile no hubiese dejado su país para habitar la Inglaterra, o si el holandés Grocio y el suizo Wattel no se hubiesen establecido en Francia; o si el alemán Liever no hubiese dejado la Prusia por los Estados Unidos, y el suizo Bluntschli el suyo por la Alemania, y el colombiano Bello su tierra nativa por Chile; el derecho de gentes moderno no hubiese salido de su cuna. Sarmiento mismo ha dicho que yo no hubiese escrito las *Bases...* de organización americana, en mi propio país; y si un día ven la luz otros volúmenes inéditos escritos en la ausencia, tal vez la nuestra pueda contribuir a confirmar la observación. Lo cierto es que Sarmiento escribió su Facundo en Chile, y que lo retocó apenas puso el pie en su país.

Pero el ausente por más que viva absorbido en su país desde la distancia, acaba por hacerse extranjero y desconocido para sus mismos compatriotas. Tal nos pasa a nosotros, que salidos del país sin acabar los estudios de derecho por no prestar juramento de fidelidad a la dictadura de Rosas, para tomar un grado universitario, somos personalmente menos conocidos en nuestro país que en el extranjero. Esta circunstancia ha servido a más de un ex amigo, regresado de la emigración al país, para hacer de nosotros un enemigo público a los ojos de los que ni de vista nos conocen. Es justo que esa misma circunstancia nos sirva de excusa para hablar de nuestra persona a los que nos ignoran, sin ser tachados de egoísta.

Explicar nuestra posición individual para con el orden actual de cosas de nuestro país, es estudiar la condición de la libertad del ciudadano en la República Argentina bajo su actual gobierno dicho liberal, y la suerte que cabe a la «Nación», al «nacionalismo» y al «nacionalista», bajo su presente gobierno dicho nacional. Se verá una gran curiosidad por este estudio y es, que los dos hechos de que nos hace culpables ese gobierno, son: el haber intervenido desde la distancia en la gestión de nuestra vida nacional, es decir el haber usado de nuestra libertad, y el haberla usado para defender la Nación, que pretende representar y servir el gobierno dicho «nacional».

Por qué el autor dejó su país

Yo salí de Buenos Aires por odio a su gobierno, cuando su gobierno era el de Rosas. Odiar a ese gobierno significaba entonces amar a Buenos Aires. En todo tiempo el odio a la mala política ha significado amor al país, que era víctima de ella. Belgrano y Rivadavia probaron su amor al país odiando al gobierno que había sido el de su país mismo hasta 1810. ¿Es esto decir que yo mantenga mi odio de otro tiempo al gobierno actual de Buenos Aires? Dios me libre de abrigar tal ingratitud para con la autoridad, que lejos de excluirme del país, se hace sorda al cargo idiota de «odiar a Buenos Aires», que me viene del «chauvinismo» de un «porteño» de San Juan.

Ausentarse del país tiranizado, era entonces dar prueba de amor a su libertad. Yo no fui el solo en dar esa prueba, y si he quedado después solo donde me dejó el naufragio del gobierno que representé en el extranjero, es porque he seguido viéndome amenazado con acusaciones de traición, por haberme tomado la libertad de desagradar a sus nuevos gobernantes con mis opiniones divergentes. Mi larga ausencia me ha dado la costumbre de esa libertad, en tal grado que ha venido a constituir mi mayor dificultad para volver a mi país, aún después de caída la dictadura que me hizo salir de él.

Una flaqueza, lo confieso, se ha unido a las causas que han prolongado mi ausencia. He cedido a la atracción invencible del medio en que me dejó arrojado el naufragio de mi causa: quiero hablar de esa cosa querida que tanto deseamos los americanos aclimatar en nuestro suelo, la civilización de la Europa, en cuyo seno buscó asilo consolador el patriotismo desencantado de Rivadavia. Esto ha hecho que el mal de mi ausencia redunde un poco para mí en el bien de una especie de segunda educación, que deberé a la mala voluntad de mis amables adversarios.

En el bote en que dejaba la playa de Buenos Aires, se juntaban mis rodillas con las de un compatriota de nombre conocido. Yo salía para atacar desde Montevideo la tiranía de que era presa Buenos Aires, mi vecino salía para servirla desde Europa en la diplomacia, como en efecto la sirvió hasta que cayó con su jefe en Monte Caseros. ¿No es lógico que él represente hoy en Europa al gobierno por cuya causa estoy lejos de mi país? Se diría en vista de ello, con Alfonso Karr: «Plus ça change, plus c'est la même chose», si fuese el gobierno provincial de Buenos Aires y no el «gobierno de la Nación», el que hoy me hace un crimen de mi «nacionalismo».

Sin mi adhesión a la Nación, de que son prueba viva mis escritos, no tendría razón de ser mi exclusión del círculo dominante. La Nación puede medir por ese barómetro el grado de patriotismo nacional de los que aspiran a gobernarla.

La libertad de su país ha ocupado la ausencia del autor

Si es un hecho que dejé mi país para defender su libertad desde Montevideo, no lo es menos que durante mi ausencia de tantos años, no he cesado de hacer de esa libertad y de sus condiciones de existencia el estudio favorito de mi vida, pasada solo materialmente en el extranjero, pues moralmente, puedo decir que he vivido en mi país, en fuerza de esa extraterritorialidad del corazón patriota, que no es privilegio exclusivo de los diplomáticos.

La historia y la prueba de mi vida pasada lejos de mi país, están consignadas en mis escritos publicados y en mis escritos inéditos, que un día conocerá mi país. Creo poder hablar de mi vida sin temor de parecer egoísta, porque recorrer sus fases, es en cierto modo seguir las del país mismo.

¿Qué ha sido en efecto por treinta años la vida de la República Argentina en sus relaciones con la libertad? Desde luego la lucha contra la tiranía de Rosas, en que tomé por la prensa de Montevideo una parte que conocen mis amigos y mis ex amigos. Después de uniformar la opinión de los argentinos sobre la cuestión francesa de ese tiempo, lo que facilitó la expedición de libertad confiada al general Lavalle; después de redactarle sus proclamas, con que desembarcó en suelo argentino, y de poner en contacto a Garibaldi con Paz, que debían defender la plaza de Montevideo en su sitio de nueve años, dejé a ese país por Chile, como refugio americano en que pude estudiar la libertad en acción, hasta que sucumbió la tiranía de Rosas, en que principió el gran trabajo de libertad, que tuvo por objeto la organización del gobierno nacional que el país buscaba desde su revolución de 1810 contra España. La ausencia no me impidió colaborar en su organización desde Chile, por el libro de las *Bases...*, seguido en la Constitución libre que adoptó el país y que rige hasta hoy mismo no obstante su reforma reaccionaria.

Para asimilar esa ley con las convicciones del país, la expliqué en libros de derecho público, que son su comentario genuino y natural, y que el gobierno libre, erigido sobre las ruinas de la tiranía de Rosas, los honró con la reproducción oficial, dirigida al mismo objeto de propaganda constitucional con que yo los escribí. Los mismos gobiernos que más tarde me hicieron de ello un crimen, los honraron también, pero de otro modo, a saber: leyéndolos a puerta cerrada, mientras los ponían en el Índice para que el común de los lectores fuese incapaz de descubrir el plagio. Recuerdo todo eso no porque pretenda que ello me haga valer más que otro argentino, sino para hacer ver que esos hechos no me hacen valer menos.

Después de esos trabajos en que ayudé desde mi ausencia a constituir la libertad o el gobierno del país por el país, acepté la misión diplomática que me buscó en Chile, y que me trajo a Europa con el objeto de negociar el reconocimiento de la independencia o libertad exterior de la República Argentina, por España, su antigua metrópoli. Cumplí esa misión, firmando en Madrid en 1860 el tratado de reconocimiento, que lleva mi nombre, ilegible al través del que lo suplanta.

Por eso mismo y otros trabajos, llené otro objeto de mi misión, a Europa, no menos esencial a la libertad argentina, el de asegurar la integridad de su soberanía nacional externa, por la influencia diplomática de los gobiernos extranjeros, ejercida en los límites del derecho de gentes. Traté de obtener y obtuve su cooperación regular para concentrar en el gobierno nacional argentino, el ejercicio de las relaciones extranjeras, que los gobiernos de provincia habían ejercido más de una vez hasta entonces, por ausencia de un Gobierno central.

Pero la integridad y plenitud de este mismo gobierno central, necesitaba a su vez como garantía esencial de su poder efectivo residir en una capital considerable, en que su jurisdicción fuese local, inmediata y exclusiva. Hace cincuenta años que el país busca esa capital, o más bien dicho, que su gobierno nacional busca ese poder complementario de su autoridad efectiva. Buen cuidado tuvieron los Estados Unidos en no pasar tanto tiempo sin encontrarla. Mantener sin capital propia y definitiva a la República Argentina, es literalmente, por las condiciones de ese país, mantener sin gobierno digno de este nombre. No es gobierno un puñado de hombres ocupados en percibir y pagar sueldos. Cuando más es un sindicato o directorio de compañía industrial, el cual puede ser capaz de hacer ferrocarriles, telégrafos, puentes, muelles, colonias, bancos, sin dejar de ser un directorio industrial, y sin ser un gobierno, por razón de esas funciones que son de mero comercio y de industria.

Cuando desapareció el gobierno del Paraná, quedó en mis manos por ese acontecimiento la posibilidad más casual y feliz de hacer servir la diplomacia a la solución del más grande y difícil de nuestros problemas orgánicos, que es el de una capital de la República sujeta al poder «inmediato y exclusivo» del gobierno nacional residiendo en ella. Solicité a ese fin la cooperación de los gobiernos de París y Londres cerca de los cuales estaba yo acreditado; y en un interés realmente internacional como lo es siempre el orden y la seguridad de todos, obtuve la aquiescencia que me prometieron lord John Russell y monsieur Thuvenel, al plan que sometí en un memorándum, a esos dos grandes ministros de aquel tiempo. Pero un nuevo gobierno sucedió al del Paraná, y yo dejé de representar oficialmente a nuestro país en Europa.

La alianza y la guerra

Relajada la institución del gobierno nacional por la reforma que dejó a la Nación sin capital, o mejor dicho que dejó a su gobierno central sin el poder «inmediato, local y exclusivo» en la ciudad de su residencia, que es el poder más esencial a su autoridad; y puesto el gobierno así mutilado en las manos mismas que lo habían disminuido, no tardó la nueva administración, apenas recomenzó su marcha, en echar de menos el vigor que la institución había perdido por la reforma, y tuvo que buscar en una alianza internacional el punto de apoyo que no se supo, o no se quiso, o no se pudo encontrar en la unión positiva de todos los argentinos.[32] La necesidad de una alianza para ese fin interno, traía consigo la de una guerra internacional, que se debía tener otra razón de ser. Era buscar la fuerza donde solo podía encontrarse la debilidad, como ha sucedido. «Opuesto a la guerra por inmotivada» y a la alianza por impolítica, yo no vacilé en combatir estos dos hechos que venían a debilitar lo que tanto había trabajado por robustecer: el poderío y respetabilidad de la Nación Argentina, asegurados por la consolidación de un gobierno patrio para toda ella.

Lo que era de prever se produjo, y los acontecimientos me han dado razón últimamente en las cuestiones exteriores argentinas, porque la tuve en la cuestión interna sobre la organización del poder nacional.

Debilitar el gobierno interno de un país, es entregar ese país al predominio de su vecino más poderoso. Nadie dirá que es mayor hoy día el ascendiente argentino en el Plata que lo era antes de la alianza y de la guerra. Como yo no me había ocupado de la política de mi país por razón de ser empleado suyo, sino que fui empleado por razón de haberme ocupado y para ocuparme de la política de mi predilección, no pensé que la falta de un empleo fuese razón de abstenerme de intervenir en los grandes debates internacionales de mi país, y pensé al contrario poder apropiarme este dicho de un romano: «Nunca estuve más ocupado de mi país, que cuando dejé de ser su empleado».

---

32 «It is only in organic union with the nation that the secret of his power must be found», decía el *Times*, aludiendo a Francia hace pocos días.

La traición

Pero mi actitud de patriotismo argentino, fue sin embargo calificada de traición. Yo fui traidor a los ojos de ese patriotismo que entiende la traición como la entendieron los «caudillos» Quiroga, Rosas y Cía., a saber: como liga con el extranjero aunque fuese para defender la libertad y la salud del país.

Alistado desde niño en las banderas liberales de mi país, yo entendí el patriotismo como lo ha entendido nuestra Constitución vigente, nacida de la liga victoriosa con el extranjero contra el poder regnícola de Rosas, que acusaba de traidores a los autores de esa liga.

La Constitución argentina fue naturalmente reaccionaria en su modo de entender y definir la traición. Nacida de una victoria contra Rosas, no podía entender como él. Y como la noción de traición es correlativa de la de sumisión al soberano legítimo, cada constitución la define según entiende el principio de soberanía en que ella reposa. Por eso la nuestra cuidó de definir solo ese crimen y dejó los demás al Código Criminal ordinario, como hace la de Estados Unidos. Cuando la soberanía pertenece al monarca, la traición es un crimen del país contra el Gobierno; cuando el país es el soberano la traición es crimen del Gobierno contra el país. Expresión del derecho moderno y democrático, la Constitución argentina ve un traidor (Artículo 103) únicamente en el que se arma contra el país y se une a su enemigo aunque su enemigo sea el mismo gobierno del país, como fue el de Rosas y por eso fue destruido por patriotas argentinos unidos con extranjeros; desde cuyo momento el nombre de «extranjero» dejó de ser sinónimo de «enemigo», como en el viejo derecho bárbaro. Es un título de honor para la Constitución argentina, que al definir la traición no haya pronunciado siquiera la palabra extranjero. La Constitución hubiera sido loca en obrar de otro modo, pues debía ella misma su existencia a la victoria de Caseros, obtenida por una alianza de argentinos y extranjeros contra un poder regnícola del todo.

Por eso la traición máxima para la actual Constitución argentina (Artículo 29), es la que comete el gobierno contra el país cuando por sus actos o por sus omisiones, deja indefensas e inseguras la vida, la fortuna y el honor de los que habitan el suelo argentino. La seguridad individual es para ella el emblema de la patria y de su civilización porque no es otra cosa en sí misma que la libertad puesta en obra. Quitar a un hombre su vida o su propiedad sin proceso, es asesinar, es robar, aunque sea el Congreso el que le ordene por ley; pues la ley misma es un crimen desde que atropella la Constitución, cuyo Artículo 18 hace del proceso la primera de las garantías o seguridades del ciudadano. El magistrado que mata sin proceso, es un asesino, aunque mate a un asesino. Las garantías no son para los buenos solamente, sino para los buenos y para los malos, como la luz del Sol.

La traición según los caudillos y según los patriotas

Copiando a Rosas sus nociones de traición y patriotismo y a su prensa su lenguaje, yo fui tratado de «traidor vendido al oro extranjero», porque hallé razón al Paraguay de resistir esfuerzos que debían concluir por colocar los destinos del Plata a la merced del más fuerte de los aliados contra el Paraguay, como era de prever y ha sucedido.

El odio de esa imputación fue tan cierto que no vio su propio absurdo. Explicar mis escritos patrióticos por un precio recibido del agente del Paraguay en París, convertido en plenipotenciario de los enemigos de su comitente, era como explicar mis escritos enviados de Chile a favor de Urquiza por un precio recibido del almirante de su escuadra, en 1853. Hay una moral curiosa, que prueba su horror a la traición fomentando el cohecho y premiando a los cohechados con el honor del sufragio.

Calificarme de traidor por mi actitud argentina en esa lucha, era renovar la grosera y automática acusación de que han sido objeto los más grandes patriotas argentinos desde 1810.

Acriminar mi adhesión moral y pasiva dada al Paraguay, era hacer el proceso indirecto de la conducta de Florencio Varela, asesinado como «traidor», por haber sido más patriota que sus asesinos ocultos. Él hizo más que yo en ese punto; vino de agente diplomático del Estado Oriental a Europa, en busca de una intervención anglofrancesa contra el gobierno de su país. El honor mismo de su muerte no le vino por defensor, sino por enemigo del gobierno tiránico de su país, y el objeto de su muerte fue frustrar la cooperación que su talento debía dar a dos legaciones europeas llegadas en ese momento al Plata, con miras hostiles al gobierno de Buenos Aires.

Acusar mi conducta, era procesar al general Paz, eminente patriota argentino, que hizo lo que yo no hice, cuando se puso a la cabeza de un ejército paraguayo en 1846, atraído por él mismo al territorio argentino de Corrientes para llevar a cabo una empresa de guerra contra el gobierno argentino de Rosas.

Era como formar causa criminal de traición a la conducta del general Lavalle, soldado de Chacabuco, de Maipo, de Río Bamba; a su honorable secretario don Félix Frías, y a los ilustres miembros de la Comisión Argentina, de Montevideo, porque firmaron compromisos de acción común con las autoridades francesas a la sazón en el Plata, para derrocar por las armas al gobierno de aquella época: gobierno tiránico, gobierno traidor, digno de su ruina, pero argentino, y no ruso, ni otomano.[33]

Llamarme traidor era acusar a Sarmiento, a Mitre, a Urquiza del glorioso crimen de pelear unidos con extranjeros en la batalla de Monte Caseros contra la tiranía que imperaba en Buenos Aires.

No era argentino el gobierno de Rosas, se repetirá tal vez, porque tiranizaba a su país. Su crimen, sin embargo, no lo nacionalizaba griego ni japonés. Pero tienen razón los que eso objetan, en decir que su tiranía hacia del gobierno de Rosas el «enemigo de su nación», con lo cual admiten que la Nación puede tener por enemigo y traidor de su causa a su propio gobierno, por respetado y obedecido y apoyado que fuere.

Preguntad si no era argentino el gobierno de Rosas, a los poderes extranjeros que firmaron con él, rodeados de sangre y de víctimas, los tratados internacionales que duran hasta hoy mismo.

Y antes de crear para él un derecho aparte y excepcional, harían mejor los que lo desnaturalizan por el carácter bárbaro de su gobierno, de ver bien si ellos tienen otras máximas que las de Rosas sobre las grandes y capitales cuestiones de su país, tales como la de la nacionalidad facultativa del hijo del extranjero que nace en el país, la de capitalización y división de Buenos Aires en el interés común y solidario de Buenos Aires y de la Nación; sobre el federalismo unitario de Washington y no el separatista de Jefferson Davis; sobre el americanismo europeo a la Rivadavia, y no el americanismo indígena a la Rosas; sobre límites territoriales con los vecinos, fundados en las necesidades de la civilización, más bien que en el derecho de origen colonial: si están bien ciertos de que sus ideas sobre todos estos puntos son las de Rivadavia y Urquiza, y no las de ese Rosas, que tanto afean.

---

33   Véase el folleto de don Florencio Varela: «Sobre la Convención de 29 de octubre de 1840, desarrollo y desenlace de la cuestión francesa en el Río de la Plata». (Escrito citado por Martens en su bibliografía de derecho de gentes).

El honor nacional

No: no había necesidad de acudir a torpezas de ese género para explicar mi actitud argentina en la cuestión del Paraguay. Su explicación es más sencilla. Es que nunca hubo motivo suficiente para despoblar de seiscientos mil habitantes esas regiones del Plata tan necesitadas de población, ni para derramar caudales mayores que los invertidos en la apertura del istmo de Suez, y que hubiera costado la comunicación de las dos costas americanas del Pacífico y del Atlántico, por cuatro ferrocarriles de trocha ancha, al través de los Andes.

Dos causas fueron atribuidas a la guerra que costó esos sacrificios: 1.ª la captura de dos buques de guerra argentinos en Corrientes; 2.ª la invasión del territorio de esa Provincia argentina por fuerzas paraguayas.

Consiento en acriminar esos dos hechos. Lo que sostengo es que el honor argentino no podía ser destruido por agravios semejantes.

La historia misma de nuestro honor nacional, da un desmentido enfático a los que han hecho expiar esas oscuras violencias con mares de sangre americana, y con tesoros que nuestra posteridad no pagará en cien años.

No es un rincón remoto del país, como en Corrientes, sino en el puerto de la ciento misma Buenos Aires, fueron capturados y quemados los buques todos de la Escuadra argentina el 7 de junio de 1829, por el vizconde de Benancourt, comandante de la fragata «Magicienne», de la División Naval francesa que estacionaba en los mares del Sur; y el gobierno argentino de ese tiempo, desempeñado por un militar célebre de la Guerra de la Independencia, don Juan Lavalle, no juzgó que esa tropelía exigía una guerra contra la Francia para salvar nuestro honor que, intacto y erguido dominó de alto esa vana injuria.[34]

En cuanto al territorio, no digo invadido, ha sido destrozado en más de su mitad, sin que el honor argentino haya dejado de existir por esas pérdidas o dislocaciones territoriales, que jamás han sido objeto de reivindicaciones sangrientas por ningún gobierno patriota de nuestro país. Dejaré hablar a nuestra historia en este punto.

---

34 Rivera Indarte dice que nuestros buques fueron asaltados y quemados en la noche. «Le 7 Juin 1829 —dice M. Brossard— a la pointe du jour, cet officier (de Bénancourt) enleve avec beaucoup de résolution l'escadre argentine mouillée devant Buenos Ayres».

Formaban la República Argentina hasta 1825, las ocho Intendencias de que se compuso el territorio del Virreinato de Buenos Aires antes de 1810. El vencedor de Ayacucho dispuso de cuatro de ellas por el «derecho de la victoria» (tan agradable a los que no siempre disponen de tanto poder como el príncipe de Bismarck), y con ese territorio argentino, compuso el Estado monumental que lleva su nombre. La República Argentina perdió esa mitad de su suelo, gracias al general que salió de Buenos Aires y pasó los Andes para arrebatarlo por retaguardia a los españoles que lo ocupaban; pero, distraído en dar libertad a otros países, dejó el suyo propio en poder del enemigo, hasta y para que Bolívar lo arrancara a la vez a España y a la República Argentina. Ni esa pérdida valió el título de traidor a su autor involuntario (que al contrario tiene una estatua en Buenos Aires), ni los brillantes patriotas unitarios, que entonces gobernaban el país, hicieron guerra a Bolívar por esa causa. El honor argentino, sin embargo, se satisfizo con decirse a sí mismo probablemente: Al fin todo queda en casa: todo queda, es decir, en suelo americano.

En 1825, Bolivia invadió la provincia argentina de Tarija, y se quedó con ella sin que hubiese ocurrido guerra por esa causa, que dejó vivo y entero el honor argentino, bajo el gobierno del más grande de nuestros patriotas, don Bernardino Rivadavia.

Pocos años después nos fue arrebatado el territorio de las Islas Malvinas, por un oficial de los Estados Unidos, y entregado a la Inglaterra, que lo conserva hasta hoy, sin que por ello el gobierno argentino de ese tiempo hubiese juzgado necesario al honor de su país declarar guerra a los Estados Unidos ni a la Inglaterra.

El 11 de octubre de 1838, la Isla de Martín García, que domina la entrada de los ríos Paraná y Uruguay, fue tomada y ocupada por los franceses con gran satisfacción de todos los patriotas argentinos enemigos de Rosas y su tiranía.[35]

---

35 La Isla de Martín García fue atacada y tomada por fuerzas francesas y originales el 11 de octubre de 1838. «Corrió mezclada allí la sangre de los dos pueblos —dice Florencio Varela— y sabido es que la sangre es la libación más santa, que sella las alianzas en la guerra...». Así lejos de afligirse de esa humillación sufrida por la bandera argentina Varela la celebraba en el interés de la libertad, que de ahí podía venir para su país como vino al fin. «Comisionado por el general Lavalle —dice el mismo Florencio Varela— fui a bordo

Más tarde, Chile ocupó el territorio del Estrecho de Magallanes, que los argentinos tenían por suyo, sin que ese paso hubiese sido causa de una guerra de honor para ningún gobierno argentino. No creo que en lugar de Rosas, hubiese procedido menos pacíficamente el señor Sarmiento, considerando que él mismo aconsejó esa ocupación a Chile, y la sostuvo por vía de oposición al gobierno tiránico argentino de entonces.

En 1850, ocupaban militarmente los franceses la Isla de Martín García, a la vista y vecindad de Buenos Aires; pero el gobierno argentino de ese tiempo no juzgó necesario al honor del país derramar su sangre y sus caudales en una guerra de reivindicación contra la Francia. Tampoco es creíble que el señor Sarmiento hubiese procedido en ese caso de otro modo que Rosas, pues él propuso en su *Argirópolis*, erigir la Isla de Martín García en capital de la República Argentina, mientras y por la razón que la ocupaban los franceses; y fue de opinión, en su *Argirópolis*, que la bandera extranjera que suplantaba a la nuestra en ese territorio argentino, lejos de deshonrar el país por su presencia violenta, podía garantizar honorablemente al Congreso argentino que se reuniese a su sombra.

Cuando la caída de Rosas dejó sin motivo justificado la ocupación de la Isla de Martín García por los franceses, el almirante Lepredour, tuvo la osadía de devolver la isla, no al poder argentino de quien fue arrancada, sino al Estado Oriental, que no la pedía, y prueba de ello es que el gobierno oriental, rectificó la iniquidad del almirante francés, devolviendo la isla a la República Argentina. Pero esa desmembración insultante del territorio, hecha sin provocación, por un poder amigo, en plena paz, no motivó una declaración de guerra contra la Francia por los vencedores de Rosas, entre quienes estaban los señores Mitre y Sarmiento, que tan duramente han tratado al Paraguay porque su ejército estuvo de paso en el territorio argentino de Corrientes.

---

de la "Minerva", el 1.º de julio de 1839, a negociar con el almirante Leblanc el permiso de organizar allí (en el territorio argentino de Martín García) nuestras fuerzas, a lo que se prestó éste, con la franqueza propia de quien tenía ya un interés común en el negocio... El general partió luego para la isla a bordo de un buque francés. Formó allí su campo al lado del que ocupaba la marina francesa.
Florencio Varela».

Con tales antecedentes y tales ideas, no hay duda de que el actual presidente de mi país tiene mucha competencia para ver traición a la patria, en la adhesión moral que di a la energía con que el Paraguay resistió la influencia que hoy pesa como plomo sobre el presidente que no ha podido firmar la paz a pesar de su victoria, sino cediendo un tercio del territorio que esperó tomar por el tratado de alianza.

El crimen de la guerra no excluye la gloria del soldado

Yo he explicado largamente, en otra parte, los motivos reales de la guerra del Paraguay. En cuanto a los motivos aparentes y ostensibles, ellos han sido tan livianos que espanta el recordar el aplomo con que se invocaron para justificar una pérdida de hombre y de caudales públicos y privados, que no costó la guerra entera de la independencia contra España. Si como todos admiten hoy, que gobernar es poblar, ¿qué nombre dar a la política que ha despoblado esas regiones casi solitarias de más de medio millón de habitantes en seis años? No quiero dejar pasar esta vez en que recuerdo esa guerra que tanto he condenado, sin tener el gusto de hacer una declaración que debo en justicia al derecho y al honor militar del soldado argentino. Deseo hacer comprender que siempre que hablo de la humillación que el objeto y resultado de esa guerra ha traído a la política ciega que la suscitó o dejó hacer, o no supo prevenir, hablo siempre sin desconocer el honor reportado en ella por el valor del soldado argentino. La gloria del soldado se encierra entera en el desempeño heroico y leal de su mandato militar, por absurdo e injusto que el objeto de su desempeño fuere. No responde el militar del error del político. Un mismo acontecimiento puede a la vez valer al ministro que lo decreta, un presidio, y al soldado que lo lleva a cabo una estatua.

Admitir las glorias de Turena, de Ney, de Moltke; de Mac Mahon, no es justificar las guerras ambiciosas de Luis XIV, de Napoleón Y, de Guillermo de Prusia, de Napoleón III; ni el condenar tales guerras es desconocer tales glorias. En una palabra, la guerra puede ser un crimen del hombre de Estado y la virtud gloriosa del guerrero, al mismo tiempo y en la misma empresa militar. Condenando a los autores de la guerra del Paraguay, podemos coronar de honor a los soldados que la han hecho. El honor ganado al país por la bravura de estos últimos será tal vez todo lo que compense la pérdida que ha hecho su independencia por el error de sus hombres de Estado en esa guerra.

¿Pero qué gloria militar sería capaz de disculpar el error político que ha puesto los destinos de los mismos vencedores a la merced del aliado más poderoso, en el grado que lo está el vencido mismo? Y ante esta situación ¿qué hacen hoy los que han comprado la victoria a precio de su preponderancia? No imaginan quizás otra cosa que una guerra de independencia para salir del predominio del aliado vencedor, es decir otro error mayor que los anteriores, porque no haría tal vez sino agravar las pérdidas.

Civilización y barbarie

Explicar la aversión que tenemos el honor de inspirar a un personaje tan elevado como el jefe del Gobierno de nuestro país, es estudiar un punto que a todos interesa, porque como todos se tocan con el que a todos gobierna, ninguno está exento del riesgo de caer en nuestro escollo. Es estudiar un modo particular de ser de lo que en Suramérica se llama libertad y liberalismo; es hacer un estudio político de uno de los hombres públicos que más influjo ejercen en las ideas y doctrinas que presiden al gobierno de los argentinos.

No me viene su encono oficial de mi traición, como el señor Sarmiento ha querido llamar a mi actitud en la cuestión pasada del Paraguay, que fue cabalmente la suya propia en todas las cuestiones extranjeras de su país en el tiempo de Rosas. Su enojo es más antiguo que esa pretendida causa y más general que ella, pues no tiene otra que la divergencia radical de doctrinas históricas y económicas sobre la dirección y ley de desarrollo de la sociabilidad argentina, cuyo estudio es de una aplicación diaria a los hechos de la política y del gobierno de nuestro país.

El que me ha amenazado con un proceso de traición prevalido de su posición oficial, amenazó mi vida con la punta de su pluma, hace quince años en Chile, cuando escribió lo que llamó sus «las ciento y una cartas», en que violó «cientouna» veces las leyes de la libertad de escribir y las leyes de la decencia pública. Él confesó a los suyos su intención homicida, y su estilo habló más que su confesión. Olvidó solamente que mi oficio de abogado, me había inveterado en el debate, y que si es mortal para mí el tiro procedente de una mano amiga, ninguna emoción podía causarme la bala que venía del adversario. Le arrojé por única respuesta sus cientouna flores secas, es decir sus ciento y un elogios que me había prodigado poco antes de cubrirme de barro.

¿Qué me hizo digno de la pena que su rabia quería infligirme? Mi crimen de criticar sus escritos, sin tocar su persona, más vulnerable que sus escritos. Esto es lo que quiero hacer notar hoy día, porque esto define al escritor público y revela el temperamento político del hombre que pretende entender y practicar la libertad hasta creerse una personificación suya. Justificado por el tiempo, yo persisto en esa crítica, que viene hoy a ser la de su gobierno mismo, si se considera que no es él sino la realización de sus errores económicos y sociales del Facundo, o *Civilización y barbarie*: título que cuadra, como vamos a verlo, a un libro, a un hombre y a un gobierno.

¿Por qué critiqué sus escritos? Él me arrancó esa crítica dedicándome un libro que escribió para probarme el error que yo cometía en atribuir la caída de Rosas a la espada del general Urquiza y no a la pluma del teniente coronel Sarmiento. Desde entonces aspiraba a la presidencia, a título de «libertador». Ya había publicado sus Recuerdos de provincia, para poner su candidatura, que no data de seis años sino de veinte. Urquiza era entonces el obstáculo de su mira fija. Naturalmente se puso a demoler los títulos de su rival a los sufragios del país. Publicó cien escritos para ocultar que Urquiza había derrocado la tiranía de Rosas, reunido la Nación dispersa, abierto los afluentes del Plata al comercio directo del mundo, abolido las aduanas provinciales, convocado un congreso constituyente, promulgado una cons-titución de libertad, firmado tratados fluviales con los poderes marítimos que sostienen el edificio de su nacionalidad, negociado el reconocimiento de la independencia de la República Argentina por España.

A pesar de esos hechos o más bien por razón de ellos, lanzó el señor Sarmiento mil votos de exterminio contra Urquiza, y mató moralmente su nombre desde entonces. Sus recientes asesinos han ejecutado una sentencia que estaba escrita por otra mano. No es mi ánimo darle ni quitarle más responsabilidad que la que pudiera caberle en ese desenlace, que la providencia ha hecho pesar sobre él mismo. Pero, ¿quién podrá negar que matar el crédito y el honor de un hombre, es prometer una prima de cele-bridad al brazo dispuesto a purgar el país del resto animal de tal existencia, no importa por cuál medio? Y después ha invocado la moral para derramar la sangre de miles de argentinos en vengar la de Urquiza, cuando Urquiza, de obstáculo que fue, se convirtió en apoyo de su viejo detractor. Hay así una moral política para la cual es «obstáculo», todo lo que no es «apoyo».

El patriotismo y no el crimen es el obstáculo de los caudillos

Naturalmente el obstáculo para alcanzar los puestos debidos al mérito eminente, no pueden ser, en el Plata, los indios pampas ni los héroes del crimen. Ningún cacique del desierto podría ser ni ha pretendido ser jamás un candidato a la presidencia ni a puesto alguno eminente del gobierno de la República Argentina. Ningún pehuenche es capaz de criticar y demostrar a los ojos del país la vanidad de los títulos en que un publicista ambicioso pueda fundar el derecho que cree tener al sufragio del país. Luego puede no ser la barbarie real y verdadera el obstáculo de los que de su amor a la civilización, hacen un título de propiedad al gobierno de su país.

Y bien puede suceder y a menudo sucede que el obstáculo real y verdadero de tal aspiración, sea la civilización misma, es decir el mérito capaz de ser título de crédito al sufragio del país, para empleos de que necesitan para vivir, otros que no tienen más profesión productiva que su amor oficial y profesional a la civilización. Así se explica la anomalía de hombres que profesando un culto público a la instrucción, persiguen a los hombres instruidos con la saña que no tienen para con los indios bárbaros. Pero hacer el mérito de otro un obstáculo del mérito propio, y combatirlo hasta destruirlo, es, a su vez, un proceder de barbarie, aunque se practique por un hombre instruido.

Barbarie letrada

Tenga cuidado el señor Sarmiento, en vista de los ejemplos célebres que acaban de probar ante el mundo aterrorizado, que se puede ser bárbaro sin dejar de ser instruido; y que hay una barbarie letrada mil veces más desastrosa para la civilización verdadera, que la de todos los salvajes de la América desierta. Los que han quemado a París, eran más instruidos que el señor Sarmiento. Había entre ellos varios profesores, que han hecho a la instrucción pública de un gran país civilizado reales servicios, de que no es capaz el modesto y honorable pedagogo que gobierna o que sigue los destinos de la República Argentina. Nada de eso lavará su crimen de lesa civilización. Entre dar a las llamas a París, capital del mundo culto, y dejar entregadas al cuchillo de los indios pampas las campañas pobladas de la República Argentina, al mismo tiempo que se cierra el país al acceso de sus hijos culpables de estudiar sus intereses, la opinión puede no encontrar diferencia perceptible. La Inglaterra hizo su campaña de Abisinia para rescatar algunos cautivos ingleses, y el gobierno civilizado del señor Sarmiento deja cada año centenares de familias argentinas en manos de los salvajes, sin salir de su quietud para rescatarlas. En la República Argentina no hay esclavos, dice su Constitución; pero como no dice, «no hay cautivos», infiere de ahí nuestro comentador excelentísimo que el cautiverio es compatible con la Constitución, sin embargo de ser la peor esclavitud. No es dueño un amo del pudor de su esclava. El honor de la cautiva es pasto de su captor salvaje. ¿Quiénes son los que cautivan? Los indios argentinos.

¿Dónde? En el suelo argentino. ¿A quiénes? A los argentinos. ¿Dónde están los cautivos? En la misma República Argentina. ¡Y el gobierno, que no puede, o no quiere, o no cree de su deber prevenir o reprimir ese crimen, es el que derrama el oro y la sangre de los argentinos en desolar países civilizados, so pretexto de redimirlos de tiranos, que ellos mismos se dan y quieren conservar![36]

---

36 Solo las dos guerras llevadas a la provincia de Entre Ríos costaban, según el Standard, de Buenos Aires (15 de diciembre), tres millones de libras esterlinas hasta fines de 1873.

Lo que era Facundo Quiroga

Cuando el señor Sarmiento dio a su libro del Facundo por segundo título el de *Civilización y barbarie*, ¿quiso tal vez dar a entender que Facundo era la barbarie, y su historiador la civilización? Como nadie es juez partidor de sí propio, la conciencia pública, que es el juez de Facundo y de su autor, puede dar un laudo más equitativo, dividiendo el patrimonio entre el héroe y su autor, en hijuelas compuestas de ambas cosas aunque en diversas proporciones.

¿Cómo negar que Facundo Quiroga era una mezcla de civilización y de barbarie? Nadie dirá que por su raza fuese un indio de la Pampa. Era tal vez más latino de raza que su historiador, estando al tipo de su fisonomía romana. Había militado con San Martín por la independencia de la República; había sido al pie de la letra un soldado de la civilización en esa campaña memorable. Su biógrafo lo sabe y lo confirma. Quiroga, sin embargo, era más que un bárbaro; era la barbarie como ha dicho bien su Plutarco.

¿En qué estaba su barbarie? en su política, no en su cultura literaria. En él estudió su biógrafo la barbarie política, no la barbarie de su instrucción. Facundo Quiroga había sido un caudillo político, no un maestro de escuela, ni un jefe de secta, ni un gramático, ni un filólogo.

¿Qué es la barbarie en la política? Es la improbidad. Pero la improbidad en política, es como la improbidad en las otras cosas de la vida. No hay dos morales. Es un ladrón en la moral común y única, no el que dispone de lo suyo, sino el que dispone de lo ajeno contra la voluntad y en perjuicio de su dueño.

Es un ladrón de la honra, es decir un calumniador, no el que se imputa a sí mismo un crimen que no ha cometido, sino el que lo imputa a otro hombre, con una mira de venganza o de interés propio. Por la misma ley moral es un pícaro en el gobierno, el que persigue a un adversario personal como culpable de un crimen que no ha tenido lugar, nada más que al favor de la autoridad, que enviste para perseguir a los culpables, cuya persecución por sí sola basta para hacer presumir culpable al perseguido aunque no lo sea. Esta era la barbarie de Quiroga, la barbarie en la política: la calumnia oficial y autorizada, que fue siempre el arma de los gobiernos bárbaros, aunque fuesen letrados. Es la más temible y desastrosa por dos causas: 1.ª porque dispone del instrumento heroico de calumnia, que es la cárcel. La cárcel hace opinión en los países sin opinión. El verdugo hace atmósfera; 2.ª porque destruye los mejores nombres. No se calumnia jamás a los pícaros. El calumniador es don Basilio elevado a la magistratura, que vestido de casaca oficial en lugar de sotana, fulmina su arma favorita en forma de instrumento judicial desde el solio de su silla curul. Esa es el arma y la táctica, con que los caudillos argentinos botaron del suelo en que nacieron, como enemigos de la patria, a los Rivadavia, a los Rodríguez, a los Alsina, a los F. Varela, a los Pico, a los Carril, y a tantos argentinos ilustres, que rodaron parte de su vida en la tierra extranjera, en que quedaron sepultados muchos de ellos.

En eso estaba la barbarie de Facundo, que consistía en tratar como crimen de traición a la patria la libertad de sus gobernados, cuando no la usaban para serle útil, para aplaudirle, para sostenerle en el gobierno, para enriquecerle, para servir a sus goces y placeres.

Soldado de San Martín, no podía dejar de ser sincero cuando decía que amaba la libertad; de cuyo nombre sonoro estaban llenas sus proclamas, que su biógrafo ha reunido en su Facundo; pero ese amor no le impedía cortar la cabeza del que usaba de su libertad, para limitar la suya. Su propia libertad era un derecho natural; la libertad en los otros, era un crimen de traición a la patria. La confiscaba o expropiaba por causa de utilidad pública. Es decir, la gozaba él solo a la salud de sus esclavos. No mataba a nadie por hombre de bien sino por pícaro; pero no mataba por pícaro, sino al hombre de bien. Lo mismo hace su escuela de todos tiempos, aun la letrada.

La candidatura oficial es una revolución

Pero confiscar la libertad individual, es el menor de los actos de improbidad en que consiste la barbarie política de los Facundo. Mayor es la barbarie que consiste en robar o confiscar al país entero la suma de sus libertades o, lo que es igual, su poder soberano de elegir y darse su gobierno. Este crimen no se opera con la franca simplicidad del salvaje, porque no se práctica nunca por la barbarie iletrada. Privilegio de la barbarie instruida, ella lo perpetra con el nombre culto de «candidatura oficial», que no es sino el robo hecho al país del más santo de sus derechos soberanos: el elegir a sus gobernantes por sí mismo. Todo el gobierno del país por el país, en que consiste la libertad moderna, está encerrado en el ejercicio real y sincero de ese derecho de los derechos. El gobierno que se apodera del derecho de elegir, como lo hace el que interviene en las elecciones directa o indirectamente, comete un hurto de la soberanía nacional, un golpe de Estado, un acto de conquista, una revolución, un «malón» político que los caciques de la Pampa, menos bárbaros en eso que los caciques letrados de las ciudades, se guardarían de perpetrar. El gobierno elegido por el gobierno, no es un gobierno del país. Solo representa a su elector, que es el gobierno que ha dejado de existir; de modo que en realidad es su heredero, que se representa a sí mismo, desde que el nuevo código social o civil argentino ha abolido la donación causa mortis.

La máxima que aconseja sancionar la peor elección por la mera razón de ser un hecho consumado, acabaría por destruir la moral política de una república, si no tuviese límites.

Los caudillos argentinos han hecho de la reincidencia de ese crimen electoral su derecho público consuetudinario. Cuando no se han dado el poder a sí mismos, han forzado la mano del país para hacerlo dar a los cómplices de su dominación inacabable y latente. Desde su rincón doméstico han gobernado al gobierno de su hechura, sin la responsabilidad que antes tenían. Ni el nombre de ese crimen de candidatura oficial, es conocido en los países de origen sajón.

Influjo de la biografía en el biógrafo

El que ha escrito en el Facundo, la historia del caudillaje argentino, y en la Vida de Lincoln, la reseña de la libertad sajona, ha de tener dos motivos de saberlo.

Menos podrá ignorar, como educacionista de oficio (que fue), que la biografía es no solo un medio de educar a los otros, sino también de educarse a sí mismo. El biógrafo es a menudo el discípulo del héroe. Plutarco se hizo grande escribiendo las vidas de los grandes. Si el escribir la vida de Lincoln tenía la ventaja de dejar al biógrafo cierto olor de libertad, el hacer la biografía de Quiroga tenía el inconveniente de sahumar a su Plutarco con cierto olor de cárcel.

El que es a la vez autor original de una vida de Quiroga y reproductor sin originalidad de una de las doscientas biografías de Lincoln, ¿podrá haber guardado más del héroe exótico, que del genuino de su país propio? Es verdad que también ha escrito la vida de San Martín; pero él sabía dos vidas de San Martín: una, que escribió por vía de reclamo de popularidad en Buenos Aires, que se lee en la colección de Desmadryl; y otra que me aconsejó a mí escribir, cuando estábamos en Chile, conforme a un programa de su mano, que aún conservo. San Martín era, en esta última, un «Urquiza de la peor manera», es decir, el Urquiza de 1852, que era un obstáculo a su candidatura, y como tal un monstruo de maldad. Quiroga representaba la barbarie a no dudarlo, pero no la última expresión de la barbarie, que es la barbarie letrada. Representaba la barbarie primitiva e ignorante hasta para hacer el mal en gran escala. Las dos barbaries van a un mismo fin, pero por dos caminos. Destrozar el derecho es su propósito común. El camino de ese fin para la una es la violencia brutal, para la otra es la mentira del respeto al derecho.

Para conseguir que el país viva sin gobierno, la barbarie franca del salvaje cuelga a los gobernantes. Pero la barbarie letrada obtiene el mismo fin con solo mantener al país sin capital, donde la capital constituye el poder inmediato y directo del gobierno en el país de su mando. La barbarie salvaje destierra diciendo: te alejo porque te aborrezco y me embarazas; la otra, callando este motivo, dice: te destierro por traidor a la patria. La barbarie salvaje confisca el poder y lo retiene impudente y brutalmente. La letrada

103

eterniza su posesión fraudulenta, forzando la flaqueza del país para que dé como suyo propio el voto que el gobierno le inflige o le inocula en forma de «candidatura oficial». La barbarie salvaje despuebla las campañas quemando a sus propietarios civilizados, la barbarie letrada se ahorra el trabajo de defenderlos con solo escribir códigos civiles y penales que los garantizan platónicamente y de palabra sin perjuicio o tal vez para que se quemen más eficazmente. De este modo las dos barbaries coinciden en su fin, de talar y despoblar las campañas, la una porque ve que en ellas existe la civilización, es decir la propiedad; la otra porque entiende que las campañas representan la barbarie.

El Facundo traducido en gobierno

Tales son los resultados a que no podían dejar de conducir las teorías económicas de que el Facundo es la expresión literaria. Más político y social que literario, ese libro se encierra en esta idea: que las campañas argentinas representan la barbarie y las ciudades la civilización; y esa idea encarnada en el autor, confirmada en él por el éxito de su libro y elevada con el autor al gobierno del país, ha traído el régimen cuyas consecuencias se tocan hoy día. Establecer que la civilización está en las ciudades y la barbarie en las campañas como regla explicativa de la sociedad argentina (y el Facundo descansa en efecto en esa teoría), era como prometer a sus dueños, los indios salvajes del desierto, la entrega y posesión de la parte más rica del suelo argentino para el día en que las leyes y decretos de ese país se firmasen por el autor de *Civilización y barbarie*, que es el segundo título del libro del Facundo. Como él confunde el desierto con la campaña, la barbarie de su país da principio donde acaban las ciudades y empiezan las campañas, de donde resulta que el país argentino según esa teoría es bárbaro por regla y civilizado por excepción. ¿Qué resulta de ese error? Que no pudiendo la industria agrícola y rural, en que consiste toda la riqueza argentina, tener otro teatro de sus labores que las campañas del país, esas industrias vienen a ser comprendidas, con sus toscos productos primeros en el desdén que las campañas en que se producen inspiran al que no ve la civilización sino en las ciudades; y como las ciudades argentinas, creadas por nuestro sistema colonial de siglos, carecieron siempre de fábricas, de manufacturas propias, de talleres y en general de todos esos estableci-mientos de producción industrial que darían tal vez a las ciudades de la Europa fabril, artística y científica el derecho pretencioso de simbolizar la civilización, el resultado lógico de estas nociones aplicadas al gobierno es que la civilización desconocida en su naturaleza real y positiva en los nuevos estados del Plata, ha venido a ser el blanco de los ataques encontrados de los indios bárbaros y del gobierno mismo que pretende representarla.

Errores históricos y económicos del autor del Facundo

El autor de Facundo ignoró siempre que la España forzaba por sistema a sus colonos en América a concentrarse en las ciudades, para apartarlos del deseo de independencia y libertad que los inclinaba a la vida de los campos. Su encierro en las ciudades como en «rodeos» permanentes de hombres, los hacía más manejables y más visibles al ojo de la policía. La ciudad y el claustro del jesuita, decía el consejero Carvajal, son los dos medios más poderosos de mantener esas poblaciones en la santa sumisión al rey y al señor.[37] Y en esas ciudades en que eran los hombres encerrados por un cálculo de dominación, las Leyes de Indias prohibían el cultivo de las artes e industrias de que España conservaba el monopolio, y sus habitantes eran obligados por la ley a vegetar en el ocio y los placeres frívolos. El autor de Facundo ha equivocado el papel de las ciudades en la América, antes colonia de España, con el de las ciudades de la Europa industrial, fabril y sabia.

Es verdad que el comercio directo con la Europa más civilizada, facilitado por la revolución de la Independencia, ha dado a muchas ciudades suramericanas el papel de agentes intermediarios para introducir y divulgar, como propias, las creaciones de la civilización europea; pero la industria de los cambios no tiene más títulos a representar la civilización que los que tiene la industria rural y agrícola, a la cual debe Suramérica toda la producción con que compra, paga y hace suyas las maravillas que la producción europea derrama en sus ciudades, dándoles un aire de cultura que las asemeja a las ciudades mismas de la Europa que produce esos prodigios.

La verdad es que siendo las campañas el grande y casi exclusivo manantial de la riqueza de Suramérica, rural y agrícola por excelencia, puede decirse con toda propiedad que sus campañas representan su civilización, es decir su riqueza producida por el trabajo industrial, en cambio de la cual recibe

---

37 «Notaré dos cosas bien generales y en que nunca se debe variar en el gobierno de Indias —decía don José Carvajal en su "Testamento político"—: La primera es que se procura siempre reducir a pueblos las gentes dispersas... La segunda es una constante protección de las Misiones, que descarguen la conciencia del Rey, y le alimenten vasallos y dominios utilísimos... Que críen los neófitos en el temor de Dios y obediencia del Rey». Carvajal señalaba los medios coercitivos de despoblar las campañas de Suramérica, y forzar a las gentes dispersas a encerrarse en las ciudades.

Suramérica todas las producciones de la Europa más rica y más civilizada. Así los cueros, la lana, el sebo, la carne, la cerda, estas cosas tan sucias y groseras, representan no obstante en el más riguroso sentido económico, la civilización en Suramérica, porque son la razón de ser y causa de la presencia, en esa parte del mundo, de todos los prodigios que allí derrama la industria fabril y comercial de la Europa.

Tenía entonces muchísima razón de Azara en decir esto: «Se pensará acaso que fomentando el pastoreo trato de conservar incultos a esos habitantes (los del Plata); pero no es así; quiero enriquecer el país y sé que las ciencias y cultura buscan siempre a la opulencia».

En qué sentido las campañas argentinas representan la civilización del Plata

Si hay región del país argentino que por sus condiciones naturales y geográficas represente la civilización, es esa región que se compone de sus campañas verdes, niveladas, lluviosas, claras y frescas, pobladas de millones de animales, que son el oro en movimiento. La Pampa misma, es decir el nivel natural del suelo argentino, representa la civilización en el sentido de que ese nivel es caudal ahorrado a la nivelación costosa del arte, y en razón de que el nivel significa locomoción, es decir movimiento, circulación, cambio, comercio, sociabilidad en fin. Su riqueza semoviente, por decirlo así, es un ahorro y un suplente de los caminos necesarios a su transporte, cuya construcción se hace esperar por el progreso, en otros países.

El caballo es otro instrumento y símbolo natural de la civilización argentina al mismo título que lo es el río, el canal, el ferrocarril. El caballo es más que un camino que anda; es una locomotiva de sangre, que no necesita de rieles para cruzar el espacio, ni de maquinitas para hacerse. Nuestras campañas producen naturalmente esa máquina de civilización, como producen el pasto que la alimenta. Forman su modo de ser progresista, a la par del nivel. En ese sentido el caballo representa la civilización del Plata, mejor que ciertos maestros de escuela de primeras letras que entienden servir a las letras persiguiendo a los letrados. Si es la que de vapor es símbolo de civilización porque representa la fuerza de centenares de caballos, esta misma fuerza animal no es menos simbólica de la civilización porque representa a su vez la fuerza motriz del vapor. Un país que tales campañas tiene, es un país literalmente de cucaña, porque en su suelo verde y plano, brota la civilización, puede decirse, como planta silvestre.

Pero el caballo es máquina inservible sin su maquinista educado en su manejo, es decir sin el «gaucho», que en este sentido es a la civilización del Plata, lo que el marinero y el maquinista son a la civilización inglesa: rudo, inculto, áspero, pero brazo elemental del progreso, que allí consiste en el desarrollo de su riqueza rural.

Tales campañas y tales campesinos no pueden representar la barbarie, sino en libros que no entienden lo que es civilización. No basta detestar la barbarie para ser conocedor de la civilización, como no es bastante aborrecer la tiranía para saber practicar la libertad. También la civilización tiene sus amantes platónicos, que la aman sin poseerla. Yo hablo del libro, no del autor del Facundo. Juzgar un libro no es ser personal, aunque el historiar una obra exija a veces hablar de su obrero como parte integrante del asunto mismo.

La civilización moderna es la seguridad

The very essence of modern civilization has consisted in securing individual freedom.
The Times

Estudiando en el Facundo la civilización y la barbarie, que se disputan el poderío de su país, el autor de ese libro no cuidó de definirlos en el sentido práctico que tienen para el mundo más civilizado (que el autor no había visitado cuando escribió el Facundo o *Civilización y barbarie*).

Pensado en 1844, ese libro vio la luz en Chile en 1845. Toda la civilización que su autor conocía, hasta entonces, la había visto en la Punta de San Luis, en el San Juan del tiempo de Quiroga y Aldao, y en el Chile de aquel tiempo, con tanto candor descrito por su espiritual escritor Sanval el año pasado solamente. El que a esa circunstancia añadiera la de no haber frecuentado colegio ni universidad alguna, no era bastante título para que conociese mejor la civilización que la barbarie. Cuando menos lo era para conocer igualmente las dos cosas, y así se explica sin duda que el Facundo, se titulase al mismo tiempo *Civilización y barbarie*. Para tratarlas bien, era preciso ser docto en ambas facultades.

Ya hemos hecho notar que hablando de Facundo Quiroga, personaje político, no podía tratarse de otra civilización, ni de otra barbarie que las de carácter político.

¿Están bien definidas y descritas por ese lado moral en el Facundo? La civilización política en el sentido práctico y serio que le da la raza más inteligente y versada en la cosa, la civilización política, es la libertad. Pero la libertad, para esa misma raza libre, seria y práctica, no es otra cosa que la seguridad: la seguridad de la vida, de la persona, de la fortuna. Ser civilizado para un sajón de raza, es ser libre. Ser libre, es estar seguro de no ser atacado en su persona, en su vida, en sus bienes, por tener opiniones desagradables al gobierno. La libertad que no significa esto, es una libertad de comedia. La primera y última palabra de la civilización, es la seguridad individual.

He vivido veinte años en el corazón del mundo más civilizado, y no he visto que la civilización signifique otra cosa, que la seguridad de la vida, de la persona, del honor, de los bienes. No me cansaré de repetir a mi país esta bella y autorizada definición de la libertad: «La liberté politique consiste dans la sûreté... Celle sûreté politique n' est jamais plus attaquée que dans les accusations publiques ou privées». Esta definición es bella, porque es práctica. Montesquieu la toma de la Constitución del pueblo menos teórico de la tierra en materia de libertad. La Constitución inglesa en este punto es repetida por la nuestra en su bello artículo que asimila con el traidor infame de la patria, al gobierno que deja en descubierto la vida, la persona y los bienes de los que habitan en la República.

La civilización no es el gas, no es el vapor, no es la electricidad, como piensan los que no ven sino su epidermis. Bajo la Comuna de París brillaba el gas, humeaba el vapor, trasmitía la electricidad, ¿qué cosa? que la flor de París, en la Iglesia y en la magistratura, era fusilada, sin proceso, sin crimen, sin interés, sin odio. La Inglaterra del siglo XVIII, no conocía el gas, ni el vapor, ni el telégrafo eléctrico, y sin embargo era ya un pueblo tan civilizado como hoy, pues allí estudiaba Montesquieu esa misma libertad, que un siglo después estudiaba Tocqueville en los Estados Unidos de América, ya civilizados también desde que eran libres, antes de conocer el vapor, el gas, la electricidad postal.

La civilización no es tampoco el gran rendimiento de las aduanas, ni se mide por las tarifas, como creen los que hacen del gobierno su industria de ganar fortuna. No es más libre ni más civilizado un país a medida que sus aduanas más producen. De otro modo la Turquía sería más civilizada que la Bélgica, el Egipto que la Suiza, La Habana que Chile.

La inseguridad es la barbarie

Pero, así como toda la civilización política de un país está representada por la seguridad de que disfrutan sus habitantes, así también toda su barbarie consiste en la inseguridad, o lo que es igual en la ausencia de la libertad de ser desagradable al que gobierna sin riesgo de perder por eso su vida, su honor o sus bienes como culpable de traición al país. Este era el sentido en que Facundo Quiroga representaba, como gobernante, la barbarie política de su país: a título de enemigo de toda libertad de opinar, de hablar o de proceder en desacuerdo con él, sin correr el riesgo de ser calificado como criminal de lesa patria.

Quiroga la representaba también como general de guerra civil, a la par de sus colegas de caudillaje, el general Rosas, general López, general Aldao, general Artigas, general Ramírez, etc., etc. Todos los caudillos fueron generales o coroneles, y su medio favorito de elevarse y mantenerse en el poder fue siempre la guerra.

A este título y al de causa y ocasión de inseguridad, la guerra, en el Plata, representa la barbarie del modo más genuino y verdadero, aun la que se hace por la barbarie letrada. Escollo de la libertad entendida a la inglesa, es decir como seguridad, la guerra representa dos veces la barbarie del país en que se arraiga de una manera crónica, lo cual no deja de suceder siempre que, privada de un gran objeto, como la Independencia, por estar ya obtenida, degenera en industria y oficio de ganar grados, sueldos, empleos, honores y fortuna.

El país en que la seguridad deja de existir o de ser completa por esa u otra causa, puede hacer todos los progresos materiales que se quiera, no por eso dejará de merecer su orden político y social de cosas, el título de *Civilización y barbarie*, como el Facundo, y su gobierno, con todas sus buenas intenciones, el de un Facundo II.

Un gobierno, en efecto, bajo el cual marchan mezclados e inseparables estos dos órdenes de cosas opuestos; los ferrocarriles y las guerras civiles; los telégrafos y los «malones» de los indios; la población por inmigraciones de extranjeros y la despoblación por guerras intestinas y exteriores; el alumbrado por gas y la inseguridad de la vida; las rentas de aduana y la deuda pública; el presupuesto de entradas y el déficit; las escuelas y la persecución de los letrados, la codificación y la ilegalidad; la Constitución y los golpes de Estado; la paz y las revoluciones; la salubrificación y la aclimatación de nuevas pestes; la libertad electoral y la candidatura oficial o la opresión electoral: ese gobierno, repito, o el estado de cosas que le tiene por autor o connivente, ¿podría ser titulado por la historia o por el mundo que lo observa, con otros nombres que los de *Civilización y barbarie*, como el libro del Facundo, sobre todo, parece ser una obra la traducción política de la otra? El autor mismo puede muy bien no escapar al honor de ser objeto de un segundo tomo de *Civilización y barbarie*, por algún discípulo formado en la escuela del maestro y educacionista argentino por excelencia. Solo sería de pedir al hacedor de todos los Facundos que el nuevo fuese un progreso, respecto del antiguo, como la fotografía lo es del daguerrotipo, a fin de que en sus pinturas y copias, no incurriese en el defecto de esta preciosa máquina, que de lo que es derecha en el original hace izquierda en el retrato. Hay cabezas humanas que son como el daguerrotipo: hacen copias de la verdad que son la verdad misma, excepto en una cosa: que son copias al revés.

Las instituciones copiadas al daguerrotipo

Así, al copiar la Constitución de los Estados Unidos de América, un legislador daguerrotípico ha hecho un retrato argentino que es lo inverso del original sajón.

En el original angloamericano, «federación» significa unión; en la copia daguerrotípica del Plata, «federación» ha sido «separación».

En el original de Norteamérica, un presidente es jefe de la capital en que reside; en el retrato argentino de ese original, una capital gobierna al presidente, alojado en ella como simple pasajero.

En el original anglosajón, la «libertad» consiste en la «seguridad»; en la copia argentina, la libertad es equivalente de inseguridad y peligro: es decir, de estado de sitio o de guerra, o de suspensión de la Constitución, que todo viene a ser lo mismo.

En el original angloamericano, el gobierno es hecho por el pueblo; en la copia argentina del legislador daguerrotípico, el pueblo es hecho por el gobierno.

En el original sajón, la garantía principal de la libertad, es la paz; en la copia daguerrotípica del Plata, la libertad es la hija de la guerra.

En el original sajón, el gobierno razona con la razón del país; en la copia argentina, el país piensa con la cabeza del gobierno.

En el original europeo del cuadro de la civilización, es la ciudad quien la representa, porque la ciudad es, y fue por siglos, el hogar privilegiado del estudio, del saber, de la fábrica, del taller, del liceo, del colegio, de la universidad, de la academia; la copia argentina de ese original ha hecho naturalmente de las ciudades de la América antes colonia española, la expresión de la civilización, porque las Leyes de Indias tuvieron desterrados de esas ciudades, las ciencias, las artes, las fábricas, las máquinas, los oficios liberales, las industrias, y las letras mismas.

En el original europeo del mismo cuadro, las campañas asoladas y pobres eran la cola de la civilización; en la lógica del copista daguerrotípico del Plata, las campañas argentinas representan la barbarie, porque encierran toda la riqueza, todo el ser, todo el valor y vitalidad del país.

Hay casos en que oponerse al gobierno es atender la autoridad

¿Necesito explicar el color de oposición que puede tener este escrito y el porqué de su aparición a estas horas? Sería en extremo injusto hallar extraño que yo juzgue mal del Gobierno que me ha tenido años enteros alejado de mi país por su actitud amenazante hacia mí.

En los cinco años que lleva de existencia he cuidado de abstenerme, por respeto a la institución de la autoridad nacional que su título representa; pero desde que le hemos visto poner cuatro veces su veto a las cuatro leyes, que en cuatro distintas ocasiones, le daban una capital para su residencia (lo que, según la Constitución, significa que esas leyes daban a su gobierno el poder mediato, local y exclusivo de la ciudad de su residencia, que hoy no tiene), sin que de su parte haya propuesto o promovido una capital mejor que las que vetaba (con razón a veces, porque parecían suscitadas solo para vetarse); desde que hemos visto eso, no hemos podido dejar de reconocer que la autoridad, como institución no tenía opositor más desastroso que el mismo presidente.

A desenvolver, completar y consolidar la gran institución del gobierno nacional, que es garantía de todas las demás instituciones, estaba reducida la misión de la presidencia del señor Sarmiento. Lejos de llenarla, ha ocupado su período en hacerla imposible.

Oigo expresar a varios esta opinión que honra su buena fe: que las Instituciones argentinas están salvadas y consolidadas; que el actual orden de cosas es definitivo. No creo que haya ilusión más completa ni más peligrosa. Puede ello ser cierto respecto de Buenos Aires, pero no de la Nación argentina. Cuanto más arraigada esté la institución de la capital provincial de Buenos Aires en la ciudad de su nombre, menos resuelto estará el problema de una capital para la Nación. No hay que olvidar que «capital» significa «poder local, inmediato y exclusivo del gobierno que reside en ella». En este sentido, que es el de la Constitución argentina, la Nación sin capital, quiere decir el gobierno nacional sin su poder más esencial.

Dejando sin resolver el problema en qué consiste todo el de la organización del poder nacional, la presidencia del señor Sarmiento ha pasado sin hacer nada por la organización de la República, la cual queda, pasado su gobierno, como estaba al día, siguiente de Caseros; es decir, como la dejó Rosas en cuanto a la organización de su poder nacional propiamente dicho.

Solo espíritus ciegos o infantiles pueden ver diferencia real de situaciones, donde solo difieren los colores y las apariencias. El señor Sarmiento en esto ha repetido al general Rosas, como ha repetido al general Quiroga en lo de llevar la inseguridad y la guerra a las provincias, sin hacer a Buenos Aires con esa política rutinaria mayor servicio que el que debió a Rosas y a Quiroga en las victorias domésticas, que al fin sirvieron al Brasil para obtener la de Caseros contra Buenos Aires, apoyado en las provincias.

Él podrá creer que su gobierno ha servido al progreso del país haciendo caminos de hierro, telégrafos, bancos, empréstitos, etc. Sin duda que su gobierno ha hecho más como empresario que como gobierno; no por eso ha dejado de faltar a su misión política y de perder su tiempo como gobierno. Nadie ignora que hacer un camino de hierro, es hacer un negocio, y que hacer un negocio es hacer una ganancia. Basta que esto sea así, para que los caminos se hagan por sí mismos.

Los bancos, los muelles, los puertos, los telégrafos se hallan en el mismo caso: son negocios y empresas del dominio de la industria privada, que no porque el gobierno se abstenga de hacerlos, dejarán de hacerse por sí mismos, es decir, por el incentivo del lucro industrial. Es únicamente lo que el empresario particular no tiene el poder ni el derecho de hacer, lo que forma el poder y el deber atribuido en este punto al gobierno, por la Constitución política.

La Constitución no manda que el gobierno haga ferrocarriles, sino que los promueva. Corresponde al Congreso, dice ella, «proveer lo conducente a la prosperidad del país» (Artículo 67, inc. 16).

¿«Proveer» cómo? —Ella lo dice—: «promoviendo la industria, la construcción de ferrocarriles, la introducción y establecimiento de nuevas industrias», etc.

¿«Promoviendo» cómo? —Ella lo dice—: «por leyes protectoras de esos fines, por concesiones y recompensas de estímulo».

«Si promover ferrocarriles» significase «hacerlos», también «promover la industria» significaría la facultad dada al gobierno de hacerse fabricante, negociante, herrero, zapatero, porque eso es la «industria».

Un gobierno inteligente y moral no tiene más que un medio constitucional de promover los ferrocarriles: ese medio consiste no en hacerlos, sino en dejarlos hacer y estimular con recompensas y concesiones a sus empresarios particulares.

Fundar instituciones públicas de orden político, social y económico, es trabajo que solo el Gobierno tiene derecho de emprender por la esencia de su institución. En este punto, es decir, en punto a gobierno, el del señor Sarmiento ha dejado pasar casi todo su período sin hacer lo único que tenía por misión principal, a saber: completar y consolidar la institución del Gobierno de la Nación argentina, confiado a su lealtad de ciudadano y recibido por él bajo el juramento de cumplir y hacer cumplir la Constitución que atribuye al gobierno nacional el poder «inmediato, local y exclusivo» de la ciudad de su residencia, como el poder más esencial a su autoridad y a su respetabilidad.

Ha querido acaso ser fiel a la palabra en que al poner su candidatura para Presidente, dijo: «Mi programa está en la atmósfera». Lo cierto es que donde estuvo su programa, ha vivido y vive su gobierno. Ha residido en la atmósfera, como en un globo aerostático, pero «globo cautivo», tenido por la mano que lo elevó a su altura con esta cláusula: «De aquí no subirás, ni bajarás ni saldrás». Ha sido un «gobierno del aire», es decir, un gobierno parásito, como las flores de ese nombre que abundan en su isla de Carapachay. No dirá al menos que los pies de su autoridad toquen el suelo que está bajo su vista, ajeno del todo a su poder «inmediato, local y exclusivo», como quiere la Constitución, que parece juró no hacer cumplir.

No pudiendo pisar tierra, es decir poseer una ciudad por capital, su gobierno ha tenido que buscar el poder material en la propiedad mobiliaria como los judíos de la Edad Media, cuando se vieron condenados a no tener bienes raíces. Se ha hecho constructor de obras, banquero, empresario de trabajos lucrativos, negociador de empréstitos, para ejercer al menos el poder del dinero, ya que no ejerce de su gobierno sin fundamento territorial.

Conclusión

Amar a su país, y no tener sus opiniones, y no participar de sus simpatías y hasta de sus preocupaciones, y no aceptar lo que él acepta, y no respetar lo que él respeta, puede parecer otra contradicción en mi conducta, que también necesito explicar por conclusión de esta carta en el interés de la opinión que deseo conservar y creo merecer de no ser un mal ciudadano de mi país.

El disentimiento es a veces una forma de la ausencia, y las dos cosas han sido más de una vez, en la vida de las repúblicas militares, el mejor medio de estar «en el país y con el país», en su manera real de ver y entender sus grandes intereses. Pero ambas situaciones excepcionales tienen y necesitan tener su término natural, y el de mi ausencia y de mis disentimientos de patriotismo no puede ser interminable. ¿Ha venido su fin? Este año va a decirlo.

He trabajado con todo el poder que estuvo a mi alcance para impedir el curso y desenlace de los acontecimientos, que han formado a nuestro país la situación que ha prevalecido. Vencido en ese esfuerzo por las cosas, no estoy obligado a negar mi adhesión racional a lo que se ha producido contra mi voluntad, y tengo que ceder en ello al respecto que no me repugna prestar a lo que cuando menos tiene la sanción tácita de mi país. Lo acepto con entera sinceridad y buena fe, pero sin abandonar la esperanza de verlo cambiado en el sentido de una organización completa y definitiva de toda la Nación, por la obra de la convicción de todos, de la reforma gradual y pacífica, jamás por la violencia ni la guerra.

Bajo esta reserva y en este sentido adhiero a la Constitución reformada, a la iniciativa devuelta por ella a Buenos Aires, y a todos los tratados vigentes con el Brasil.

Y ya que nombro a este país, creo estar más que otro en el deber de decir una palabra sobre lo que en mí ha dejado lo pasado, y cuál es hoy mi actitud de ánimo a su respecto. Siendo el Brasil una parte capital de nuestro mundo americano, sería en mi opinión incompleta toda política que prescinda de él, si de ello fuesen capaces los estados republicanos de su vecindad. Felizmente no toda conexión con el Brasil es incompatible con el progreso y bienestar argentino sea cual fuere el antagonismo natural que nos separe.

Sea que el Brasil fuese un Imperio o fuese una República, sus armonías y sus repulsiones han de quedar en pie y ser un rasgo permanente de nuestra existencia correlativa.

Pero es indispensable que existen armonías, y la alianza de 1851, en que el Brasil figuró como Estado fluvial de las regiones del Plata y miembro geográfico de la familia argentina, lo demuestra con el hecho histórico de su estipulación, y mejor todavía con el hecho de sus resultados liberales. Sin la cooperación del Brasil, difícilmente las repúblicas del Plata hubiesen sacudido tan presto la dictadura de Rosas. El antagonismo que no estorbó esos resultados liberales, podría muy bien no estorbar otros análogos en los venideros, sin que la guerra tuviese que ser el medio indispensable de lograrlos.

Con este motivo necesito declarar que si existiese un partido que pretendiera volver las cosas argentinas a su estado de 1855, segregar a Buenos Aires de las provincias, dividir a la Nación en dos regiones geográficas, y hacer del país argentino dos países, yo sería el opositor de ese partido, sea que su cuartel general estuviese en las provincias o sea que estuviese en Buenos Aires. De donde quiera que la escisión venga, ella me tendrá en su contra.

Como liberal argentino, daré gracias al gobierno, sea cual fuere, que me asegure mi libertad de ciudadano. Si realmente es un gobierno liberal, nada podrá costarle darme lo que hace profesión de sostener y dar a todos; ni a mí podrá costarme agradecer la posesión de la libertad por la que he trabajado toda mi vida.

Mala o buena, mi vida está consignada en mis escritos. Si ellos son vulnerables tanto mejor para mis disidentes. No los defenderé de sus ataques: dejaré que ellos propios se defiendan, así como ellos propios chocan con las opiniones opuestas. No salvaré de ese abandono sino una sola cosa: la calificación de los motivos y de las intenciones desinteresadas de mis obras.

Manteniendo mis principios y convicciones, no llevaré a mi país ideas preconcebidas sobre política militante. Iré como yo mismo aconsejaba hacerlo al general Lavalle y lo hizo al volver a Buenos Aires, cuando firmó las proclamas o programas, que tuve el honor de redactarle en el sentido de esa política de índole parlamentaria. Iré a estudiar de nuevo sus hombres, sus hechos, sus cosas, determinado a recibir con respeto el desmentido que ellos pudieran darme, si mi conciencia lo hallase respetable.

No iré quejoso de las provincias de mi país por el olvido a mi respecto en que haría creer su actitud. Si yo dudase que nuestras elecciones políticas son hechas por los gobiernos y no por los pueblos, me bastaría ver que no soy diputado, ni senador. Pero, qué importa la exclusión de un hombre, sea quien fuere, del círculo de los consejos de un país que marcha al cumplimiento de sus destinos, bajo la dirección de Aquel que no solo lo ha creado todo, sino que todo lo gobierna, todo lo agranda y mejora a despecho a veces de sus mismos protegidos.

Es mi profunda convicción que la América del Sur no abriga incapacidad, vicio, rutina, inepcia bastante fuerte para estorbar el desarrollo de sus destinos en que creo con el fervor del noble genio que trazó estas palabras de esperanza: «Es mi fe que Aquel que arregló el mundo material, no quiso quedar extraño a las cosas del mundo social. Creo yo que Él supo combinar y hacer mover en armonía los agentes libres tan bien como las moléculas inertes...». «Creo que todo en el orden social es causa de mejoramiento y progreso, aun aquello mismo que lo daña». «Creo que basta al desarrollo gradual y pacífico de la humanidad el que sus tendencias no sean perturbadas y que recobren siempre la libertad de sus movimientos.[38]

París, enero de 1874

---

38 Frédéric Bastiat, *Armonías económicas.*

Introducción y segunda parte de la República Argentina consolidada en 1880 con la ciudad de Buenos Aires por capital[39]

Prefacio

¿Con qué motivo ha sido escrito este libro? Todos saben que su autor, emigrado en Chile durante la tiranía de Rosas, escribió después de su caída, en 1852, el libro de las *Bases...*, y el proyecto de Constitución para la República Argentina, que tuvo la sanción casi total del país y del Congreso Constituyente de Santa Fe, en 1853.

Estando el edificio levantado sobre esos fundamentos a la mitad de su construcción, a los treinta años de principiado se ha renovado la situación que dio lugar a su comienzo, y el autor, siguiendo el movimiento organizador del país, se ha creído llamado a trabajar en el acabamiento de la obra, que ayudó a comenzar, escribiendo el presente libro, especie de segunda mitad complementaria del libro de las *Bases...*, que el autor publica con el mismo espíritu patriótico, por el mismo móvil desinteresado que lo determinó a escribir las *Bases...*

Tratándose hoy de la cuestión de capital, que en este país abraza todas las cuestiones de su política, porque su capital natural encierra todos los elementos de poder de la Nación, ¿quién extrañaría ver mezclarse a este estudio, al que le consagró tantos años de su vida, y en ocasión en que se trata de completar la obra de 1852? Como se completan los dos cambios de 1852 y 1880, así se completan los dos libros, escritos para servir al mismo trabajo de organización regular.

¿Qué necesita ese trabajo en esta vez? Obra un poco inconsciente de sus colaboradores mismos, necesita ser explicada, comprendida, sostenida por ellos y por todos los que tienen interés en la permanencia y duración de la paz.

¿Cuál móvil, sino su patriotismo probado puede ser el motivo determinante del autor en esta vez, como en 1852? ¿Si los que aplaudieron las *Bases...*, desaprobasen el corolario de ellas, estaría la instabilidad del lado

---

39   Juan Bautista Alberdi, *Obras completas*, Buenos Aires, *La Tribuna Nacional*, 1887, tomo VIII, págs. 183-208 y 299-367. Publicado originalmente en Buenos Aires, Imprenta de Pablo Coni, 1881.

del autor? ¿No está el presente libro por la capital en la ciudad de Buenos Aires, como lo estuvo, hace treinta años, su libro de las *Bases*...? Escribe hoy, como entonces, con la independencia del ciudadano que interviene, como tal, en la discusión de negocios fundamentales de su país. Escribe para servir al orden regular, a la libertad, a la paz, por los mismos medios que cuando escribió las *Bases*...

Es hoy, como entonces, el principal medio de pacificar los espíritus y disponerlos a la confianza, que es el alma de los negocios, el explicar la cuestión y la solución que más han preocupado y dividido a la opinión de este país.

Explicar la razón del cambio ocurrido, es demostrar la razón que su resultado tiene de durar y permanecer, cuando ese resultado es, nada menos, que la consolidación del Estado Argentino, con la ciudad de Buenos Aires por base y capital.

Este cambio es tan grande, que solo tiene dos precedentes en la historia argentina de este siglo: 1.º la Revolución de Mayo de 1810, en que la monarquía colonial española fue reemplazada por la República Argentina independiente; 2.º la revolución que derrocó a la dictadura de Rosas, en que las provincias argentinas, abriendo sus puertos fluviales al comercio directo del mundo, tomaron la parte de renta y poder que hasta entonces había monopolizado el gobierno de la «Provincia-metrópoli» de Buenos Aires, por las leyes coloniales.

Dudar de la estabilidad de una solución que tanto sirve al interés bien entendido de la provincia de Buenos Aires, como al de la Nación Argentina, es menos lícito que admitir como revocables las revoluciones de mayo de 1810 y de febrero de 1852.

Son de esos hechos que por las leyes naturales de la historia no tienen restauración; y cuando la tienen, es la momentánea resistencia de la rutina en lucha con el poder invencible de la gravitación de nuestra naturaleza perfectible hacia lo mejor.

No son personas, son instituciones las que han caído en el cambio de 1880; son las Leyes de Indias y la Ordenanza de intendentes..., con su obra más genuina, que era la «capital Provincia» de Buenos Aires, en la forma que esas leyes le dieron para avasallar al pueblo argentino, cuando era colonia de España.

A los setenta años de la Revolución de Mayo contra el viejo régimen, la vida de esa institución monarquista y colonial, continuaba siendo un anacronismo, una distracción, un olvido de la Revolución de Mayo. Era tiempo de ultimar a ese resto de la máquina monarquista que nos quedaba como negación de la República.

Tan imposible como fuera restaurar nuestro antiguo régimen, las Leyes de Indias y la Ordenanza de intendentes... que lo constituían, así sería la restauración de la capital, que, para esas leyes, era toda la cuestión del reino, como es hoy para nosotros la cuestión de Buenos Aires, toda la cuestión de la República. La República ha renacido o acabado de nacer como régimen político, el día que ha cesado de existir la vieja institución monarquista de la «Capital provincia», en que vivió el régimen colonial hasta 1880.

Nada probaría mayor ceguedad en cosas de Estado, que la esperanza de restauración del orden de cosas que acaba de desaparecer, como si este cambio no fuese del todo diferente de cuantos han ocurrido hasta aquí. Sería no ver que lo que ha caído esta vez no es un poder personal, sino la razón de ser, la causa del poder desaparecido. Esa razón era la integridad de la «Provincia-metrópoli», compuesta de la ciudad y campaña de Buenos Aires. Esa integridad es la que ha desaparecido para toda la vida de la República Argentina, junto con su razón de ser, que era el poder colosal, aumentado por su integridad misma. En esto está lo original y excepcional de este cambio, y lo que hará impracticable su revocación.

Esa integridad es lo que dejaron en pie las revoluciones anteriores, y como con ella se dejaba a los caídos el poder todo entero, que los había tenido arriba, con ese mismo poder restauraban su antiguo ascendiente desorganizador.

Es lo que sucedió cuando la revolución de setiembre de 1852, cuando los pactos de junio y de noviembre, cuando la reforma de la Constitución nacional de 1860. Eso es lo que no ha sucedido ni sucederá esta vez, porque la división de la «Provincia-metrópoli», en dos partes, ha quitado a los reaccionarios, para siempre, su antiguo poder, cuya plaza fuerte era la ciudad de Buenos Aires. Para subir de nuevo necesitarán restaurar la unidad de la provincia, quitar a la ciudad de Buenos Aires su rango de capital de la Nación, y echar fuera de ella a sus autoridades. ¿Podrían hacerlo? ¿Con qué poder? ¿Con frases calurosas y elocuentes? Hablamos aquí con la imparcialidad del que discute una cuestión de ciencia.

La mejor prueba de la imparcialidad con que están aquí apreciados los hechos y cosas referentes al cambio de 1880, en el método impersonal seguido por el autor, de juzgar a las personas de nuestro mundo político como instrumentos de las cosas, y no a las cosas como instrumentos de las personas.

¿No es mejor y más consolador que puedan explicarse los vicios de la política y de los políticos por los vicios de las instituciones, de que han sido ellos mismos productos e instrumentos? Esta impersonalidad tiene de bueno, que disminuye la responsabilidad del gobernante y prepara y conduce a la reconciliación de los hombres y partidos, por la indulgencia mutua de su conducta errónea.

Pero no son los hombres y los gobiernos lo que aquí se explica por las cosas e instituciones, sino los pueblos mismos; y de esas cosas e instituciones, las que más poder tienen en su conducta, son aquellas que por más tiempo los han gobernado, y bajo cuyo gobierno han nacido, crecido y recibido su educación y manera de ser. Aquí esas cosas e instituciones dominantes, son las del antiguo régimen, que como viven clandestinamente, por estar condenadas a morir, no están escritas, pero su gobierno invisible y latente está más vivo y animado que el de las leyes escritas.

De esas instituciones del antiguo régimen, la primera, la más fuerte, la más activa, la más duradera, ha sido la de su Provincia-metrópoli, en que ha vivido todo el reino colonial de España, en sus Provincias del Río de la Plata. En su Provincia-capital de Buenos Aires, fue constituido su virreinato entero, no solamente por la palabra de sus leyes orgánicas, sino por la acumulación real hecha dentro de ella, de todos los medios y fuerzas de gobierno que el virreinato contenía dentro de esa residencia obligada del gobernador-virrey, revestido de su poder extraordinario, ilimitado.

«Ha de continuar el virrey de Buenos Aires, decía la Ordenanza de intendentes... constitutiva del Virreinato, con todo el lleno de la superior autoridad y omnímodas facultades, que le conceden mi real título y las Leyes de Indias, como a gobernador y capitán general en el distrito de aquel mando, a cuyos altos empleos correrá agregado el de Presidente de la Audiencia y Cancillería, que tengo resuelto establecer en la expresada capital...».

Dejando intacta y entera esa institución, más que monárquica, cuando fue proclamada la República, se creó una libertad escrita, al lado de una monarquía no escrita, pero viva y palpitante, que siguió gobernando los actos y las voluntades de los que mandaban y de los que obedecían como republicanos, es decir, de los gobiernos y los pueblos.

Esta es la institución que el reciente cambio complementario de los de mayo de 1810 y febrero de 1852, ha hecho cesar para siempre, haciendo para el futuro materialmente imposible la reaparición de esos gobiernos e influjos, casi omnímodos, que antes de ahora se perpetuaron en el poder, por el mero hecho de tener por residencia la «Capital-provincia», razón de ser y causa de su influencia omnímoda.

Debemos al lector algunas explicaciones que es llegado el tiempo de darle, sobre puntos relativos a la forma de este libro.

Repetir demasiado las cosas, incurrir en redundantes explicaciones de cosas ya explicadas, como se hace a menudo en este libro, no es tratar al lector con esa urbanidad que Montesquieu usaba cuando dejaba sus frases medio acabadas, por no privar al lector del gusto de acabarlas por su propia penetración.

Nos confesamos del pecado de haber faltado a esta regla, pero no sin excusa. No siendo el presente un libro de recreo, ni de bella literatura, sino de negocios serios y complicados, como de ordinario son los de política, hemos preferido la manera habitual del profesor, que no desdeña la redundancia, cuando conviene a la claridad. Tampoco pueden ser familiares al lector ordinario los principios de materias que no se han discutido ante él muchas veces. Donde la cuestión de una capital para la Nación se ha dejado de tratar como inoportuna y fastidiosa, no puede ser familiar al común de los lectores la inteligencia del asunto, y nos ha parecido la redundancia el más perdonable de los abusos.

Por otra parte, hemos temido que de este inmenso cambio no abriguen perfecta conciencia ni los que lo han realizado, ni los que lo han sufrido, ni los que han ganado, ni los que han perdido, por lo cual nos hemos creído autorizados para ser redundantes hasta el fastidio.

Esto probaría que el cambio se ha impuesto a los unos y a los otros, con el poder despótico de la evolución, que preside al progreso natural de la vida civilizada en la América del Sur. ¡Qué importa! ¿Cuál nación, cuál organismo nacional o individual no se ha visto en este caso? Nosotros somos la obra de leyes y fuerzas naturales que nos hacen y forman sin nuestra intervención, y que nosotros creemos hacer y gobernar a nuestra voluntad. Estas son las leyes y fuerzas que harán de Suramérica un mundo igual a todo lo que los mundos conocen de más feliz y perfecto, a pesar nuestro y de nuestros desaciertos, de todas nuestras desafecciones y resistencias.

De otra falta adolece la composición de este libro, que necesita del perdón de su lector, la cual consiste en frecuentes anacronismos de expresión, que el autor comete cuando habla en tiempo presente; v.gr. de cosas pretéritas, y viceversa.

La causa de este defecto, viene de que su composición ha durado tanto como la crisis de que es un estudio, practicado al paso de los acontecimientos, tan variados y contradictorios, como han sido los del año 1880.

Otra advertencia dirigida a la bondad del lector. Muchas veces, cuando el autor explica sus afirmaciones por los hechos de nuestra historia, no repite la historia que dictan los documentos a la letra. Dice a veces lo que ellos callan, para dejar entender mejor por la cautela de su silencio, la verdad que eluden, tal vez por algún miramiento, cuyo motivo no aparece. Para equivocar el sentido de un hecho; no hay a veces mejor medio que leer al pie de la letra el documento que pretende ser su prueba. Así, por ejemplo, leído a la letra el primer documento de nuestra historia, que es el acta de la Revolución de Mayo, esta revolución no fue hecha contra el rey de España, sino en su servicio y defensa.

Está dividido el libro en dos partes principales, como los objetos tratados en él, a saber: la Primera parte, que mira a la cuestión de capital y su solución, del punto de vista de la Nación Argentina; y la Segunda parte, que las considera del punto de vista de la Provincia de Buenos Aires. No siendo ambas materias sino dos fases de una misma, no ha podido el autor dejar de infringir a menudo la línea divisoria de simple método, que parece separarlas.

Un consuelo deja al lector la acumulación de tantos defectos, y es que todos ellos pueden remediarse en ulterior edición, al favor de tiempos más reposados y de la colaboración misma de la crítica, que no dejará, tal vez, de provocar ese ensayo, que de veras no pasa de tal, o de embrión de un libro, que el autor revisará, tal vez, más tarde, si valiese en su opinión la pena de ser dos veces editado.

Buenos Aires, abril 24 de 1881

Introducción

I

El país que hoy es la República Argentina fue por tres siglos, hasta 1810, parte accesoria de una monarquía absoluta, perteneciente a España; es decir, un reverso secular de lo que es hoy.

Su gobierno tenía por jefe a un virrey, armado de poderes ilimitados y absolutos, que le fueron dados por el rey, en leyes y ordenanzas coloniales que formaban el código conocido con el nombre de Leyes de Indias y Ordenanzas de intendentes...

Este Virreinato se componía de ocho Intendencias provinciales y tres Gobiernos especiales.

Tenía por capital y residencia del virrey, su jefe, a la mayor de sus provincias, que era la de Buenos Aires.

Esta Provincia-metrópoli, como la llamaba la Ordenanza de intendentes..., contenía y debía contener todos los elementos del poder material necesario para componer el poder central, absoluto y omnímodo de que estaba revestido el virrey, para gobernar a todo el Reino, sin limitación ni control.

Para hacer efectiva esta concentración del poder absoluto del virrey, fue compuesta la capital de su residencia, de dos países unidos, a saber: la Provincia de Buenos Aires, propiamente dicha, y la ciudad de Buenos Aires; y para el gobierno inmediato, directo y exclusivo de este agregado de dos países, recibió el jefe de la vicemonarquía colonial, el encargo de dos gobiernos, a saber: el de gobernador de la Provincia de Buenos Aires y el de virrey y capitán general de todo el Virreinato.

La ciudad ribereña de su residencia, Buenos Aires, fue el indispensable y único puerto de entrada y salida que tuvo el reino entero, para el tráfico y cambio de sus productos naturales, con los artefactos que recibía de Europa.

De este modo, la renta de ese tráfico se encontró acumulada bajo las manos del virrey, y con la aduana y el crédito, del monopolio de todo el tránsito fluvial y terrestre del país entero, por estar el puerto de Buenos Aires en la embocadura del Río de la Plata.

El Virrey fue omnipotente, no solo por las leyes escritas, sino por los elementos reales del poder efectivo de todas las Provincias, que las leyes concentraron en Buenos Aires, y pusieron en manos del vicemonarca, que allí tenía su residencia.

La Provincia-metrópoli de Buenos Aires, tuvo que ser en fuerza, extensión y recursos, tan poderosa casi como el Virreinato todo entero, para llevar a cabo su papel, que era el de conservar la vida de la monarquía colonial, contra toda resistencia nacida de los vasallos omnímodos y absolutos, y de los vecinos extranjeros.

Así, toda la monarquía hispanoamericana del Plata, tuvo por base y fundamento a su «Provincia-metrópoli» de Buenos Aires, compuesta de dos países y dos gobiernos, que venían a ser el país rural de la Provincia, tan vasta como un tercio del Reino, y la ciudad de Buenos Aires, tan grande como la mitad de las ciudades capitales internas reunidas; y sus dos gobiernos, que venían a ser el inmediato y exclusivo de la Provincia de Buenos Aires, el del gobernador, y el del virrey y capitán general del Virreinato, compuesto de todas las Provincias del Río de la Plata.

Por esa Constitución todas las Provincias del Plata dependían de la «Provincia-metrópoli», o Capital de Buenos Aires, como esta Provincia misma y todo el Virreinato, dependían del soberano de España, su dueño y señor, a título de descubridor, conquistador, poblador y organizador del reino argentino.

Había, según esto, dos dependencias: una, interior y doméstica de las provincias del país respecto de la «Provincia-metrópoli»; otra exterior e intercontinental del país entero respecto de España.

Cuando la revolución de América rompió esta última dependencia en perjuicio de la dominación española y de la soberanía de su monarca en las provincias argentinas, la soberanía de las provincias, que fue del rey de España, pasó nominalmente a manos del pueblo de las provincias emancipadas del rey.

Pero esas provincias emancipadas de la metrópoli española, quedaron dependientes de la metrópoli territorial, por haber dejado en pie la máquina realista que formaba el poder omnipotente y omnímodo del virrey en las provincias; la cual residía en la forma y composición de la «Provinciametrópoli» de Buenos Aires, compuesta de la unión de dos países y dos gobiernos.

Los dos países y los dos gobiernos que estuvieron unidos en manos del virrey-gobernador del Virreinato y de la «Provincia-metrópoli», quedaron, por la falta o ausencia del virrey, en las manos del gobernador de Buenos Aires, que fue, de hecho, una especie de virrey o de presidente del reino entero, transformado por la revolución, en República Argentina.

La «República» fue gobernada por el gobierno que gobernó al «Virreinato», en el mero hecho de conservar el depositario de ese gobierno en sus manos, a la doble capital compuesta de la Provincia y Ciudad de Buenos Aires, que contenía el puerto, el monopolio del tráfico, el de su renta y de su crédito, en una palabra, el de su poder real y efectivo todo entero.

La soberanía del pueblo argentino, compuesto del pueblo de todas las Provincias Unidas en un solo cuerpo de Estado, quedó existiendo normalmente, mientras la máquina o fábrica del poder real, quedó intacta, como antes estaba bajo el gobierno de España y de su virrey de Buenos Aires.

Así se vieron coexistiendo en la nueva Nación, dos gobiernos nacionales, uno de «hecho», que era el tenedor de la «Provincia-metrópoli», en que estaba organizado y montado el poder real; y otro «de derecho», que se titulaba un gobierno, y lo era, pero un gobierno sin poder y de mero nombre, a causa de que no poseía la máquina productora del poder soberano, real y efectivo, el cual está en la «posesión de la jurisdicción directa, inmediata, exclusiva», sobre el suelo, el pueblo, las cosas y establecimientos de su residencia.

Y como en esta distribución del poder jurisdiccional, cada provincia imitó y asumió la actitud de la «Provincia-metrópoli», para con el nuevo soberano, que era el «pueblo argentino», compuesto de la unión de todas ellas, resultó que en cualquier parte en que se vieron coexistiendo los dos gobiernos, el de la Nación y el de la Provincia, este último se encontró poseedor del poder más ventajoso y real, que era el poder inmediato, directo y exclusivo sobre la provincia y ciudad de su común residencia; el otro fue un mero «huésped». El que «de nombre», se decía jefe supremo del otro, era, en el «hecho», el agente real de su agente nominal.

La fuerza efectiva y real de que dispuso el Gobierno Nacional en 1880 para vencer de hecho a su agente el gobernador de Buenos Aires, no ha sido un desmentido de la verdad que dejamos sentada; porque los elementos y materiales de esa fuerza, fueron extraídos de Buenos Aires, medio clandestinamente, durante el tiempo en que el Gobierno Nacional coexistió en esa residencia con el gobierno provincial de ella, que de ese modo se encontró desarmado el día que la elección presidencial transformó su conflicto permanente y pasivo, en la guerra civil de que la ciudad de Buenos Aires fue teatro.

Si el presidente Avellaneda y el general Roca no hubiesen residido y sacado de Buenos Aires, al favor de esa residencia, sus empleos, su autoridad, sus armamentos y recursos de guerra, no habrían tenido elementos de qué disponer para vencer al gobernador, poseedor directo y exclusivo de la «Provincia-metrópoli», en que todo eso estaba absorbido.

Dividir a esta Metrópoli provincial argentina en los dos elementos, cuya nación sirvió para constituir el poder omnipotente y soberano del «gobernador-virrey», residente en ella, con jurisdicción local, exclusiva y directa, era el remedio que al cabo de setenta años perdidos se ha adoptado, al fin, dando al Presidente, como jefe supremo de la República, la residencia y autoridad que tuvo el virrey, como jefe supremo del Virreinato.

Esta división del poder, de la jurisdicción y de la residencia de la «Provincia-metrópoli» de las demás, de cuando formaron la monarquía colonial, que perteneció al monarca de España; esta división y distribución del poder metropolitano del Estado Argentino, basta para poner en paz a los dos gobiernos antagonistas, cuya lucha ha formado el fondo de la historia de nuestras disensiones por más de medio siglo.

Tenía razón el doctor Moreno, cuando en 1810, Montesquieu, el Tocqueville de la libertad británica, escribió estas palabras, dedicadas al Congreso convocado para constituir el nuevo Gobierno de la Patria: «Licurgo fue el primero que, trabajando sobre las meditaciones de Minos, encontró en la división de los poderes el único freno para contener al magistrado en sus deberes. El choque de autoridades independientes debía producir un equilibrio en sus esfuerzos...». «Equilibremos los poderes y se mantendrá la pureza de la administración...». «He creído que el primer paso para entrar a las cuestiones que anteriormente he propuesto, debe ser analizar el objeto de la convocación del Congreso...».

«La convocación del Congreso no tuvo otro fin que reunir los votos de los pueblos, para elegir un Gobierno Superior de estas provincias, que subrogase el del virrey y demás autoridades que habían caducado. Buenos Aires no debió erigir, por sí mismo, una autoridad extensiva a pueblos que no habían concurrido con su sufragio a su instalación».

Tratábase, pues, de un cambio fundamental de gobierno, erigido sobre un nuevo principio de autoridad, que era el de la soberanía del pueblo argentino, subrogada a la del rey de España, que había ejercido en su nombre, y como su representante, el virrey.

Dejar a este nuevo soberano bajo la preponderancia de la «Provinciametrópoli», que se había construido para avasallar a los argentinos, cuando eran colonos serviles de un soberano extranjero, no era efectuar una revolución de sistemas y de principio de gobierno, sino de personas; era dejar en manos de las personas ocupantes y tenedoras de la «Provinciametrópoli», depositaria de todo el poder real y efectivo del país entero, el poder soberano que se arrancaba a la persona del rey de España.

No había otro medio práctico y mecánico de poner la supremacía de la nueva autoridad en manos del nuevo soberano argentino (que era el pueblo argentino), que entregar a su jefe y representante, el presidente de su elección, la ciudad-capital, que había sido la máquina de poder y de autoridad soberanas, bajo el gobierno monárquico, caducado el 25 de mayo de 1810, nominalmente al menos.

Esto es lo que no se hizo, y por eso quedó siempre la autoridad nacional del nuevo soberano, que era el pueblo argentino, en autoridad de mero nombre, quedando en realidad subordinado el soberano «de derecho», al que era en realidad, gobierno nacional de «hecho», solo porque era tenedor exclusivo de la vieja máquina del poder político del país entero.

Esta es la máquina que se acaba de desarmar por la reciente Ley de Capital, para dar al soberano argentino, que es el pueblo de las provincias todas, una forma de capital, que dé a la Nación la parte del poder que faltaba a su gobierno, y que quite a la Provincia de Buenos Aires la parte de poder que le sobraba.

Este cambio es nada en el sentido de que todo lo cambiado queda en casa, pero la casa queda en paz, rica, poderosa y feliz.

II. Continuación del mismo asunto

El deber de una provincia, en una Nación libre, es ocuparse de sí misma ante todo, y de la Nación enseguida, en cuanto sirva a su autonomía. En este individualismo nacional y local a la vez, consiste la libertad moderna de tipo sajón.

De ese punto de vista debe considerar Buenos Aires la cuestión de Capital.

No conviene a esta provincia la capital que tuvo bajo el Virreinato, porque estaba organizada como para producir el poder absoluto y omnímodo que necesitaba ejercer el monarca por intermedio de su virrey-gobernador de Buenos Aires, encargado de conservar y defender la vida de esta monarquía colonial, contra toda resistencia nacida en su seno, o venida del extranjero.

Para ello dio a su virrey dos gobiernos, el de la Provincia de Buenos Aires y el del Virreinato todo entero; y para efectuar esta acumulación de dos gobiernos en uno, formó la capital del reino de dos pueblos, el de la Provincia y el de la Ciudad de Buenos Aires.

Toda la existencia y conservación de esta monarquía hispanoargentina, dependía del poder omnipotente que daba al virrey, la maquinaria de una «Provincia-metrópoli», capital de todas las del Virreinato; y a la «Provincia-metrópoli», la aglomeración de su vasto territorio rural, con la ciudadpuerto, que era la aduana y tesorería del reino entero.

El medio natural de unir dos gobiernos en uno solo central y capital, fue unir los dos países sujetos directamente a esos dos gobiernos. De ahí la unidad indivisible de la «Provincia-metrópoli», expresamente constituida para no tener dentro ni fuera del Virreinato, un contrapeso capaz de disminuir la autoridad omnipotente del soberano, que lo era el rey de España, y su virrey en el Plata.

Si la unidad indivisible de la «Provincia-metrópoli», compuesta de dos países y dos gobiernos, tuvo por objeto asegurar la vida de la monarquía hispanoargentina, y la soberanía de su monarca español en su reino de la Plata, esa unidad perdía su razón de ser, desde el día en que la soberanía del país pasaba de manos del rey de España a las del pueblo unido de las provincias del Plata.

Este cambio requería, como condición de vida y de estabilidad, la división de los dos gobiernos que acumulaba el virrey, el de gobernador de Buenos Aires, y el de virrey de las Provincias del reino, en dos gobernantes separados; y la separación de ambos gobiernos requería, como medio y condición esencial de ejecución, la división de la capital o «Provincia-metrópoli», en sus dos países y pueblos componentes, a saber: la Provincia de Buenos Aires, propiamente dicha, y la ciudad de Buenos Aires, de que fue inmediato el virrey de España, reemplazado por el poder de la revolución, que dislocó la soberanía, y por el presidente de la República Argentina erigida en nación independiente y soberana.

Esta es la división que debió hacer, pero que dejó de hacer la República el día de su aparición, en que suprimió al virrey.

Dejando subsistente la unidad de la «Provincia-metrópoli», se encontró el gobernador de la Provincia de Buenos Aires, por ausencia del virrey, jefe inmediato de la ciudad de Buenos Aires, por el hecho de hallarse en posesión de los «dos países» y de los «gobiernos», que el virrey asumía por la Constitución colonial que lo creó, para que su poder ilimitado no tuviese control ni contrapeso en el país que fue el Virreinato español, y más tarde, la República Argentina.

Cuando el gobernador omnipotente no ejerció la tiranía el virrey, como hizo el gobernador Rosas, abusó de su omnipotencia para hacer y deshacer presidentes; y cuando no se hizo presidente él mismo, trajo al presidente hecho hacer por él, para residir hospedado en la provincia de su jurisdicción directa y exclusiva, convirtiendo a su jefe nominal en su agente real.

El Gobernador de Buenos Aires fue nuestro «Príncipe de Gales republicano», heredero nato del poder supremo.

Este desquicio de que solo sacó partido el extranjero, porque dejó a la Nación sin centro capital, sin gobierno, o a su gobierno nominal sin el poder efectivo, con el que se quedó el gobierno omnipotente de la Provinciametrópoli, fue defendido por este como un beneficio para Buenos Aires; lo cierto es, que solo benefició al poder armado que hizo pesar el gobernador sobre la provincia misma de su mando inmediato y exclusivo.

Y siempre que ese resto del régimen monárquico subsista, los recursos del poder argentino, que él acumule en Buenos Aires, han de hacer la riqueza y el poder del gobierno suplantado al del gobernador-virrey, no el poder ni la riqueza del pueblo de Buenos Aires, suplantado al pueblo de vasallos y colonos del rey de España, que lo precedió.

La España no fundó ni organizó esta colonia para enriquecer y fortalecer a sus colonos y vasallos, sino para enriquecer y fortalecer al poder de su Corona y de su real erario. Hizo de su organización una máquina de rentas y de poder, que usó desde luego en avasallar y dominar a sus propios colonos.

Los únicos beneficiarios de esas rentas, eran el rey y los agentes y servidores del rey, que hacían el servicio de su Gobierno. En América eran los virreyes, los magistrados, los gobernadores y oficiales de la Corona.

Después de caído el régimen realista, el gobernador de la «Provinciametrópoli» de Buenos Aires, conservado en plena República escrita, ha dividido los beneficios de la indivisión del poder y del país metropolitano, con otros gobernadores cómplices y partícipes de las rentas que el pueblo producía, pero que no gozaba; y la maquinaria de este nuevo régimen, mera trasmigración del viejo, han sido esas ligas llamadas federales de gobernadores de provincias, sin más autonomía que la necesaria para ayudar a mantener la de la «Provincia-metrópoli», usada contra el pueblo de Buenos Aires, desde luego, y enseguida contra los pueblos argentinos interiores.

Ni la Provincia de Buenos Aires, ni las otras provincias, necesitan perder su autonomía para servir o facilitar la constitución del Gobierno Nacional, que ha de sostener y garantir su existencia en su mismo interés propio y nacional.

La autonomía de salud y libertad consiste en el ahorro y empleo de sus propias fuerzas provinciales, en servicio del adelanto de la provincia propia, lo que no es sino más provechoso a la Nación, de que la provincia es órgano y parte esencial.

La autonomía que absorbe las fuerzas vitales de otras provincias, para emplearlas en perjuicio y detrimento de las otras, no es autonomía, sino congestión morbosa de un órgano, cuya nutrición deja a las otras extenuadas.

La autonomía bien entendida, es ese localismo sano y natural, conocido con el nombre de espíritu comunal o concejil, el cual hace la grandeza de las sociedades libres en los pueblos sajones de Inglaterra, Alemania y Estados Unidos.

Es el particularismo puesto en armonía con el Imperio para apoyar en ambos elementos amalgamados la prosperidad y desarrollo del cuerpo social, como lo están en el cuerpo humano la vida del todo con la vida del órgano o del miembro. Son dos elementos esenciales de todo organismo regular.

III. Continuación del mismo asunto

Buenos Aires no habría podido dejar de ceder la ciudad de su nombre para capital de la Nación Argentina, de que es parte integrante, sin dañar a sus intereses y libertades locales desde luego, y enseguida a los intereses y garantías de la Nación entera.

Tal negación habría sido un desmentido del patriotismo nacional que formó su blasón de gloria, desde el nacimiento de nuestra patria argentina. La Provincia ha pensado, al contrario, que todo lo que necesitaba su autonomía bien entendida, para ser poderoso instrumento de su engrandecimiento local, era desembarazar su actividad de los cuidados estériles y peligros que le absorbe una ciudad, más bien argentina y cosmopolita que «porteña», por la generalidad de sus intereses.

Negar la ciudad de Buenos Aires al gobierno de la Nación Argentina, habría sido dejar a la Nación sin capital, lo que en nuestro país argentino es equivalente a dejar a la Nación sin gobierno, o lo que es igual, a su gobierno sin poder, pues el poder real, con todos sus elementos argentinos, se encuentra ubicado en la ciudad de Buenos Aires, por la mano de España, que para constituir el gobierno absoluto y omnímodo de su virrey en Buenos Aires, tuvo que concentrar todas las fuerzas y elementos de poder del Virreinato entero, en la ciudad que puso bajo la jurisdicción exclusiva y directa de su representante omnipotente y soberano.

Y no bastando ese poder para dar a la capital de las Provincias del Plata, una autoridad sin límites y sin control, que interesaba a la vida de su colonia, le dio por anexo y campaña la Provincia de Buenos Aires, propiamente dicha, resultando de esta unión de la ciudad y campaña, la «Provincia-metrópoli» de las otras, como era llamada por las leyes coloniales con razón.

Esta unión de dos cuerpos, o países, respondía a los dos cargos que acumulaba el virrey omnímodo, a saber: el de gobernador de la Provincia de Buenos Aires, y el de virrey de las Provincias todas del Río de la Plata.

Dejada sin razón de ser esta acumulación de poderes y territorios por la revolución de nuestra independencia, que trasladó la soberanía argentina de manos del rey de España a las del pueblo argentino, la división de nuestra «Provincia-metrópoli» en sus dos cuerpos elementales, se hizo tan necesaria para la existencia de nuestro nuevo régimen de soberanía popular, como había sido su integridad para la existencia del antiguo régimen monarquista.

Base y fundamento de todo el edificio de nuestra monarquía hispano-americana, la «Provincia-metrópoli» de Buenos Aires, así construida, no pudo sobrevivir a la caída del antiguo régimen, sin dejar a la Nación entera bajo el vasallaje colonial de su capital territorial.

La consecuencia de ello fue, que ese orden de cosas, que había sido el del virrey, no pudo dejar de reaparecer bajo la forma republicana de la dictadura de Rosas.

Bajo los dos gobiernos, ¿cuál fue la víctima de esa monstruosidad del poder omnímodo? Naturalmente la ciudad de Buenos Aires, en que residía con jurisdicción inmediata y exclusiva, el jefe indefinido e inconstituido de la «Provincia-metrópoli».

Después de ella eran víctimas del gobierno omnipotente, así conservado, la misma Provincia de Buenos Aires y todas las demás de la Nación.

Las provincias todas vivieron sin libertad, porque estuvieron privadas del ejercicio de su gobierno soberano; estuvieron gobernadas por gobiernos que no emanaban de ellas. No es libre en realidad el que no se gobierna a sí mismo.

Después de caído el gobierno omnímodo de Rosas, que pesó sobre Buenos Aires, ante todo, ¿qué sucedió? Que conservada la indivisión de índole y origen monarquista, en que vivió la «Provincia-metrópoli» de Buenos Aires, coexistieron en ella, por un compromiso, más o menos tácito, su gobernador local, revestido de la omnipotencia de hecho, derivada de la integridad provincial de Buenos Aires, y el jefe de la Nación, que era un poder nominal, en cuanto carecía de jurisdicción inmediata y local, en la ciudad de su residencia.

Un conflicto perenne entre ambos gobiernos, más o menos latente, no pudo dejar de producirse y subsistir, en detrimento de la paz, de la prosperidad y de la seguridad, tanto de Buenos Aires, como de las provincias del país entero. La guerra estalló al cabo de dieciocho años de una paz artificial, dispendiosa y no menos sangrienta que la guerra, llegando la capital a ser teatro de una doble campaña militar, que la llenó de un terror que no olvidará jamás.

Tenía sin embargo partidarios este sistema de la coexistencia de dos gobiernos, reputado por ellos tan normal como el de las primeras monarquías de Europa, porque duró dieciocho años.

¡El sistema del gobierno de Rosas, que duró más que eso, sería también normal a ese título! Sin la política de combate, en que ha hecho vivir a nuestro país por dieciocho años la institución anormal de dos gobiernos eternamente incoherentes y rivales, muchos miles de argentinos y muchos millones de nuestro tesoro perdidos en bregas de equilibrio interno, se habrían ahorrado para nuestra prosperidad.

La división de nuestra antigua «Provincia-metrópoli», herramienta de nuestro monarquismo colonial, lejos de ser la «muerte de Buenos Aires», será la resurrección de su provincia, propiamente dicha, que está llamada a ser, por este cambio, una nueva, opulenta y gloriosa Buenos Aires. La forma y condiciones en que el cambio se produce le deja entero el número de los elementos, que la hacen ser la sección más rica y opulenta de la América del Sur.

El territorio que le deja su separación respecto de la ciudad es tan grande, según acaba de notarlo el *Times*, como todo el de Inglaterra. Le queda entera toda su riqueza rural argentina; le quedan todos los puertos de las costas marítimas del sur. Queda en sus manos casi todo el uso del crédito público argentino, emitido por sus dos grandes bancos, de la Provincia y de Hipotecas. Queda su tesoro provincial aligerado de la parte más pesada de su deuda pública, que es la deuda externa.

Separada de la ciudad de Buenos Aires, su campaña toma su gobierno en sus propias manos, lo que vale decir que se hace libre; y no solo reasume su libertad por su separación, sino también su riqueza, que hoy se absorbe y consume en la administración de la ciudad de Buenos Aires, como si fuese su metrópoli, o como parte que es de esa metrópoli.

La ciencia nos enseña que toda ciudad que vive de salarios y sueldos pagados por el Estado, es meramente consumidora, improductiva, de goces y placeres; naturalmente pobre, bajo un exterior suntuoso.

Tales son las ciudades capitales que sirven de residencia a grandes cuerpos administrativos de la Nación, cuyo trabajo, al decir de Adam Smith, es improductivo y estéril, pues nada producen que pueda ser objeto de cambio.

Los que no pueden desconocer el acierto y justicia de la solución que hace de la ciudad de Buenos Aires la capital de la República Argentina, se limitan a objetar la forma y el momento de su realización. La tachan de violencia y de inoportunidad. Sofismas antiguos bien conocidos, son esos.

Para los que cesan en el beneficio de un poder cualquiera, no hay forma ni oportunidad de ejecutarlo, que no sean inconvenientes. No es la forma la que los contraría, es el fondo de la medida; es el término del beneficio, no la manera de perderlo.

Las instituciones humanas son comúnmente la obra de los acontecimientos, más bien que el resultado tranquilo de apacibles deliberaciones. Cuanto más grande es el cambio, más parte tiene en él la acción muda y breve del acontecimiento. Un ejemplo de ello fue el cambio que nos libró de la dominación española; y otro fue más tarde, el que nos sustrajo a la tiranía de Rosas. No faltaron, sin embargo, quienes objetaran a la forma y oportunidad de esos cambios vitales para el país; como no faltaron objeciones a la forma y oportunidad del evento que viene a completar y coronar la obra de la Revolución de Mayo de 1810, en la creación del gobierno nacional argentino.

No se puede ni debe abandonar a la acción del tiempo la solución de problemas como el de una capital para la Nación. Es como postergar la terminación del edificio de su gobierno, cuando está sin techo.

El tiempo, que nada cambia ni mejora por sí mismo, afirma y robustece la imperfección de lo que está imperfecto.

Nuestra madre patria ha quedado a retaguardia de las naciones europeas por haber esperado siglos a darse una capital definitiva y adecuada a sus necesidades de progreso y de engrandecimiento. La ciudad de Madrid, su mala capital, siempre provisoria, ha sido su calamidad definitiva, en la opinión de la Europa política.

Un sentimiento general se ha formado en nuestro país, de que toda solución es preferible a la continuación del *statu quo*, que nos ha ensangrentado y enlutado en 1880.

Cuatro veces ha confirmado nuestra historia, que la coexistencia del poder nacional con el de provincia en la misma ciudad, es causa inevitable de anarquía y de guerra civil. En 1810, fue el gobierno de la «Junta Provisoria», con el de los congresales nacionales, que se incorporaron en ella; en 1824; fue el gobernador Las Heras con el gobierno de los «Unitarios», ensayado en Buenos Aires; en 1858, fue el gobernador de Entre Ríos con el presidente Derqui, coexistiendo en Entre Ríos; por fin, este año de 1880, ha sido el gobernador de Buenos Aires con el presidente de la República, coexistiendo ambos en esta ciudad.

Siempre que el Gobierno Nacional Argentino estuvo hospedado en una ciudad sujeta a un gobernador de Provincia, fue gobernador tácita y virtualmente por el dueño de casa, es decir, por su agente armado de la jurisdicción local y exclusiva de la común residencia, y la Nación careció de gobierno efectivo, porque no tuvo capital en qué ejercer su poder exclusivo y directo el jefe supremo de todo su suelo, menos del que pisaba.

No sucedería lo mismo hoy día, aunque el gobierno local de Buenos Aires quede accidentalmente coexistiendo con el de la Nación en esta ciudad, por dos razones obvias: porque la coexistencia se produce provisoriamente, hasta que la provincia se dé por nueva capital, alguna de sus muchas ciudades, mayores en población que lo fueron Valladolid, Burgos, Madrid, ciudades de seis mil habitantes, cuando Carlos V y Felipe II las habitaron como metrópolis de sus Estados, «en que nunca se ponía el Sol», porque constaban de dos mundos; porque en el intervalo el gobierno que es agente constitucional, es el que queda bajo la jurisdicción del gobierno supremo de la Nación, y local y exclusivo de la capital de su residencia; lo cual es más regular, que lo fue antes de ahora el caso opuesto.

En la capital de Chile, no obstante su gobierno unitario, coexisten el intendente provincial de Santiago, y el presidente de la República toda, sin conflicto alguno.

Lejos de desaparecer por el cambio de autonomía provincial de Buenos Aires, recobra nuevo espíritu y pujanza, como el gigante de la fábula, por su amalgama con la Nación y sus altos destinos. Su autonomía moderna y liberal, no será la autonomía del tiempo de Rosas, que absorbía la vitalidad de la Nación, no para enriquecer al pueblo de Buenos Aires, sino para aumentar el poder dictatorial de su gobierno, que venía a gravitar con todo el peso de su omnipotencia sobre el pueblo de su mando «inmediato, exclusivo y directo», que era el de Buenos Aires. La causa o sistema de esa absorción, lejos de ser la de Buenos Aires, era la de su opresión y ruina. Dividiendo en dos partes a la «Provincia-metrópoli», que la monarquía colonial traspasó a la dictadura de Rosas, la ley de capital que Buenos Aires acepta y recibe con toda la espontaneidad de su patriotismo inteligente, devuelve y garantiza a la Provincia de Buenos Aires su autonomía de libertad, de paz y de progreso argentino, no en detrimento, sino en beneficio de la Nación misma, y sobre todo en provecho del pueblo de Buenos Aires, cuya grandeza viene a ser la base y fundamento de la grandeza argentina.

Poner la suma de los recursos y elementos del poder público de los argentinos en manos del gobernador metropolitano de Buenos Aires, como hacían las Leyes de Indias, traducidas o no al lenguaje republicano, era ungir al pueblo de Buenos Aires bajo el yugo del poder omnímodo e ilimitado, que Rosas tomó de nuestra constitución monarquista, del tiempo en que fue dada por España para el gobierno de sus colonos y vasallos del Río de la Plata.

Ese es el sistema que acaba de ser hecho pedazos para siempre por la Ley de Capital argentina, que Buenos Aires acaba de votar como ley suya, porque hace la grandeza de nuestro pueblo de Buenos Aires, rompiendo en piezas las herramientas de todo gobierno omnímodo, ilimitado y omnipotente, imposible de restaurarse en lo futuro.

Tenemos, pues, reasumiendo lo que precede, que la Provincia-metrópoli de Buenos Aires, capital propia de una monarquía absoluta, como fue el Virreinato de Buenos Aires, pues esa capital así compuesta, era la máquina que producía el poder absoluto y omnímodo del virrey, pero capital impropia y monstruosa para una República, porque ella producía el poder omnímodo e ilimitado de su gobernador, como se vio bajo el gobernador Rosas; esa institución, decimos, ha seguido existente después de la caída del virrey y del dictador, para producir, como ha producido, sus gobernadores omnipotentes, los cuales si no fueron tiranos crueles, no fue porque les faltase el poder de serlo, sino porque fueron hombres mansos, más o menos cultos, que usaron de la omnipotencia que les daba la máquina monárquica de la «Provincia-metrópoli», para hacer y deshacer presidentes, traerlos a Buenos Aires y hospedarlos a su lado y bajo su jurisdicción exclusiva, para mejor gobernarlos, cuando no se daban el poder a sí mismos.

Y mientras la «Provincia-metrópoli», máquina de poder omnímodo, subsista y conserve por su integridad monstruosa la capacidad de producir gobiernos omnipotentes, los ha de haber en perjuicio de la misma Buenos Aires, su residencia obligada, aun cuando tenga «santos» por gobernadores.

Pero como la institución hace al hombre, y no el hombre a la institución, será preciso, como decía el doctor Moreno en 1810, quitar al gobernador el poder de ser déspota, aunque quisiera serlo. Esto es lo que acaba de hacer la ley que divide a la «Provincia-metrópoli» monarquista, haciendo de la ciudad de Buenos Aires, la capital exclusiva de la República Argentina.

[...] Segunda parte

Capítulo único

La cuestión Capital, del punto de vista de la Provincia de Buenos Aires Para facilitar la lectura de esta Segunda Parte, cuya materia es algo complicada por su novedad, creemos conveniente precederla de un resumen general de su contenido, en orden lógico.

¿La nacionalización de la ciudad de Buenos Aires implica la abolición de la Provincia de Buenos Aires? Todo al revés; es su salud y resurrección.

Separado su gobierno del de la ciudad de Buenos Aires, nace recién su autonomía moderna.

Su nacionalización solo puede tener por opositores a nacionalistas, cuyo nombre no les impide ser autonomistas a lo Rosas.

¿Por qué la causa de Buenos Aires estaba constituida por la indivisibilidad e integridad de la Provincia de Buenos Aires? Porque así estaba constituida la «Provincia-metrópoli» por el gobierno omnímodo y monárquico de los «gobernadores-virreyes españoles».

Era incorrecto decir que Buenos Aires absorbía la renta y el poder de la Nación, como Florencio Varela lo dijo por error, y lo repetimos muchos después de él.

Estaba en la verdad cuando decía que era Rosas y su gobierno omnímodo y absoluto de Provincia, el que lo absorbía, no para el pueblo, sino en daño del pueblo de su mando.

Lo que se llamaba «causa de Buenos Aires» antes de ahora, era causa de su gobierno realista y omnipotente. La omnipotencia pesaba sobre el pueblo de Buenos Aires. Para eso fue constituida por el rey de España. Lo probó el «gobernador-dictador», que sucedió al «gobernador-virrey».

España no fundó su colonia de Buenos Aires para hacer la riqueza y el poder de sus colonos, sino de su monarca. Los «porteños, vasallos» del rey, eran instrumentos y obreros mecánicos, no beneficiarios, de lo que producían para su real dueño y Señor.

Ese estado de cosas fue la causa de la Revolución de Mayo, que hizo a los porteños independientes del rey, pero no del gobernador que reemplazó al virrey.

Conservada la máquina del poder absoluto, es decir, la «Capital-provincia», cayó la «tiranía» pero quedó el «tirano».

El gobernador Rosas representó esa trasmigración del despotismo realista en el despotismo republicano.

De ahí la necesidad de la revolución de 1852, que derrocó al gobernador-dictador de Buenos Aires, en Caseros.

Dejada en pie, por segunda vez, la máquina del poder del virrey y del «dictador», que era la integridad de la «Provincia-metrópoli», pronto la máquina encontró nuevos maquinistas en la revolución provincial de 11 de setiembre del mismo año 1852, confirmada por otra revolución que se llamó la reforma de la Constitución, en que fue restaurada como régimen definitivo, la «Capital-provincia» de Buenos Aires, monarquista de origen y naturaleza.

Ese organismo, llamado «Compromiso», llevaba al país a su disolución, por el conflicto permanente de dos gobiernos en guerra, cuando una tercera faz del movimiento de mayo ha hecho lo que debió hacer hace setenta años: separar la «Provincia» de Buenos Aires de la «Ciudad» de Buenos Aires, capital histórica y necesaria de la República Argentina.

Este cambio hace nacer, por primera vez, la autonomía regular de la Provincia de Buenos Aires (es decir, el gobierno de sí mismo), pero no empezará a ser un hecho su autónomo gobierno, sino cuando se dé una moderna ciudad de Buenos Aires, como capital propia.

Las capitales se hacen a sí mismas por las leyes naturales de su creación vital; por la «evolución», legislatura de las legislaturas.

Nuevas cosas, nuevas necesidades, nuevas generaciones, darán a luz nuevos hombres de Estado, que no hemos tenido antes de ahora, por falta de «Estado» o «Nación».

Dracón y sus durezas no igualan al rigor de la ley de la evolución, es decir, de la naturaleza entregada a su brutalidad. La reflexión, el juicio, la calma de nuestro país, deben probar que somos capaces de libertad, es decir, del gobierno de nosotros mismos, cuya condición esencial es la obediencia y el respeto de nosotros mismos.

La solución dada es irrevocable, porque es obra de las cosas.

El progreso argentino se volverá una burla si toda tentativa de reacción y restauración del *statu quo*, no es tratada como crimen de lesa nación.

II. La erección de la ciudad de Buenos Aires en capital de la Nación, le deja intacta y asegurada su importancia de Provincia

¿La erección de la ciudad de Buenos Aires en capital de la República Argentina, implicará la desaparición de la Provincia de Buenos Aires? Todo lo contrario: le quedaría su autonomía intacta, despojada de un elemento extraño, que vive injerto en ella, para hacer menos neto el patrimonio porteño.

La «autonomía provincial de Buenos Aires» continuará existiendo como la de cada una de las otras provincias.

Una nueva y moderna «ciudad de Buenos Aires», sería capital de la nueva Provincia de Buenos Aires.

Este orden de cosas no sería una desmembración de la actual Provincia de Buenos Aires, porque la ciudad y la provincia, no están en el mismo caso. La Provincia de Buenos Aires no es dueña de todos los elementos económicos de gobierno, de carácter nacional, que la ciudad de Buenos Aires encierra; y no puede, por lo tanto, considerar como la capital o cabeza exclusiva del cuerpo de su Estado provincial, a la ciudad de Buenos Aires.

Por esta razón no podría ser capital de la República de la Provincia de Buenos Aires, integrada con la ciudad de su nombre, la cual pertenece a la Nación, en cuanto a su gobierno, porque ese gobierno no está compuesto con elementos de poder que son de la Nación entera, no solo de Buenos Aires, tales como el centro común del tráfico internacional que se hace por el puerto argentino, situado en la ciudad de Buenos Aires; el impuesto de ese tráfico nacional que es la «aduana nacional»; el «crédito público», garantido por ese impuesto; el «tesoro nacional», que está donde están sus dos manantiales nacionales, el impuesto y el empréstito, emisión monetaria de deuda pública.

Pero otra razón por la que no puede ser capital de la Nación la Provincia entera de Buenos Aires, tal como ha existido, es que la capital así formada, era la negación de la Nación Argentina, considerada como Estado independiente y soberano.

Prueba histórica y nacional de esto, es que cuando las provincias no eran todavía un Estado libre y soberano, sino colonia de España, tuvieron y debieron tener por capital a la «Provincia entera de Buenos Aires», por ser tan grande y poderosa como la casi totalidad del antiguo Virreinato de Buenos Aires. Siendo su «gobernador» local a la vez virrey de todo el Virreinato, para hacer efectivo el poder absoluto y omnímodo de la corona de España, en todo el vasto suelo en que hacía las veces del rey, necesitaba de un poder que no tuviese contrapeso ni equivalente.

Conservar ese régimen territorial en plena República, era anonadar la soberanía del pueblo argentino y la esencia del régimen republicano, establecido por la Revolución de Mayo.

La capital de la República Argentina, integrada con la Provincia entera de Buenos Aires, era la restauración del régimen colonial español, no en provecho de España, no tampoco en provecho del pueblo de Buenos Aires, sino del gobierno y de una clase gobernante de provincia, en perjuicio del pueblo de Buenos Aires, como sucedía en el tiempo de la dominación colonial de España.

Es impropio decir que es Buenos Aires la que absorbe y monopoliza el poder y la riqueza de toda la Nación argentina, con motivo de que esa absorción se opera en la ciudad de Buenos Aires. Esa manera de hablar es simple metonimia, figura de retórica, en que se toma la parte por el todo. En esa impropiedad de lenguaje hemos incurrido Florencio Varela y yo, y muchos otros después.

Como sucedía en tiempo del gobierno colonial español, la absorción y monopolio se operaban, no en provecho de los colonos, que formaban el pueblo de Buenos Aires, sino en provecho exclusivo de la corona de España, de que la colonia era patrimonio.

El régimen de gobierno que España dio a su colonia del Plata, no tuvo por objeto hacer la riqueza y el poder de sus colonos argentinos, sino el beneficio y aumento del real erario y real patrimonio. Los colonos eran herramienta y máquina productora del poder personal de su monarca absoluto. Con ese fin recibió la colonia española del Plata la construcción o constitución orgánica que ha sobrevivido al régimen colonial, pues la mera Revolución de la Independencia no ha bastado para llevar a los bolsillos del pueblo de Buenos Aires, lo que fue destinado y hecho para entrar en los bolsillos de sus gobernantes.

Así, todo el cambio ha consistido en que nuevos beneficiarios oficiales y oficiosos han reemplazado a los antiguos, pero el pueblo ha seguido tan explotado bajo el régimen dicho de libertad, como estuvo bajo la servidumbre colonial.

La continuación del régimen de absorción y monopolio en beneficio de los sucesores del poder español, bajo el régimen moderno, no ha servido sino para aumentar la omnipotencia del gobierno titulado libre, de gobernados sin libertad, es decir, para percibir los beneficios y provechos en que consiste el poder que es llamado libertad individual.

El poder patrio bastardeado, ha continuado omnipotente, porque ha conservado la complexión y contextura rentística y económica que recibió en su origen colonial, para no dejar nacer la libertad y el poder de los colonos españoles, que eran los «argentinos» de aquel tiempo.

Mientras esa absorción de la vida y del poder del pueblo argentino se conserve en manos de una porción de Buenos Aires, como de oficio y carrera, habrá en Buenos Aires gobierno omnipotente, es decir, ciudadanos y pueblo sin poder, sin libertad y sin riqueza.

Vivirá esa omnipotencia que es negativa de la libertad de individuo, mientras la Nación Argentina no tome posesión del poder y caudal de recursos en que el poder consiste, por la ocupación exclusiva de la ciudad capital que los encierra, y con la cual la clase que gobierna en Buenos Aires despotiza, no solo a los «argentinos», sino también a los «porteños», como sucedió bajo Rosas.

La experiencia de la tiranía de Rosas hizo ver, que las víctimas de su poder omnímodo y absoluto, encerrado y mantenido por la absorción del poder rentístico de los argentinos en sus manos, son y serán siempre los «porteños», por estar más inmediatos de ese poder.

Pero no habrá otro medio de prevenir la repetición de esa tiranía que retirar del gobierno de la Provincia la suma de los poderes rentísticos y económicos de la Nación entera, que se producen y recogen en la ciudad de Buenos Aires actualmente, porque no recogen para y por el pueblo de Buenos Aires, sino por y para el poder omnímodo y omnipotente de la Provincia, que los explota y domina por medio de la misma máquina de que se valía el gobierno omnímodo y omnipotente del «gobernador-virrey», en el tiempo en que los «porteños» y los «argentinos» eran «colonos» de España. (Escrito antes de la Ley de Capital).

Esa máquina de despotismo mantenida en plena República, no por un cálculo frío y maligno, sino porque faltaron hombres de Estado, que la comprendiesen y cambiasen en el sentido del nuevo régimen republicano; esa máquina de poder omnímodo, hizo nacer al gobierno omnímodo de Rosas, y las primeras víctimas de su tiranía fueron naturalmente los argentinos que vivían donde él vivía, es decir, los porteños, y no los provinciales distantes, que solo sufrieron a los agentes y sedes del gobierno omnipotente de la Provincia de Buenos Aires.

Este es el gobierno que debe perder su omnipotencia por el retiro que la Ley de Capital haga de la ciudad de Buenos Aires, foco del poder nacional en ella concentrado, de manos de la Provincia de Buenos Aires, para ponerla en manos de la Nación entera, comprendida en ella la misma Buenos Aires. Los porteños no dejarán de tener jurisdicción local y exclusiva en la ciudad de Buenos Aires por ese cambio, pero en lugar de tenerla ellos solos, como sucede, la tendrán conjuntamente con los «argentinos», propietarios, como los porteños, de los elementos de poder nacional encerrados en Buenos Aires; y entonces, lejos de ser como hoy las primeras víctimas de un gobierno provincial omnipotente, a causa de su inmediación, serán los más beneficiados y felices de todos los argentinos, por la misma razón de inmediación al gobierno limitado y constitucional de todos los argentinos.

La guerra que acabamos de pasar en 1880, ha tenido origen y causa en los vicios de ese estado de nuestras instituciones políticas. El gobernador de Buenos Aires no hubiera pretendido tratar al Presidente de la República de poder a poder, si no se hubiese sentido poseedor de un poder material tan grande como el de la Nación toda. Tenía, en efecto, todo el poder que tuvo Rosas y por las mismas causas: los vicios de nuestras instituciones.

Si el doctor Tejedor no ha sido tirano como Rosas es porque tenía otra educación, otro temperamento, otra moral política.

De donde salió el despotismo de Rosas y su gobierno omnímodo, productor y causante de tantas guerras sangrientas contra los mismos porteños, que entonces como ahora, reaccionaban contra los efectos del gobierno omnipotente de que eran víctimas, ha surgido la reciente guerra de este año 1880, y saldrán fatalmente otras análogas, mientras no se supriman los vicios orgánicos del orden político que les sirve de causa y razón de ser.

No solo no es de extrañar que los porteños figuren al lado de la Presidencia nacional, en la reciente contienda orgánica; no solo no merecen el dictado de «traidores a la causa de Buenos Aires», sino que son los que mejor la entienden y sirven, en el sentido en que la entendieron y sirvieron los porteños Rivadavia, San Martín, de Alvear, Gómez, Agüero, Gallardo, Florencio Varela, Martín Rodríguez, Valentín Alsina (de la primera forma).

No quiero decir en el sentido «unitario». Las palabras son el peor escollo de las causas útiles y buenas.

Es verdad que la «autonomía» y el «autonomismo» provincial, no son indignos de nobles partidarios. En todo régimen, en todo país, en toda edad, el amor a la Patria, empezó como la caridad, por casa. El hombre como ente «zoológico», como todo ser «viviente», ama el suelo, la luz, el ambiente, que lo vieron nacer y que primero vio al nacer. Pero cuando ese sentimiento común al mundo orgánico, no recibe límites racionales, las nociones de gran «Nación», de grande «Patria», de «ciudadanos libres», son imposibles y quiméricas. «Autonomía», en otras edades, era la independencia relativa, que los vencedores griegos y romanos dejaban al vencido conquistado y ungido al yugo del vencedor. ¿Podría, según esto, ser gloriosa para Buenos Aires la causa de su «autonomía»? Entendida y tomada en otro sentido la autonomía como mero provincialismo feudal, sería la causa de Rosas, es decir, el provincialismo de Buenos Aires, como expediente empleado para absorber a la ciudad de Buenos Aires, y con ella la suma del poder público de la Nación; y ahogar por ese poder absoluto y omnímodo, las libertades del pueblo de Buenos Aires. Rosas, sin emplear la palabra, ha sido el más absoluto autonomista que haya tenido la Provincia de Buenos Aires.

La verdadera causa de Buenos Aires, es la causa nacional, porque Buenos Aires es el emblema, el compendio, la sustancia y el alma de la Nación Argentina, en cuanto encierra los órganos más capitales de su organismo nacional, y el producto del suelo y del trabajo de todos los argentinos, recogido y elaborado por esos órganos, que sustentan la vida entera del cuerpo político de la Nación.

Nacionalizar a la ciudad de Buenos Aires, es salvarla de su ruina inevitable, por disensiones como la reciente. Pero apenas consienten en «federalizarla», los que se honran en titularse no «federales», sino «nacionalistas». Es darle un solo gobierno, en lugar de los dos que antes de ahora coexistían como beligerantes, para despedazarse todos los seis años, en las calles de la hermosa ciudad, con el propósito de absorberse uno a otro, por el fierro y la sangre.

Dejar en la ciudad un solo gobierno, es el solo medio de establecer la paz en ella, por el retiro de uno de los beligerantes natos. ¿Cuál debe quedar? El gobierno, naturalmente, a quien pertenecen todos los elementos de poder general que en la ciudad de Buenos existen concentrados, a saber: el centro del tráfico internacional, el mercado nacional, la aduana nacional, el crédito público o nacional, el tesoro nacional, formado por esos dos manantiales nacionales, es decir: el «impuesto» y el «empréstito», o lo que es igual, el «crédito», y su gaje que es la «aduana».

El gobierno único, exclusivo y directo de una ciudad esencialmente nacional, no puede ser otro que el gobierno de la Nación. Es en este sentido que Buenos Aires podría denominarse realmente nuestra «ciudad-nación»; lejos de que esto sea «matar a Buenos Aires», es revivir, «salvar a Buenos Aires».

III. La pretendida causa de Buenos Aires, y sus pretendidos defensores, en las cuestiones pasadas

Mitre ha entendido la causa de Buenos Aires, la ha defendido, y le ha probado su amor, como Rosas la entendió, la defendió y la amó; sosteniendo su integridad de «Provincia-metrópoli», o «Provincia-capital-argentina».

Con doble razón así la había entendido, defendido y amado el virrey de España, cuando esa integridad de «Provincia-capital», era el muelle real de la máquina del «poder extraordinario y omnímodo» que le daban las Leyes de Indias y la *Real Ordenanza de intendentes...*, como a gobernador de la Provincia de Buenos Aires, y virrey general de todas las demás del Virreinato.

Empuñar ese resorte era tener la máquina, y tener la máquina era gobernar y conducir la nave entera del «Virreinato entonces», de la «República» más tarde.

De estos tres tipos de gobierno de Buenos Aires, el del virrey dañaba menos al pueblo de los colonos o vasallos de España, que formaban la colonia argentina; porque si les absorbía el fruto de su tierra y trabajo les daba al menos la seguridad y la paz, manteniendo para el pueblo de todas las provincias y de la suya propia, un gobierno fuerte y central, capaz de darles paz.

No «así los gobernadores de la Provincia-metrópoli», no ya «virreyes», ni «jefes supremos de la Nación», como en tiempo de los «gobernadoresvirreyes».

Estos quitaban al pueblo de la «Provincia-capital» de su mando exclusivo, el fruto de su suelo y trabajo, para sostén y goce de su gobierno local, pero ese gobierno no daba al pueblo de la «Provincia-metrópoli» la defensa, paz y seguridad que le daba en su época el gobernador-virrey de Buenos Aires.

Ni dejaban siquiera que se forme un gobierno general argentino, capaz de dar al pueblo porteño de su mando provincial, la seguridad que el suyo no le daba ni podía darle.

Así, los indios salvajes de su frontera local inmediata, habitadores de tierras que no reconocían autoridad inmediata y directa, ejercían la que se daban ellos mismos, de devastar las propiedades privadas de sus campañas porteñas.

Lejos de hallar enemigos por eso, tenían sus aliados estimulantes en los partidos argentinos, suscitados por la absorción de la vida nacional, en el gobierno de la «Provincia-metrópoli».

Esa, y no otra, era la causa responsable de las devastaciones argentinas del sur que aprovechaban a Chile, sin que se pueda decir que las promoviese, solo porque no se encargaba de prevenirlas o reprimirlas.

La protección, defensa y seguridad, faltaban a la propiedad privada del pueblo porteño, rural y urbano, porque su gobierno provincial, ocupado en defender el orden local de cosas que ponía en sus manos el fruto del trabajo argentino, contra las provincias perjudicadas por ese orden de cosas que dejaba a su pueblo de ellos mismos, sin defensa, no debía desatender el bien de sus gobernados, olvidando el interés propio de los gobernantes.

¡Es ahí donde se debe buscar el principio histórico y racional de las campañas de los gobernantes metropolitanos, o de Buenos Aires, hechas en nombre de la civilización! contra las provincias culpables de haber negociado con la Europa primero que con ellos, los tratados fluviales, que abrían al mundo los puertos interiores.

Por su parte, Buenos Aires no fue más feliz que sus hermanas con las victorias de sus jefes, pues no ha tenido jamás peores enemigos, que los defensores de la integridad de la «Provincia-metrópoli», compuesta como lo estuvo, por las leyes coloniales, de dos cuerpos, dos cargos y dos mandos acumulados en un solo jefe, titulado «gobernador-virrey», antes de la Revolución, y después simplemente «gobernador de la Provincia de Buenos Aires», con jurisdicción exclusiva y residencia en la ciudad de Buenos Aires.

La política colonial de España no dio ese gobierno omnipotente y omnímodo a Buenos Aires, para enriquecer a los porteños con la riqueza de los otros pueblos argentinos, sino para enriquecer su propio fisco y real erario, con el producto del suelo y del trabajo de todos sus vasallos y colonos argentinos, incluso los «porteños», de cuyo producto gozaron después del rey, los empleados y agentes del rey.

Caducada la autoridad del rey y la de sus agentes, el goce de la renta pública benefició a los patrios funcionarios, que reemplazaron en el gobierno de la que fue «Provincia-metrópoli», al rey, al gobernador-virrey, y a la casta innumerable de sus funcionarios.

Estos son los que acaban de perder el goce del beneficio de la máquina realista, «Provincia-capital», que su división les ha quitado para darlo a su dueño, que es el pueblo productor y consumidor de él, como dueño soberano y único consumidor de lo que es suyo; el pueblo porteño como el argentino, que forman un solo pueblo.

IV. La autonomía de Buenos Aires a lo Rosas, causa de atraso para todos los argentinos

El *statu quo*, de lo que se llamaba antes de ahora «autonomía de Buenos Aires», acabaría por poner a la Patagonia en las manos de Chile y enseguida a Corrientes y Entre Ríos en manos del Brasil.

Manteniendo sin capital y sin puertos de mar a la República Argentina, en el interés de absorber el tráfico, el tesoro y el gobierno de toda ella, para el gobierno del puerto y de la ciudad autónomos de Buenos Aires, la independencia autonomista de esta Provincia, así entendida, mantenía a la Nación sin una marina, que no puede existir sin puertos de mar, todos los cuales están en la Patagonia y en las costas marítimas del sur de la República Argentina. Y como la Patagonia y las costas marítimas argentinas, son de la Nación, y no de la provincia de Buenos Aires, la política autonomista de esta Provincia, entendida en su partido impolítico y estrecho, era opuesta a que la Nación adquiera y posea las condiciones geográficas, sin las cuales no puede tener una marina para equilibrar el poder naval de Chile y del Brasil. Lo que ese autonomismo entendido de un modo tan suicida, quita a la Nación Argentina, se lo adjudica a Chile y al Brasil, sin pensarlo ni quererlo.

No basta comprar buques de guerra al extranjero, para tener una marina de guerra, cuando el país no tiene puertos de mar poblados para alojarlos, ni arsenales, ni diques para repararlos y conservarlos. Chile y el Brasil, con sus numerosos puertos marítimos poblados y habitados de ciudades provistas de todo lo necesario para la vida civilizada, no se hallaban en el caso de la República Argentina, de tener que vivir sin puertos de mar, sin capital política, es decir, sin gobierno nacional, para ser útil al interés local, que veía una pérdida en todo lo que era para la Nación una ventaja, respecto de esos grandes intereses argentinos.

«Nadie quiere la desmembración de la Nación», decía un diputado que quería la integridad de la provincia de Buenos Aires. Él no se apercibía de que las dos integridades son incompatibles, y que está por la desmembración o desintegración de la República el que defiende la integridad de la «Provincia-metrópoli» de Buenos Aires, tal como existió bajo el Virreinato y bajo Rosas.

La integridad de la Provincia-capital en esos términos es una herramienta de la máquina que caducó en mayo de 1810. Es el caudal de recursos de gobierno de toda la Nación, aumentado y concentrado, no en las manos del pueblo de Buenos Aires, antes pueblo de colonos, sino en manos del gobierno local de Buenos Aires, antes soberano, o representante del soberano de España y sus colonias.

La soberanía del pueblo, base del sistema republicano, fundado por la Revolución, dejará de existir, desde que quede en pie el mecanismo orgánico en que reposaba todo el edificio del gobierno monárquico de la colonia.

Los que representan y sirven la causa de la integridad provincial de Buenos Aires, no pueden dejar de tener la adhesión y simpatía del gobierno monarquista del Brasil, ya porque defienden un principio que pertenece a la forma de su gobierno imperial, ya porque le guardan un cimiento que puede servirle para la instalación de su gobierno monárquico en el Plata, si logra su vieja mira de conquistarlo o anexarlo a su Imperio.

No es extraño que los representantes conocidos de la alianza con el Brasil, sean partidarios de la integridad provincial de Buenos Aires, en la forma que recibió de España, para ser capital y base de la monarquía en las provincias del Plata.

V. La llamada autonomía de Buenos Aires, muy peligrosa como se entendió antes de ahora, puede ser combinada con los intereses de la Nación

Lo que se llama «autonomía de Buenos Aires», constituye el más grande peligro de traer al fin la desmembración de la Nación Argentina, si por esa autonomía toman sus partidarios como condición esencial, la integridad de la Provincia de Buenos Aires, formada con la ciudad nacional y argentina por excelencia, que es la ciudad de Buenos Aires. Basta comprenderlo y tomarlo de ese modo, para constituir a Buenos Aires en Provincia-nación, o mejor dicho; en otra República Argentina; considerada bajo cierto aspecto y dentro de ciertos límites.

Basta saber que todo el estado de cosas en que consiste y reside el peligro de desmembración de la Nación en dos naciones, todo el origen y fundamento del hecho de la coexistencia de dos gobiernos nacionales, está caracterizado, determinado y constituido en la historia reciente por lo que llaman la «autonomía de Buenos Aires», teniendo por condición esencial la integración de su Provincia con la «ciudad-nacional», o mejor dicho, con «la ciudad-nación argentina», como es la de Buenos Aires, porque encierra y comprende todos los elementos esenciales de poder y gobierno de la Nación entera.

Pero la autonomía de Buenos Aires en sí misma no es incompatible con la existencia de una Nación argentina, si se toma y comprende como la de cada una de las otras provincias argentinas; como la autonomía de Córdoba, como la autonomía de Santa Fe, como la autonomía de Entre Ríos, o la de Tucumán; es decir, como provincia semisoberana, semiindependiente del «Estado federal argentino» (fórmula del doctor Mariano Moreno de 1810), de cuya casi unidad forma una parte integrante.

¿Por qué ha de haber dos especies de autonomía, en una federación de miembros iguales ante la ley fundamental que la constituye? Para ser y continuar siendo autonomía la de la Provincia de Buenos Aires, no necesita estar integrada por la «ciudad-nación de Buenos Aires», desintegrando de este modo a la Nación Argentina, de que forma parte. La Provincia puede darse una «nueva Buenos Aires», una ciudad moderna y suya propia por capital, cuyos elementos de su exclusiva y peculiar creación y pertenencia, nadie le dispute, ni tenga pretexto de disputarle por razón alguna histórica o geográfica, o económica, como sucede hoy.

Este cambio, lejos de dañar a la Provincia de Buenos Aires, salvaría sus destinos, a la vez que los de la Nación, pues entonces se echaría decididamente en la dirección del sur, y los vastos países y las ricas costas marítimas, que a pesar de su lamentable abandono presente, son objeto de la codicia del extranjero, tomarían a Buenos Aires por campeón y centinela, y su poblamiento y enriquecimiento serían tan rápidos, como es hoy somnoliento y dudoso.

Todo lo que la Provincia de Buenos Aires posee actualmente de rico, grande y fecundo, continuará existiendo en su autonomía, y formando parte esencial de ella; son sus ricas y opulentas campañas rurales y agrícolas, su clima y temperamento el más europeo de toda la República, por decirlo así, quiero decir el más habitable para las inmigraciones de la Europa, sus costas y puertos y productos marítimos, su población relativamente mayor y sus grandes capitales.

Por lo demás, puede decirse que la autonomía de Buenos Aires acaba de nacer, la autonomía legítima, constitucional, se entiende, que es la compatible con la Nación y su causa.

Pero no empezará a ser una realidad sino cuando la Provincia se dé una capital propia y exclusiva, para residencia de su gobierno de provincia.

Si la autonomía de un país consiste en la administración de sí mismo, ese gobierno de sí mismo no es un hecho cuando su personal no proviene de su propia elección, no habita su propia capital, no se desenvuelve en sus propios medios y elementos de gobierno. Esto es lo que no sucede cuando el gobierno local que se pretende autónomo, reside en capital ajena, gobierna en cosas locales esencialmente, al favor de otro gobierno y con elementos de poder extraños, y reside sobre todo en ajena jurisdicción.

Tal es y será el caso de la moderna Buenos Aires, mientras no se dé una capital suya y propia para su exclusiva residencia y jurisdicción. Domiciliada en la capital de la Nación, será gobernada indirectamente por la autoridad nacional, hasta en cosas provinciales por esencia.

Sin que a ese inconveniente deje de agregarse el peligro latente de una recaída del mal crónico que ha padecido la Nación, de la coexistencia de dos poderes antagonistas y beligerantes, según la ocasión.

Tomando la Provincia de Buenos Aires la falsa posición que tenía la Nación Argentina en este punto, antes de la solución dada, no sería mejor que antes la condición general y común de las cosas.

Quedaría siempre el peligro de una reabertura del conflicto y del debate, al favor del descontento que dejan siempre las más justas, espontáneas y sinceras soluciones, al menos en minorías contrariadas en su egoísmo, en sus rutinas, en su vanidad.

Felizmente el remedio en este caso es menos costoso que en los pasados. La elección de una capital de provincia tiene menos exigencias que la de una capital de Nación, es decir, que la de una capital común y general de catorce provincias «Unidas» o consolidadas.

No teniendo que hospedar diplomáticos, ni ministros extranjeros, ni artistas, ni visitantes bulliciosos, ni gentes de renombre, ni ser teatro de una vida fastuosa, agitada, brillante, sus condiciones son menos difíciles de encontrar y obtener.

VI. Revolución del 11 de septiembre. Causa (llamada) de Buenos Aires, que era de ruina para Buenos Aires, económicamente entendida

Una prueba de que la Revolución del 11 de septiembre de 1852 restauró el orden político económico en que reposó el poder absoluto de Rosas, acumulando con la suma de la fortuna nacional de Buenos Aires, la suma de todo el poder argentino, es que en cada paso intentado para cambiar este estado de cosas en servicio de la libertad, de que es la negación, sus beneficiarios denunciaron la vuelta de los «unitarios», de la «unidad de Rivadavia», en el sentido que Rosas daba a esa «unidad», es decir como polo opuesto de su aislamiento federal o autónomo, que le daba a él la omnipotencia de los recursos, en que reside la omnipotencia del poder.

El horror a la «unidad» no es más que «rosismo, o provincialismo, o federalismo feudal».

¿Qué era eso de «federación» para Rosas? Eran quince gobiernos aparentes que se reducían a uno solo verdadero, el suyo, porque les tomaba todo su poder, tomándoles la suma de sus recursos económicos de poder y gobierno.

¿Qué quiere decir «unidad o nacionalidad» para nosotros? ¿En qué sentido la tomamos? Quiere decir, un solo gobierno, en lugar de «quince» gobiernos para la Nación; un solo presupuesto, un solo gasto, un solo tesoro, un solo crédito, una sola deuda pública, una sola contabilidad, un solo Estado argentino, y no «quince» Estados argentinos; una sola Nación, no «quince» naciones, una sola República Argentina, no «quince».

Multiplicar los gobiernos, es multiplicar los gastos, sin multiplicar las entradas, ni los recursos del país. Multiplicar los gastos públicos, es disminuir los recursos de los particulares, que costean esos gastos, es empobrecer y debilitar a todos los ciudadanos, para enriquecer y fortalecer a los gobernantes.

Es consumir en gobiernos y gobernantes el producto del suelo y del trabajo, acumulado por el pueblo argentino, con el propósito de consumirlo en su provecho propio; es consumirlo en provecho de sus gobernantes, o mejor dicho del gobierno omnímodo que absorbía a los demás, como en tiempo del rey.

Eso era cabalmente lo que sucedió bajo el sistema colonial con que España nos gobernó en el tiempo en que fuimos colonos de sus reyes. La máquina que sus hombres de Estado construyeron para producir ese resultado vivía todavía, tapada con papeles pintados, en que se leían los títulos de «Confederación Argentina», «República Argentina».

Todo cuanto producían nuestros pueblos como sus colonos que éramos, en cuanto a rédito de nuestro trabajo y suelo, era para consumo del gobierno y de los gobiernos del rey absoluto y omnímodo; nada para consumo y provecho de sus pueblos, compuestos de colonos hispanoamericanos.

El día que faltaron el rey, sus virreyes e intendentes, se produjo un estado de cosas, llamado «República Federal», o «Provincias Unidas» (como nuestros ex compatriotas de Holanda), en que pasó a manos de los nuevos gobernantes del país, multiplicados por el número de sus provincias, todo lo que antes iba a manos de los antiguos gobernantes españoles; y el pueblo, es decir los «vecinos», los ciudadanos, los extranjeros del Río de la Plata, siguieron produciendo rentas públicas fiscales y generales, no para provecho de ellos mismos, sino de sus gobernantes patrios, que habían reemplazado a los gobernantes españoles del rey, y como sucedía en tiempo del rey, sucedió en tiempo de la patria.

Quince gobiernos no podrían gastar y consumir menos que un rey solo, por absoluto y omnímodo que fuese.

¿Qué resultó de este estado de cosas que se llamó gobierno libre y patriota? Que no hubo función ni ocupación mejor y más provechosa que ser empleado público, es decir, que la ocupación de gobernar; que no hubo privilegio más deseado ni productivo de beneficios que el de gobernar. Cortejar al dispensador de esos beneficios, que era el soberano pueblo, fue todo el fin de ser patriota. Ser patriota, fue todo el arte de vivir. Conseguir su designación para el goce de un puesto y de un salario, por un voto del país, nuevo soberano, fue todo el arte del sistema en que se refundió la ciencia del nuevo régimen de ser patriota y libre.

¿Tenemos, sin embargo, políticos que se desviven en averiguar, por qué nuestro país, tan rico, no prospera como los Estados Unidos? A ninguno le ocurre advertir que nuestro país, lleno de movimiento aparente de progreso, sigue constituido como en su tiempo colonial, para hacer la dicha, la riqueza y el poder de sus gobernantes, en lugar de estarlo para enriquecer y mejorar la suerte del pueblo, como la Revolución de 1810 lo prometió.

Con catorce gobiernos de estado, compuesto cada uno de tres poderes, y con dos gobiernos más adicionales, de carácter nacional, coexistiendo en la Ciudad-virreinato, que habitó el virrey, con el poder absoluto y omnímodo del rey, no puede haber economía, ni riqueza, ni gobierno, ni libertad, ni paz, ni progreso.

Esta es la historia de lo sucedido en la República Argentina después que cayó el virrey en 1810, y después que cayó su restaurador, el dictador Rosas, en 1852, hasta 1880.

Esto es lo que la Revolución de Mayo prometió y empieza a cumplir recién.

Esto es lo que ya es tiempo de cumplir a los setenta años de la promesa que hizo la Revolución.

¿Por cuál operación? ¿Mediante cuál mecanismo? Por una reconstrucción de la máquina colonial en sentido y a efecto de que el pueblo tome y aplique a su provecho, como nuevo soberano del país, lo que el rey tomaba a sus colonos por la máquina de nuestro antiguo régimen que él hizo construir para ese propósito.

Pero en la política como en la mecánica, la fuerza es una y se produce por los mismos medios. La dirección en que obra, el sentido diverso de las aplicaciones, hace ser buena a la misma fuerza, que fue dañina en dirección opuesta. La capital de Buenos Aires, como fuerza y poder, está en ese caso. Aunque haya sido el motor principal del antiguo régimen, ese motor puede ser y ha sido el más eficaz para derrocar al mismo viejo régimen colonial, de que fue capital, y debió esa fuerza, no a su aislamiento y separación respecto de las provincias de lo que fue «Virreinato de Buenos Aires», sino a que obró en unión con ellas, en lo que se llama «República Argentina».

En «unión y libertad», decía el mote de sus armas simbólicas; y esa unión hablaba todavía en su escudo por las dos manos que, unidas, sostenían a la libertad.

VII. Constitución provincial de Buenos Aires. Revolución del 11 de septiembre de 1852. Continuación del párrafo anterior

Este fue el tenor y sentido del régimen que estableció la Constitución de 1853, sobre las ruinas del gobierno de Rosas, basado en la suma de todos los poderes y recursos del gobierno nacional, que él absorbía y retenía, como gobernador de la ciudad-nación, en que esos recursos se hallaban situados.

Pero una reacción, que es ley del mundo moral y político, como lo es del mundo físico, no tardó en paralizar el movimiento nacional y liberal, iniciado en Caseros.

La causa económica de Rosas fue restaurada, no por sus partidarios, sino por sus opositores locales, separados de sus opositores nacionales.

Esa división desgraciada de los liberales vencedores del dictador, en Caseros, fue representada y operada por la revolución reaccionaria del 11 de septiembre de 1852.

Esa revolución no está bien explicada ni comprendida todavía, y de ahí viene la serie de males inconscientes de que esa revolución reaccionaria ha sido origen y causa desde 1852, hasta el año presente 1880.

Hecha en nombre de Buenos Aires, a nadie ha dañado como a la misma Buenos Aires.

No de otro modo se explica la actitud nacional y liberal que asume hoy el partido autonomista de Buenos Aires, edificado y aleccionado por la experiencia de veinte años.

La Revolución del 11 de septiembre de 1852, hecha a los seis meses de derrocado Rosas, contra su vencedor, fue la restauración del «rosismo sin Rosas y sin mazorca»; pero lo fue completamente en el orden económico de cosas, que contiene el verdadero poder despótico, no en el «déspota», ni en el «color», ni en el «terror».

Buenos Aires tomó esa restauración como un triunfo de libertad; pero lo escaso que entonces eran los conocimientos económicos, no dejó ver a la parte sana de su pueblo, que los intereses restaurados cedían en beneficio del poder, no del pueblo mismo. Era la restauración del tesoro general en que venía envuelta «la suma del poder público argentino».

Devolviendo todo el poder económico y fiscal al gobierno de Buenos Aires, como estuvo bajo Rosas, no le quedó ninguno al pueblo de Buenos Aires. Armado de la suma del poder público argentino, el gobierno local, revolucionado contra el de la Nación, quedó libre, si se quiere, respecto de la autoridad nacional, pero los ciudadanos de Buenos Aires no quedaron más libres respecto de su propio gobierno, que lo habían estado bajo ese poder omnímodo y absoluto, cuando estuvo en manos de Rosas, poseedor de la suma de los recursos de todo el poder argentino.

VIII. Constitución colonial de nuestro país, que ha sobrevivido de hecho a la Independencia

La «Provincia-capital» o «Capital-provincia», con que gobernó Rosas como dictador omnipotente, fue constituida por las Leyes de Indias, que eran la constitución de la colonia monárquica y colonial. Por el derecho moderno que hizo caducar a las Leyes de Indias, la capital en la forma en que ellas la habían constituido, venía a ser inconstitucional y derogatoria del sistema republicano, porque concentraba todo el poder de las provincias en la provincia declarada capital y residencia del virrey omnímodo y omnipotente, como el monarca a quien representaba.

¿Podrá llamarse nuestro código —decía el doctor Moreno en 1810— el de esas Leyes de Indias, dictadas para neófitos, y en que se vende por favor de la piedad lo que sin ofensa de la naturaleza no puede negarse a ningún hombre? Un sistema de comercio fundado sobre la ruinosa base del monopolio, y en que la franqueza del giro y la comunicación de las naciones se reputa un crimen que debe pagarse con la vida: títulos enteros sobre precedencias, ceremonias y autorización de los jueces; pero en que ni se encuentra el orden de los juicios reducidos a las reglas invariables que deben fijar su forma, ni se explican aquellos primeros principios de razón, que son el fundamento eterno de todo hecho, y de que deben fluir las leyes por sí mismas, sin otras variaciones que las que las circunstancias físicas y morales han hecho necesarias.

Guárdese esta colección de preceptos para monumento de nuestra degradación; pero guardémonos de llamarlo en adelante nuestro código; y no caigamos en el error de creer que esos cuatro tomos contienen una constitución; sus reglas han sido tan buenas para conducir a los agentes de la Metrópoli, en la economía lucrativa de las factorías de América, como inútiles para regir un Estado. [...] No tenemos una Constitución, y sin ella es quimérica la felicidad que se nos promete (Principios de Derecho y garantías de la Constitución actual).

Toda la legislación de Indias se conserva viva y entera en la institución que ha sido su producto capital y fundamental en el Plata, a saber: la «Capital de Buenos Aires» como «Provincia-metrópoli» de todas las Provincias del Río de la Plata, compuesta de dos grandes partes: la ciudad más populosa, rica y tres veces fuerte, como garganta exclusiva del Río de la Plata, y sus caudalosos afluentes (Paraná, Paraguay y Uruguay); fuerte por la importancia de sus establecimientos, Puerto, Aduana, Crédito, Tesorería, foco administrativo de todo el Reino, Cuartel y Capitanía General de su poder militar naval y terrestre, por las dimensiones de su territorio provincial, «igual al territorio de Inglaterra», como dijo ahora poco el *Times*, en que la riqueza rural brota como el pasto de que vive, a vista de ojo; campaña sin ríos, sin lagos, sin manantiales, pero en la cual llueven vacas y carneros, puede bien decirse, por lo feraz.

Si el poder de una capital semejante no es dividido en más de un poder, la soberanía popular de la Nación, de que es cabeza, es una fábula, el cuento chistoso de una cabeza sin cuerpo, sin pies: cabeza impotente por su misma exuberancia y monstruosidad.

IX. La Buenos Aires del tiempo colonial

Toda la constitución colonial de este país, estaba hecha para hacer imposible el ejercicio de la soberanía de su pueblo; para evitar que en caso alguno pudiera el pueblo tomar en sus manos el gobierno de sí mismo.

La primera regla preventiva de esta «revolución», era no dejar entre sus manos un átomo de autoridad.

Y para tenerlo desarmado de todo poder público, el medio más obvio era no dejarle dinero ni riqueza en sus manos, porque la riqueza es el poder de los pobres.

Concentrar la riqueza o la renta, o el producto del suelo y del trabajo de todos los colonos, en Buenos Aires, era el gran y fundamental mecanismo orgánico de la colonia y de su gobierno metropolitano, para mejor predominar.

Para realizar esa concentración, el medio natural fue entregarlo o situarlo en una «Provincia-metrópoli» de las demás, y entregar el gobierno directo, inmediato y exclusivo de esa «Provincia-metrópoli», al representante inmediato del rey de España, es decir, el virrey.

Y para que este poder central o metropolitano fuese omnipotente y superior al de todo el país de su dependencia, no había otro medio que dar a la Provincia-capital de su residencia y mando inmediato y exclusivo, el peso, valor y dimensión del Reino o Virreinato todo entero.

La unidad e integridad de esta «Provincia-metrópoli» venía a ser la llave de todo el poder omnímodo y extraordinario del rey, sobre todos sus colonos o vasallos.

De ahí vino en la Constitución colonial del Plata, que la «Provinciametrópoli» de Buenos Aires fuese formada del territorio de la provincia propiamente dicha y de la ciudad de su nombre, capital común y general de todas las demás provincias del reino entero. Eran dos países en uno que respondían a los dos cargos que asumía el virrey, para constituir la omnipotencia de su poder extraordinario, el de gobernador de la Provincia propiamente dicha de Buenos Aires, y a la vez el de virrey y capitán general del conjunto de todas las provincias, en que el Virreinato estaba dividido para su gobierno o régimen monárquico.

Este modo de ser de la Provincia-capital o metrópoli, era el rasgo distinto y característico de su constitución monárquica y de su gobierno realista y absoluto.

La unidad indivisible de la capital, así constituida, era todo nuestro antiguo régimen colonial en sustancia.

Pero esa «Capital-metrópoli», esa «Provincia-capital», era la pieza principal de un cuerpo monárquico; la parte dominante de una monarquía. Como tal, esa capital era la negación de todo régimen republicano de gobierno. Era suficiente dejarla en pie para hacer imposible el establecimiento de la República, como sistema de gobierno.

Así, tan pronto como fue proclamada la soberanía del pueblo, como principio del nuevo gobierno, la primera función de esa soberanía, debió ser su intervención, en la «Provincia-monárquica», o «Capital-metrópoli», para establecer allí la forma republicana de gobierno, operando la división de la «Provincia-metrópoli» de Buenos Aires, en el sentido republicano y democrático, es decir, en la Provincia de Buenos Aires propiamente dicha, igual por su derecho a cualquiera otra de un lado, y del otro en la ciudad de Buenos Aires propiamente dicha, como capital del «Estado Argentino», formado por todas las provincias del Río de la Plata. Esta es la única intervención que no ha tenido lugar, sino setenta años después del 25 de mayo de 1810, en que fue proclamada la soberanía del pueblo argentino, como fundamento de su nuevo régimen de gobierno.

X. La moderna Buenos Aires. Nuevos destinos, nueva vida, nueva sociedad

Este cambio podría tener en los destinos sociales de Buenos Aires los efectos de un cambio de raza en su pueblo. El éxodo gradual de su población urbana a las campañas rurales y agrícolas, traería un cambio de vida y de condición de su sociedad, en el sentido más capaz de llevarla a grandes, nuevos y felices destinos, paralelos de los que Inglaterra y los pueblos teutónicos deben a la dispersión de sus poblaciones en las campañas. Al presente, ¿de qué vive Buenos Aires? ¿Qué constituye su riqueza y poder? El producto de su trabajo rural y pastoril, sus ganados, sus pieles, sus lanas, sus carnes, sus granos, sus grasas, sebos, etc. ¿Dónde está situado todo eso? En las campañas. Pero sus propietarios, lejos de habitar sus campañas y fomentar con su presencia el trabajo que los engrandece, huyen de ellas y habitan la ciudad de Buenos Aires, donde consumen lo que deben a los campos, en hacer vida «parisiense» y lujosa, o «vida madrileña», de trabajo improductivo, como es el trabajo oficial del empleado del Estado, o del empleado no oficial, como el del abogado, del médico, del literato.

El comercio, que es la gran industria de la ciudad de Buenos Aires, es desempeñado por los extranjeros, en que eclipsan a los nativos, por su inteligencia en esa industria privada, que les es familiar, desde los países extranjeros de su origen, y privativa en el de su establecimiento americano.

¿Qué hace de sus brazos y de su tiempo el hijo del hacendado, del comerciante o del industrial extranjero ennoblecido por la riqueza adquirida? Se da al estudio y cultivo de profesiones en que busca honores y medios de vivir. La noble profesión del foro produce escritos y alegatos judiciales, producto que no es riqueza que se puede cambiar por valores circulantes en el mercado. Menos puede exportarse para el extranjero en cambio de manufacturas. El abogado sin clientes, no obstante su talento y cultura, busca su vida en ocupaciones de la prensa, que su vez nada produce, sino debates políticos y obras literarias, que no tienen demanda ni mercado en el extranjero. No son riqueza nacional. El abogado-escritor se refugia entonces en la explotación de otro producto, que tampoco enriquece a las Repúblicas de América, por industrial que ella sea en sus miras y objetos: esas son las revoluciones de libertad, los cambios de gobernantes, las elecciones políticas, que dan empleos, salarios, honores, goces; las guerras y empresas de honor nacional.

Mucho se lamenta en Francia esa numerosa juventud que, llena de imaginación y de energía, en vez de aprovecharlas para trabajos positivos, se arroja cuerpo y alma en la vida del periodismo, del romance, del panfleto, y viviendo con el día presente, llega a no esperar su porvenir, sino de las turbulencias y agitaciones sociales. Grande es el mal sin duda, pero de ello no podría acusarse con justicia sino a nuestro vicioso sistema de educación. ¿Qué se ha enseñado a estos jóvenes en los colegios? ¿Han recibido allí algunas nociones de que puedan sacar provecho inmediato para las necesidades de la vida? ¿Se ha encaminado su espíritu hacia tal o cual orden de profesiones útiles? De ningún modo; mostrándoles continuamente los pretendidos modelos de la Grecia y de Roma, se ha agitado su imaginación y sus pasiones fuera del terreno de las realidades actuales, y la pluma es el solo instrumento que se les haya enseñado a manejar. Salidos de ahí, ¿qué pueden hacer sino soñar en sociedades, que ya no existen, o que no volverán a existir, y consagrar su pluma a sus sueños?[40]

---

40 Palabras de Billault, de 1836, muy alabadas por E. Renaudin, en el *Journal des Economistes*, de noviembre de 1880.

Se diría que el vicio allí lamentado pasó de Francia al Río de la Plata, donde la juventud no habla más del gran modelo americano, y no practica sino el mal modelo de la Europa revolucionaria.

Las familias se empobrecen en costear años enteros de estudios a sus hijos, ¿para qué? Para seguir gastando en mantener médicos y abogados sin clientes ni enfermos, menos numerosos que sus inútiles protectores.

¡No se comprende el objeto con que el Estado gasta una parte de su tesoro público en universidades, en colegios, en facultades de derecho, en cátedras de leyes y de ciencias políticas sociales, para que los graduados en esas materias, los primeros abogados y doctores vengan a tener por leaders y jefes de sus partidos políticos y conductores de sus obras de organización social y política, a meros aficionados de esas ciencias, o «tinterillos», que no han puesto el pie jamás en una universidad, colegio, ni escuela de derecho! Todas esas industrias son de una utilidad dudosa para enriquecer y agrandar a naciones jóvenes, cuyos ciudadanos necesitan emplear su trabajo y suelo en producir valores capaces de cambiarse por riquezas positivas, dentro o fuera del país. Esa es la dirección en que deben ser educados y ocupadas las nuevas generaciones de Suramérica.

¡Pero nada es más opuesto a ese camino que la estúpida pretensión de que en el Plata las campañas representan la barbarie, y las ciudades la civilización; las campañas que producen oro y plata, o lo que tal vale; las ciudades que nada producen que pueda cambiarse con el extranjero, por plata y oro!

XI. La nueva Buenos Aires. Continuación

Es verdad que estas son cosas que no basta querer hacer para saber y poder hacer. Infatuado y presumido por los favores de la fortuna y de la naturaleza, el pueblo suramericano hace recordar a esos niños ensimismados de que habla J. J. Rousseau en su *Emilio*: «que oyen tocar la caja, y se creen generales. Ven construir un edificio y se creen arquitectos».

Sin desconocer las grandes aptitudes naturales de nuestro pueblo, debemos reconocer que no es tan feliz en aptitudes aprendidas y adquiridas por una educación de siglos, en las cosas del gobierno libre y del espíritu de creación, que distingue a los americanos del Norte. Los vemos marchar al paso de los más adelantados pueblos de la tierra, y nos componemos el cabello, los cuellos, la voz, buscando con rostro satisfecho la señal de la administración del mundo por nuestros adelantos propios.

Como es más fácil copiar leyes escritas y libros sobre cosas de Estado, que copiar o hacer Estados, nos creemos autores de monumentos, porque sabemos traducir sus descripciones.

No tenemos hombres de Estado, en el sentido de constructores de pueblos y de edificios políticos. Tomamos a menudo por hombres de Estado, entre nosotros, a nuestros más fogosos y audaces demoledores. Nos damos por insultados si nos comparan a los chinos y a los japoneses, pero mandamos a las exposiciones universales de Europa, nuestras materias primas, mientras esos asiáticos que compadecemos, llenan de sus maravillas de arte los palacios de cristal, en que los ingleses y franceses mismos bajan la cabeza de admiración y envidia, ante sus obras inimitables.

La mejor prueba de que la ciudad de Buenos Aires absorbió hasta hoy la vitalidad entera de su provincia propia, es la preocupación que se ha producido entre sus habitantes, de que perdiendo la administración local y exclusiva de la ciudad de Buenos Aires, nada les quedaba en materia de gobierno autónomo o provincial.

El hecho es que nada les queda sino el gran pueblo de su provincia, su vasto territorio provincial, sus riquezas sin igual en ganaderías, y puertos y costas marítimas, que no tiene el resto de la Nación. ¡Con todos estos grandes elementos de creación de un gran país opulento, se consideran como despojados, porque les falta la ciudad, que mediante la construcción económica y política que le dio España, para la explotación de las provincias de su colonia del Plata, recibía de su campaña la opulencia que su campaña creía recibir de la ciudad de Buenos Aires! Los americanos del Norte, en el caso de los habitantes de la campaña de Buenos Aires, habrían usado su soberanía que les dejaba entera la separación administrativa de la capital de Buenos Aires, para convocar una Convención Constituyente, con la misión de reconstruir su provincia, su constitución provincial y su gobierno provincial, en armonía con sus nuevos destinos, que le impone el gran trabajo de reconstrucción que ha necesitado emprender y emprendido la Nación entera.

La falta temporal de una capital no dejaría a Buenos Aires, como Estado provincial, sin vida, sin poder, sin opulencia, como Nueva York ha conservado todos esos atributos, no obstante tener su capital en Albany, especie de Belgrano de aquella gran ciudad que tiene sus autoridades fuera de su recinto, y recibe sus leyes del exiguo pueblecito. La capital no es la vida de un cuerpo político, sino cuando ella encierra dentro de su recinto todos los elementos económicos del poder y fuerza gubernamental, como es el caso de la República Argentina, por la organización y contextura que recibió originariamente de España, para responder a su papel, que fue el dominar como metrópoli al Virreinato menos fuerte que ella. Buenos Aires no conserva todo el territorio que tuvo bajo el régimen, pero el que conserva es igual a toda la Inglaterra.

En ese inmenso suelo que le queda casi todo, desembarazándose del puerto cosmopolita, está proyectada su colosal riqueza y poder, los cuales descansan y residen en su industria rural, en su agricultura tan provista de elementos para su rápido desarrollo, en su población rural casi europea, es decir, civilizada; en sus costas y puertos marítimos, que las otras provincias no tienen, en sus canales interoceánicos y andinos, como Magallanes, Río Negro, Río Colorado, etc. Si todo eso no es base de opulencia, ¿por qué ser alarma cuando Chile habla de tomarlo? ¿Por qué Chile piensa que esa región bastaría para hacer su propia grandeza futura? Su moderna capital en la Ensenada sería un barrio de la vieja Buenos Aires, que le quedaría a una hora de distancia, pudiendo quedar ligado con ella por cuatro vías a la vez, a saber: el Río de la Plata, el ferrocarril, el canal, en que pensó Rivadavia, y un grande y vasto camino carretero; conductores que, lejos de excluirse, como empresas, esos cuatro formarían una alianza económica, capaz de suprimir hasta la idea de espacio y distancia, si se agrega el telégrafo eléctrico.

El puerto mismo de la Ensenada se volvería una ciudad improvisada, poblándose de miles de buques grandes que su bahía es capaz de contener, y de sus tripulaciones que vivirían literalmente con un pie en tierra y otro en agua. Los puertos de Londres y Liverpool, en que las filas de los buques forman calles con las casas, muestran cuanto movimiento y animación resulta de la unión del doble elemento naval y terrestre dentro de los mismos límites.

La misma Buenos Aires ignora todavía lo que es la Ensenada, como elemento de riqueza y de poblamiento rápido y grande, a causa de celos estrechos, que han mantenido oscuro lo que podía quitar al viejo puerto fluvial del Riachuelo su predominio increíble sobre el gran Río de la Plata, del que es puerto natural el de la Ensenada. La Ensenada es el grande y digno puerto del gran Río de la Plata, como el más exterior, el más vasto, el más profundo y más seguro. El Riachuelo ha desacreditado al Río de la Plata, como puerto, en la opinión del mundo marítimo y comercial.

La Ensenada no es puerto que esté por hacerse. Está ya hecho y acabado, con muelles espléndidos, en que el desembarco, la carga y la descarga, son instantáneas y baratas. Ahora es cuando se verifica lo que dijo Malespina hace un siglo al rey de España, que el puerto de la Ensenada era superior al de Montevideo.

Y como el mero desembarque cuesta hoy día tanto dinero como el flete de Europa a Buenos Aires, los precios de las mercaderías extranjeras que consume la población actual de Buenos Aires, bajarían de todo lo que representa la reducción del flete actual trasatlántico a su mitad. Sin grandes puertos no puede haber grandes mercados, grandes plazas comerciales. Esto es lo que han olvidado nuestros maestros de la escuela norteamericana, eclipsando al gran puerto de la Ensenada por el «portachuelo» del Riachuelo. Así, los nuevos «porteños» llevarían con más derecho el sobrenombre elegante de que son vanos, con razón, porque un puerto verdadero es un poder verdadero.

Lo que más me entusiasma en este gran cambio de regeneración argentina, no tanto es la grandeza que adquiere la Nación, tomando por capital a Buenos Aires, como la grandeza que adquiere por la Provincia de Buenos Aires, la región austral de toda la República, colocando su capital en el más grande y bello puerto suramericano del Atlántico, sin alejarse, por decirlo así, de su viejo asiento, pues queda ligado con él, formando como dos ciudades en una, por cuatro conductos, que son como cuatro puentes.

No tardará la nueva ciudad de Buenos Aires en igualar a la pasada en riqueza y prosperidad, porque será una capital habitada por capitalistas, es decir, por trabajadores productivos, en vez de componerse de empleados oficiales, es decir, de trabajadores improductivos, como los llama Adam

Smith; gentes honorables y útiles, si se quiere, pero que viven de salarios y del trabajo de los otros; que gastan y consumen en vez de producir; gentes que viven una vida de goces, de ostentación y de placeres, en que el aspirante y el intrigante político tienen el papel preferente sobre el trabajador y capitalista reproductivo, como es el comerciante, el fabricante, el agricultor, el industrial de todo género; el habitante favorito de Nueva York, por ejemplo, diferente del habitante de Madrid, capital que produce una riqueza de versos, de leyes escritas, de oradores y ministros, de doctores en derecho, teología y medicina, de artistas, de predicadores, de guerreros y publicistas, de héroes y celebridades, no de inventores, descubridores y empresarios útiles.

Como la nueva Buenos Aires será un cuerpo social que se hará a sí mismo y para sí mismo, es decir, para sus ciudadanos y habitantes, no para sus gobernantes, como España hizo a la vieja Buenos Aires, la nueva Buenos Aires, obra del *self government*, será en realidad y por esta razón moderna, la libre Buenos Aires. Hecha por sus ciudadanos y para ellos, que son el soberano moderno, la riqueza y grandeza fiscal, serán de interés subalterno y secundario; y los empleos y empleados públicos dejarán de ser objeto y estímulos de la vida política y social.

XII. Moderna Buenos Aires. Objeciones y resistencias a ella

Puede haber un baluarte de resistencia contra todos estos cambios de salud, más fuerte que todos los ejércitos, en la pereza de raza que tiene horror a toda idea de traslación y mudanza.

Nos llamamos sectarios, imitadores y repetidores de los Estados Unidos de América, pero es a condición de guardar nuestra indolencia y molicie orientales, que nuestros padres recibieron de los árabes. Conciliando las dos índoles, sajona y arábica, nos hemos decidido en copiar las leyes escritas de los americanos de origen sajón, guardándonos de copiar sus obras y los trabajos con que su genio activo ha convertido los desiertos de Norteamérica en ciudades opulentas y en enjambres de pueblos nuevos y florecientes. Nos contentamos con ser los *yankees* platónicos del Sur, como podrían serlo los japoneses, los chinos y los árabes mismos, copiando sus instituciones escritas, sus nombres, sus posturas y sus gestos.

Pero entonces probaríamos que no éramos ni siquiera copias de nuestros padres españoles, que sin embargo de la pereza de raza que les imputamos, supieron descubrir nuestro continente, conquistarlo, despoblarlo de bárbaros indígenas, y poblarlo de habitantes europeos, erigiendo en pueblos civilizados de que somos vanos, como si los hubiésemos hecho nosotros mismos.

Si la resurrección y transformación argentina es llevada a cabo en los términos que se han decretado, será esta la primera creación original de que la revolución de nuestra independencia habrá dotado a la América del Sur.

Ya hemos probado que somos capaces de convertir en ruinas las ciudades que España nos dejó en América. Probemos ahora que somos capaces de convertir en ciudades florecientes los desiertos argentinos, que arrebatamos a los activos conquistadores españoles.

Ocasión más bella no se presentó desde el descubrimiento de América de probar que somos capaces de crear y tener un mundo americano de nuestra hechura, nuevo, original y completamente la obra de nuestra civilización americana, como lo es de nuestros hermanos del Norte, el centro y el Oeste de los Estados Unidos de América.

Repitiendo el apotegma del pueblo que nos dio el ser, «no hay mal que por bien no venga», hagamos nuevas fortunas de los contratiempos que ocurran a nuestra vida y cosas del pasado.

XIII. La omnipotencia del Estado provincial de Buenos Aires indiviso, era la ausencia de la libertad en los usos políticos de su sociedad

La omnipotencia del Estado provincial de Buenos Aires era la ausencia y negación de la libertad, no solo en la «Provincia-metrópoli», sino en todas y cada una de las provincias argentinas, cuyos gobiernos locales eran delegados del Gobierno omnipotente de Buenos Aires, como se vio patente bajo Rosas, y se vio siempre desde 1810, bajo todos sus gobiernos.

Cada gobernador era omnipotente (caudillo), no solo porque gobernaba sin el control de un gobierno nacional que no existía más que de nombre, sino porque obraba como delegado y agente más o menos facultativo del gobernador omnipotente y omnímodo del «Estado en el Estado», o «Estado-

Nación», como lo era Buenos Aires, integrada por su provincia y la ciudad de su nombre, en que residía la suma de los recursos todos del poder nacional, concentrados en manos del «gobernador-virrey».

Eso es lo que debía dejar de suceder en servicio de todas las libertades argentinas el día que se dividiera la Provincia de Buenos Aires en dos cuerpos, a saber: la provincia propiamente dicha de un lado, y la ciudad-nación, o Buenos Aires, del otro, como ha sucedido.

La Provincia perderá el poder omnímodo y absoluto que ejercía en toda la Nación, desde que se divida y desprenda de la ciudad de Buenos Aires, que encierra en su municipio todos los elementos y recursos del poder nacional.

Tal es la razón porque no es lo mismo hacer capital de la República al «Estado entero» de Buenos Aires, que hacerla de la sola «ciudad» de Buenos Aires, separada de la provincia.

Los elementos del poder nacional están en la ciudad de Buenos Aires, no en la «Provincia» de Buenos Aires, v. gr.: «puerto, tráfico, mercado, aduana, crédito o Banco, tesoro nacional, formado de estos dos recursos últimos».

La «Ciudad» sin la «Provincia» no puede ser, ni constituirse, como Estado omnipotente.

No admite nuestra Constitución un estado que conste de una sola ciudad, por grande que sea la ciudad.

Pero sí admite que cada provincia sea un estado provincial de la Nación federativa.

En la ciudad, no en la campaña de Buenos Aires, está la omnipotencia de Buenos Aires, es decir, la suma total de los recursos del poder de la Nación.

La campaña no tiene para qué ser capital de la República. Tomando ese título y rango, no por ello la Nación reivindicaría sus poderes, que están, no en la campaña, sino en la ciudad de Buenos Aires.

Por el contrario, hacer de la ciudad de Buenos Aires la capital de la República, es el solo medio de poner en manos de la Nación o de su gobierno, los recursos de poder de que está privada y de que necesita para componer y completar el poder de su gobierno nacional.

La ciudad de Buenos Aires no faltaba a la Nación argentina, como «mero término geográfico», sino como adición complementaria del poder de su gobierno nacional.

La Nación argentina sin la ciudad de Buenos Aires, no era meramente una nación sin capital, sino una nación sin gobierno, o un gobierno sin poder.

Con un gobierno nacional eficaz, serio y fuerte, que estaba ausente, faltaban en toda la República Argentina la seguridad, la paz, la justicia, la libertad de la Nación (independencia) y la del individuo: beneficios del gobierno que no pueden existir donde el gobierno falta.

Y mientras ellos falten, el preámbulo de la Constitución será la mentira de un orden de cosas prometido al mundo, pero que en realidad no existe, ni en la Nación, ni en la provincia, ni en el partido, ni en el «club», ni en lo privado, ni en lo público, ni en la sociedad, ni en la prensa.

La palabra de orden dada por un déspota de conveniencia, sería la que gobierne, aunque no tenga autoridad pública.

XIV. De cómo los monopolios de la Provincia-metrópoli han retenido el desarrollo del sur de la República

Hace setenta años que esos países, esos ríos y esos puertos, están en nuestras manos, y sus destinos dependen de nosotros, hijos de América y patriotas como nos titulamos; no ya en manos de los españoles, como hasta 1810.

Y sin embargo, lejos de poblarse y dar un paso a la cultura, están más desiertos y abandonados que cuando estaban en poder de los españoles.

El puerto de la Ensenada ha sido construido o provisto de muelles y de un ferrocarril, que lo hace ser un puerto de la ciudad de Buenos Aires, por la iniciativa privada de algunos empresarios extranjeros; y la iniciativa o acción de nuestros gobiernos patrios lo tiene inhabilitado y suplantado por el puerto de un riachuelo, en que es un milagro entrar y salir cómodamente.

¡Si al menos ese Riachuelo estuviese canalizado! El Orne, río de Calvados, en Francia, es más chico que el Riachuelo de Buenos Aires, pero está canalizado y provisto de diques y muelles, lo que hace a la ciudad de Caen, cruzada por ese río, un puerto que contiene cómodamente más de doscientos buques grandes.

Casi todos los puertos de la Mancha, en Francia, son artificiales. Están construidos en la embocadura de pequeños ríos, que desaguan en ese canal marítimo.

Los grandes puertos no excluyen el valor y utilidad de los pequeños, en una misma costa. Así, el puerto de la Ensenada, con toda la opulencia de que es capaz, que un día llegará a tener, no quitará que el del riachuelo de la Boca, siga siendo para la ciudad de Buenos Aires, de la más grande y preciosa utilidad.

XV. Lo que gana la ciudad de Buenos Aires con separarse de la Provincia, para ser capital de la Nación

Nacionalizar a Buenos Aires, es nacionalizar su deuda, su crédito, extender la esfera de sus defensas y garantías, agrandar su poder, su figura, sus medios, su importancia en el mundo, bajo todos aspectos. Más bien que dar y ceder, como cree la ignorancia de los cortesanos de su localismo, es adquirir, ganar, conquistar en su beneficio particular los recursos de la Nación.

¿No se lo prueba la importancia que tiene y tuvo siempre en el mundo, no por su valor específico de rica provincia aislada, sino por ser parte integrante de la Nación Argentina? Quedando todo lo que parece ceder Buenos Aires a la Nación, donde hoy mismo está la presente organización, viene a reducirse a un gran cambio de *modus vivendi*, y nada más.

Lo que hasta aquí ha sido visto como de Buenos Aires, será visto en adelante como de la Nación Argentina, sin salir ni moverse de Buenos Aires. El propietario de Buenos Aires se hará más rico porque su casa valdrá más. El bienestar de su vida será mayor, con el aumento de vitalidad y de opulencia, que la ciudad de Buenos Aires adquiere, desde que se convierta en cabeza y corazón de un grande Estado nacional argentino. El «porteño» no dejará de gobernar a Buenos Aires, lo hará solamente conjuntamente con todos los argentinos. Y como el porteño es el argentino más adelantado, irá siempre a la cabeza de todos.

Nacionalizar a la ciudad de Buenos Aires, es no solamente salvar a la provincia, sino a todo el sur de la República Argentina. En este sentido, la gran novedad, el rasgo prominente del gran cambio en vía de ejecución, reside en los nuevos y grandes destinos que la Provincia de Buenos Aires va a desempeñar en el drama suramericano, tan pronto como se desembarace de la rémora de su vieja capital colonial, cuya posesión violenta absorbe y distrae su gran vitalidad en rumbo opuesto al que encierra su porvenir de opulencia incomparable. El nuevo rumbo será el Sur, donde esperan a la República Argentina sus destinos modernos, contenidos en los propósitos de la Revolución de su Independencia contra el sistema colonial español, que la llevó siempre hacia el Norte, buscando la riqueza en los metales preciosos, cuando en realidad está en su agricultura, en su trabajo rural, en la ganadería, en la pesca marítima, que ha de formar su marina mercante en el comercio exterior y atlántico. No son los ríos, en cuyas márgenes estamos poblados por un cálculo de la política colonial española, los que nos han de hacer país marítimo. Muy preciosos para el tráfico interior de un país, colonial o libre, no pueden suplir al mar, para lo que es crear un pueblo navegante. Ejemplo de ello la Alemania, cruzada de tan espléndidos y numerosos ríos.

Situados en medio de dos países marítimos, Chile y el Brasil, que son nuestros émulos naturales, nosotros los argentinos carecemos del todo de costas y puertos marítimos poblados, teniéndolos tan bellos y habitables, como Chile y el Brasil. ¿Cómo tener marina de guerra, sin tener puertos de mar? Elementos para formarlos tenemos de sobra en las mismas costas argentinas y atlánticas del sur; no son los guanos y todo lo que el suelo de la Patagonia contiene en riquezas, sino los medios de seguridad y de abrigo, que ofrece al mundo marítimo la multitud de nuestros puertos seguros, que esperan su poblamiento. En la pesca marítima, en que nuestras costas del sur contienen una California de riquezas. A la pesca marítima, como industria, deben los Estados Unidos y el Canadá, en América, y la Suecia y Noruega en Europa, una parte de su riqueza, así como su aptitud de pueblos navegantes.

Un medio simple de asegurar la Patagonia contra todos los planes de su conquista, es ocuparla nosotros mismos y poblarla, que es el medio incontrovertible y seguro de tomar posesión real de un territorio disputado.

¿Quién está en mejor condición que nosotros, para poblar lo que es cuando menos prolongación y continuación de nuestro más propio y más argentino suelo? Todo esto será el resultado y la condición de la reconstrucción territorial y política de Buenos Aires, la más grande y fecunda revolución de progreso porque haya pasado la República Argentina y la América del Sur, desde 1810.

Entonces solo podremos decir que imitamos de hecho el ejemplo de los Estados Unidos en energía y fecundidad. Hasta hoy hemos sido imitadores sedentarios y platónicos de sus instituciones escritas. Hemos copiado sus leyes, pero no las obras de su actividad viril y fecunda. Los dos tercios de sus ciudades actuales, son el producto de su brazo empleado en ello, todo el tiempo que el nuestro se ha ocupado en destruir hombres, riquezas y ciudades, «¡en nombre de la gloria!». En setenta años que somos dueños de nosotros mismos, no tenemos casi una ciudad que no sea obra de esos españoles, que criticamos de perezosos e inertes. Si nosotros americanos del Sur tenemos derecho de envanecernos de nuestros hermanos del Norte, ¿pueden ellos gloriarse de nuestra cooperación en la obra de la civilización del nuevo mundo? A muchos de nuestros hombres públicos, que decantan su admiración por la República modelo, hemos visto en el poder, y todas las copias que nos han dejado de los Estados Unidos de América, son sus constituciones, sus leyes, sus reglamentos escritos. Ninguno ha copiado la profusión de sus puertos, muelles, canales, caminos, ciudades nuevas, provincias, Estado moderno, planteados en su seno; su actividad y labor, su tolerancia, su reposo, su respeto a la paz y a las leyes, sus costumbres vivas de orden, la seguridad viva y palpitante que cubre a esos pueblos de los beneficios de su civilización.

XVI. Lo que ganará la ciudad de Buenos Aires con ser capital de la Nación

«Capitalizar a Buenos Aires, es matar a Buenos Aires», decía el doctor Tejedor en 1862. ¡Profundo error! Es salvar la vida y garantizar la opulencia de Buenos Aires. Es hacer de la Nación, la deuda de Buenos Aires. Pasar a la Nación su Banco de Provincia, sería cancelarle su deuda moneda, sin la erogación de un peso. Es pagarle sus dos deudas debidas a los ingleses, que le han prestado su dinero, considerando a Buenos Aires, no como un municipio, ni como una provincia, sino como a la República Argentina misma, personificada virtualmente en su capital histórica y natural. Es poner a cargo de la Nación el deber de mejorar la condición material de su Ciudad-capital, tan necesitada de ello hoy día, levantando el nivel de sus calles y plazas, y dándoles un pavimento que las haga practicables por vehículos elegantes, cómodos y dignos del «París de Suramérica».

Remediando a la angostura de sus calles por anchos «boulevards» y «avenidas» que atraviesen diagonalmente la ciudad, como está la de Nueva York, trabajados con capitales particulares atraídos de Europa, por garantías estimulantes, que no podría dar hoy el tesoro municipal de Buenos Aires, y que se harían desde que la República garantice el interés de esos capitales. Nacionalizado el Municipio de Buenos Aires se haría un Capitolio digno de su Parlamento; todos sus establecimientos públicos, una vez nacionalizados, serían atendidos con dotaciones y recursos, que apenas reciben hoy del tesoro provincial y municipal.

Buenos Aires no perdería el goce de los establecimientos cedidos a la Nación aparentemente. Todo lo que la ciudad entregara y cediera como el «activo» de un caudal de bienes y valores, sería la trasferencia real de un «pasivo» que la Nación haría suyo, en interés y beneficio común del país unido y consolidado en un solo cuerpo de Nación. Seguiría en realidad Buenos Aires poseyendo lo que parecía entregar y administrándolo en unión con la Nación y en primer rango, como más conocedora de su manejo y gobierno.

¿Qué se entiende, en qué consiste esa toma de posesión por la Nación de la ciudad de Buenos Aires? No es más que un simple *modus vivendi,* de lo que queda como estaba y donde estaba, con bases nuevas de progreso y de estabilidad.

Tomarle su crédito público, o la máquina de ese poder de levantar empréstitos, que es el «Banco» de emisión, dicho de la provincia, sería tomar a Buenos Aires todos los ramos de su deuda, que ha corrido hasta aquí a cargo de la provincia, tanto la exterior como todas las interiores, incluso la de papel moneda.

Poner el banco en ese pie, sería colocarlo en el camino de su transformación de Banco de Estado que es hoy, en banco de accionistas particulares, como son los bancos de Inglaterra y Francia; y despejado el papel de su emisión del carácter de moneda fiduciaria, de curso forzoso, el comercio, que es la providencia de nuestra prosperidad, tendría una moneda de valor intrínseco para instrumento y medida fija y exacta de sus cambios, como la tiene en Londres, París y Nueva York.

Regularizada y centralizada la administración general del país, conforme a los principios de gobierno regular, proclamados por la Revolución de 25 de mayo de 1810. La Nación tomará a su cargo el gasto del mejoramiento permanente de Buenos Aires, en su condición material, como empedrado, salubridad, embellecimiento, provisión de aguas, de luz, alimentos, de viabilidad, de seguridad, etc., etc.

XVII. Beneficios que deriva Buenos Aires de la consolidación de la República

Se han preguntado alguna vez los patriotas de Buenos Aires, ¿por qué Rosas aborrecía la unidad del gobierno argentino? Por la misma razón que tuvieron los monarcas españoles para temerla. La unión de los «colonos» les arrancó el cetro, y por eso la evitaron siempre por sistema, conforme al designio de las leyes coloniales, que mantenían aislados a los vasallos de su dependencia absoluta y omnímoda.

Colocado Rosas en el asiento de los virreyes absolutos y omnipotentes, mantuvo su poder despótico, por la división y separación en que mantuvo a todos los argentinos bajo la dependencia de su poder absoluto y omnímodo.

Evitó siempre toda unión política entre los argentinos, cuando no estuvo dirigida por él, y no sirvió para aumentar el poder del Gobierno de la Provincia-capital de su mando, que conservó indivisible, como en tiempo del rey. La «unión» que derrocó al virrey podía derrocar al sucesor del virrey en el poder omnímodo, que ejercía sobre todo el país desunido y dividido, en nombre del sistema federal, entendido al revés, es decir, como «desunión». Federarse, es unirse. Washington era llamado «unitario», y la «unidad» fue su arma de independencia y libertad. ¿Quién cuenta estas historias? Las dos manos unidas, y el mote de nuestros escudos de armas.

Rosas quería la separación autonómica o federal de su provincia respecto de las otras, y la unión indivisible de la de su mando, porque ese sistema, que era el del Virreinato español, le daba todo el poder público de las provincias desunidas, y de su misma provincia unida y unitaria, respecto de ella misma.

No era el pueblo de Buenos Aires quien tomaba todo ese poder, sino el gobierno absoluto y omnímodo de Buenos Aires.

Y siempre que se reproduzca ese orden de cosas, se ha de reproducir el poder absoluto y omnímodo de Buenos Aires, como su resultado natural y forzoso.

Solo la unidad del país argentino y de su gobierno, ha de devolver a los «porteños» y a los «argentinos» su libertad y su riqueza.

¿Cómo así? ¿Por qué medio? Porque la unidad del país y de su gobierno, es la distribución del poder y de la riqueza entre todos los argentinos por igual.

No hay unidad nacional cuando alguna provincia, o provincias del país, son desheredadas de esa participación en el ejercicio del poder y en el goce de la riqueza, que son de todos los argentinos por igual. Si todos concurren a formar el poder y la riqueza nacional, es justo que todos los posean y disfruten, «porteños» y «provinciales».

En este sentido a nadie aprovecha más la consolidación o unificación nacional del gobierno, que al pueblo de Buenos Aires, como a nadie perjudica esa unión, sino a la institución de su gobierno absoluto y omnímodo de índole «rosista», o mejor dicho «realista».

La omnipotencia del gobierno local y provincial de Buenos Aires, era la negación absoluta de la libertad y de la riqueza de los porteños, desde luego, y enseguida, de la riqueza y libertad de los argentinos. Esto no es paradoja.

Digan los porteños mismos ¿quién soportó más que ellos los horrores y afrentas de la dictadura Rosas? Habrá siempre peligro de que esa dictadura vuelva, mientras subsista la máquina orgánica, que la produjo. Esa máquina constaba de dos partes: 1.ª el aislamiento de Buenos Aires, respecto de las otras provincias en el gobierno de sus intereses y destinos comunes; 2.ª la indivisión y unidad absoluta de la Provincia de Buenos Aires, que hacía y hará de su gobernador una especie de Rosas, en recursos de poder, cuando no en crueldad, para el ejercicio de su omnipotencia, siempre que la máquina exista. De la omnipotencia a la crueldad no hay más que un paso, difícil de evitar.

Eso es lo que «autonomistas» liberales e inteligentes de Buenos Aires, comenzaron a ver, desde el tiempo de Alsina, hijo. Es de creer que todos los porteños patriotas y amantes de la provincia, acaben por ser de la misma opinión. Hay dos autonomías por la política de Buenos Aires: la de Rosas, que fue la del despotismo; la de Alsina, hijo, que fue la de libertad. Buenos Aires no tiene enemigos más desastrosos de su prosperidad, que los que ven su bien como lo vio el despotismo de Rosas; son tanto más temibles cuanto más sinceros en su error, para entender la autonomía de su provincia. Pensando enriquecer y fortalecer a Buenos Aires, con la absorción de las fuerzas económicas de gobierno, que la mala autonomía o separación rosista quitaba a la Nación, lo que hacen, es enriquecer y fortalecer a su gobierno provincial con un poder enorme, absoluto y despótico, en detrimento, no solo de la Nación, sino del pueblo mismo de Buenos Aires.

Enriqueciendo al gobierno, empobrecen al pueblo; fortaleciendo al poder que los gobierna, debilitan al ciudadano por este modo de entender y practicar la autonomía de Buenos Aires.

Propondré un solo ejemplo para demostrar la exactitud de esta afirmación.

Quitando a los argentinos el derecho a la libertad individual de abrir esas casas de comercio, que se llaman bancos de circulación y de emisión, para hacer de esa libertad un monopolio del gobierno de Buenos Aires, hacían estas dos cosas: 1.ª daban a este gobierno un poder sin límites, haciéndole poseedor exclusivo del derecho de levantar empréstitos interiores, por la emisión de su deuda en forma de papel moneda, de circulación forzosa. El empréstito es la mitad del Tesoro público, en que consiste el nervio principal del poder; 2.ª desarmaban al ciudadano del poder de atraer capitales de la Europa (para formar los suyos propios), con el estímulo de la libertad de aplicarlos al préstamo a interés, por la emisión libre de billetes, con que el banco triplica su capital y el número de sus préstamos.

Quitaban al ciudadano y al habitante de Buenos Aires el uso del capital barato, que es la palanca con que los americanos del Norte levantan sus fortunas colosales en un día, y los empobrece o impide enriquecerse de ese modo.

Dando por ese monopolio del crédito a la deuda que emitía el gobierno de la Provincia-metrópoli, el rol y valor de la moneda circulante, el papel moneda venía a ser estorbo del restablecimiento de una moneda metálica, con valor fijo y capacidad de servir, como medida de valor en los cambios comerciales y sociales.

La deuda a papel moneda, así emitido por el antiguo gobierno de Buenos Aires, enriqueciendo su tesoro, empobrecía a los particulares, forzados a cambiar sus bienes reales por ese papel que se deprime a medida que se emite. El tenedor de esa deuda, que es hoy rico de cien pesos en oro, mañana lo es solo de diez, equivalentes a los cien del papel de ayer.

Como el gobierno banquero es a la vez legislador y juez, y gira sus billetes contra la fortuna de todo el pueblo, por más que baje el valor de sus libranzas, nunca carece de dinero para hacer efectivo su poder omnímodo; ni el pueblo gana recursos para disminuir su pobreza y su obediencia omnímoda e ilimitada.

XVIII. Preocupaciones y sofismas políticos que conviene disipar en servicio de la paz

Los «cordobeses» pueden creer que su ciudad es apta para capital, por estar en el centro del país; razón geográfica es esta que no significa tener por ello la raíz y base del poder, que está en los recursos y fuerzas económicas de gobierno, como v.gr. el impuesto del tráfico y el crédito que lo tiene por gaje.

Los «santafesinos» pueden creer que si la capital argentina se establece en el «Rosario», han de quedar emancipados del predominio de Buenos Aires. Todo lo contrario tendría que suceder. Establecer la capital de la República en el «Rosario», sería poner a la provincia de Santa Fe, y a la Confederación toda entera, en el bolsillo de Buenos Aires, porque sería dejar en Buenos Aires radicados y arraigados todos los elementos de poder y de gobierno, que esta ciudad encierra, como eje del tráfico, como puerto y mercado centrales, como aduana, crédito público, tesoro, etc.

¿Ha sucedido otra cosa durante setenta años? Para que la capital en el Rosario contribuyese a sacar a la Confederación del predominio absoluto de Buenos Aires, sería necesaria la división absoluta y definitiva de la República, en dos naciones independientes entre sí.

Aun así, por largos años vivirían en guerras incesantes de restauración y de preponderancia.

Los «porteños» pueden creer que la absorción del poder y de la riqueza de todas las provincias, les da fuerzas y libertades.

Ellos no ven que la suma de la riqueza nacional acumulada en manos de su gobierno local, les da una máquina de opresión, de que ellos son la primera víctima, como lo demostró la Constitución, no escrita, del gobierno omnímodo de Rosas, repetición del gobierno omnímodo de los virreyes armados constitucionalmente de la suma del poder público, mediante la suma de los recursos argentinos acumulados en la residencia de su mando inmediato.

Las libertades de los porteños no tienen mayor enemigo que el partidario de la autonomía entendida como Rosas la entendió; es decir, como aislamiento respecto de la Nación; como integración de la provincia con la Ciudad-capital de su nombre, que es de todos los argentinos, porque todos tributan allí el producto de su trabajo y territorio nacional, y concurren al pago de la contribución, y al pago de la deuda pública, es decir, de la aduana y del crédito.

XIX. La nueva Buenos Aires será la corona austral de la República Argentina

El corolario de la Constitución de la Nación Argentina, comprende, no solamente el acabamiento y terminación del edificio de su Gobierno Nacional, sino el de la Nación misma, que, como su gobierno, está construida, por decirlo así, en su mitad septentrional. La mitad meridional de ella está como en blanco, desierta, apenas trazada y delineada en el suelo. Falta el pueblo que ha de habitarla. Es la «Patagonia argentina»; es decir, la costa marítima, los puertos atlánticos de las costas, ríos y canales argentinos del sur. Por hoy está sin puertos de mar el país que pretende tener marina. Esta será la moderna Nación Argentina, la hija y la obra de su nuevo régimen instalado en mayo de 1810, y reinstalado en 1881.

La que hoy existe es obra del antiguo régimen español, de la antigua colonización española, de la vieja política colonial de España, en Suramérica; de sus viejas y atrasadas ideas de civilización y riqueza, de dependencia, reclusión y monopolio. Una especie de vieja España.

Esta obra de la grande y moderna mitad restante, será de la iniciativa de Buenos Aires, por su posición geográfica, que le impone esa misión de verdadera regeneración argentina.

Solo entonces podrá cantar con justicia y verdad:

Se levanta a la faz de la tierra
Una nueva y gloriosa Nación

Gloriosa de «libertades», no de «laureles»; gloriosa de luces y progresos, no de trofeos militares y guerreros; gloriosa de riquezas, de bienestar y opulencia, como los Estados Unidos de América, no de sangrientos, vanos y estériles laureles.

La «nueva Nación actual» está constituida por una «vieja Nación patriota» y argentina.

Toda ella respira guerra, vana gloria, y militarismo infecundo y estéril: sus ciudades, sus monumentos, sus trabajos públicos, todo el país parece eternizarse repitiendo: «Sean eternos los laureles que supimos conquistar», «o juremos con gloria morir.» «Morir con gloria», este es el tema natural de la Nación, que vivió sin gloria por tres siglos, es decir, la vida colonial del esclavo.

Pero ya es tiempo de vivir, si no con gloria, ni tampoco con ignorancia, al menos la vida juiciosa, respetable, tranquila y feliz, que hacen los Estados Unidos de la América del Norte.

Entre «morir con gloria», y «vivir sin ignominia», está el partido natural de un pueblo civilizado.

¿Están las modernas ciudades del oeste en los Estados Unidos, «coronadas de laureles», ni cubiertas de trofeos y de nombres guerreros? ¿Son por eso inferiores a las nuestras que no tienen una calle, una plaza, que no recuerde una «victoria militar», el nombre de un héroe de cien batallas? La «Nueva Buenos Aires», que algún día tendrá que suceder a la presente, si se ha de salvar la integridad de la actual República Argentina, como nación propiamente dicha, no dará por cierto a sus calles y plazas los nombres que reasumen la guerra de la Revolución contra España, en los recuerdos de la historia. En lugar de nombres de combates, que recuerden la destrucción de la autoridad que descubrió, conquistó a la barbarie, pobló de raza europea y civilizada el suelo que transmitió a sus descendientes, felices poseedores actuales, otros nombres que recuerden virtudes cívicas, principios fecundos y salvadores de todo progreso, instituciones grandes, sanas y gloriosas por sus beneficios producidos; glorias y victorias universales de civilización, elementos e instrumentos de progreso y de engrandecimientos, aspiraciones nacionales, tendencias modernas a lo desconocido en los dominios del bien general.

En punto a nombres personales beneméritos de América, los de Colón, Magallanes, Solís, Mendoza, Garay, Copérnico, Galileo, Fulton, Stevenson, Watt, Franklin, Maury, Humboldt, Morse, Adam Smith, Grocio. Cada plaza, cada calle de la «moderna Buenos Aires», que ha de ser la «gran Capital del Sur», debe recordar esos nombres que representan los descubrimientos inmortales de geografía, de ciencias físicas, de fuerzas naturales, a que deben ambos mundos su transformación actual y moderna; y sobre todo a que debe América su aparición histórica a la faz del globo terráqueo, que habitamos los humanos.

Así, cada inmigrado que recibamos del mundo civilizado hallará en la futura tierra de sus hijos una gloria compatriota que le haga olvidar que es emigrado de la suya.

XX. Capital y Constitución para Buenos Aires

Se nos presenta la ocasión de ensayar en el Sur, un nuevo plan de imitación o repetición del gran modelo, sustituyendo la acción a la frase y a la declamación, el silencio estudioso y activo, al programa y al cartel vocinglero, practicar la libertad, en vez de cantarla, tenerle más respeto simple, que adoración y fanatismo de mera frase.

Este es el plan de progreso llamado a poner en obra la «nueva Buenos Aires» en su opulenta provincia que le quedará entera, con sus riquezas rurales, a que debía su inmenso valor, y en que está y estará además su inmenso poder.

El nuevo Buenos Aires, será nuevo sobre todo, en que será nuestro primer pueblo marítimo argentino, nuestro primer distrito atlántico, no como hasta aquí en las nuevas cartas geográficas, sino en puertos marítimos de primer orden, habitados por nuevos y verdaderos pueblos marítimos, coronados por el pabellón argentino. El Río de la Plata, es nuestro bonito nombre; pero mejor sería la «República de los mares del Sur», o el «Plata Austral», o la «Australia Argentina», capaz de ser envidia de la «Australia asiática», por estar a medio camino de la Europa civilizada, respecto de la antigua Nueva Holanda.

Para improvisar ese poblamiento argentino austral y marítimo, con la enseña de la moderna Buenos Aires, los elementos esperan, a la vez, la señal de sus gobiernos y ciudadanos inteligentes y patriotas, en el alto, grande y moderno sentido.

En breves días pueden tener entrada y colocación, si la moderna Buenos Aires fija en su atención esos avisos de salud y progreso.

Por lo demás, son dignos de tenerse presente los «efectos etnográficos del cambio reciente de geografía política interior argentina».

La población de la Provincia de Buenos Aires, con la ciudad de su nombre comprendida, era en 1880, de 858.045 habitantes.

Separada hoy la ciudad que entonces tenía 256.146 habitantes, queda la moderna Provincia de Buenos Aires poblada al presente de más de seiscientos mil habitantes (601.899), mucho más del doble de la población de la gran capital.

Con mayor población que tenía la República entera en 1824, cuando Inglaterra reconoció virtualmente su independencia, firmando su tratado perpetuo de amistad y de comercio. Sin más que con esa población hizo la guerra al Imperio del Brasil, y lo venció en Ituzaingó, en 1824.

Teniendo ahora más de seiscientos mil habitantes, la nueva Provincia de Buenos Aires representa, por el número de su población, más de una cuarta parte de la población total de la República Argentina, calculada hoy en dos millones y medio (2.500.000).

Queda, pues, la Provincia de Buenos Aires, separada de la ciudad de su nombre, tres veces más grande que la más grande provincia argentina.

Calcúlase que la población de la ciudad de Buenos Aires, está esparcida en un área de 1.620 hectáreas, o sea próximamente, seis millas cuadradas.

De 1580, en que se pobló con sesenta habitantes, ha crecido en tres siglos, hasta 256.146, que tiene hoy.

Este desarrollo se ha producido en la razón siguiente:

En el año 1801, tenía 40.000 habitantes.

En 1810, 45.000.

En 1852, 76.000.

En 1877, 215.000.

En 1880, 256.000.

La República entera empezó su vida independiente en 1824, con 500.000 habitantes.

Hoy tiene cinco veces esa población, es decir, dos millones y medio (2.500.000).

XXI. Capital de la Provincia de Buenos Aires

Los que se pretenden nuestros «*yankees* del Plata», se espantan ante la tarea de fundar «una nueva capital para la Provincia de Buenos Aires». Son *yankees* orales y literarios. Se contentan con copiar las instituciones de la América del Norte, por escrito, sin moverse del sillón en que viven, funcionando la vida del árabe, que educó al español. No son en actividad y laboriosidad, ni siquiera de esos «españoles» a quienes desprecian, pues las ciudades que ellos les dejaron, son las únicas que tienen hasta hoy sus sedentarios detractores.

Ellos olvidan que las dificultades inevitables con que lucha hoy la fundación y creación de una capital provincial para Buenos Aires, son las mismas con que hubieran tenido que haberlas el partido de Rivadavia en 1826, y el partido de Urquiza en 1853, cuando haciendo ambos de la ciudad de Buenos Aires la capital nacional argentina, dejaban a la Provincia de Buenos Aires propiamente dicha, en la necesidad de hacer de una de sus ciudades más considerables, en que abunda, su capital propia de provincia.

La dificultad de entonces reapareció hoy día, y se presentará mil veces hasta que la provincia se dé una capital propia, en lugar de la que fue del Virreinato y pertenece a la República, que ha sucedido al Virreinato.

¿Se dirá que son chicas, para capital de la gran provincia, sus ciudades de San Nicolás, Mercedes, Luján u otras? Tiene cada una diez mil habitantes más o menos. Valladolid, Burgos, Segovia, Madrid, tenían menos que esas, cuando Carlos V y Felipe II, las habitaron como capitales de sus «Estados, en que nunca se ponía el Sol».

Pena de la vida de la República Argentina si no se encuentran hombres que realicen lo que Rivadavia y Urquiza, sus más grandes patriotas, no lograron ver concluido.

Cien insucesos no deben desanimar a sus continuadores.

Esta ciudad de Buenos Aires, fue muchas veces fundada por los españoles, y otras tantas arrasadas por los salvajes de la tierra, hasta que sus fundadores civilizados acabaron por fundarla. Eso es lo que hacen las grandes razas. Eso es lo que han hecho lo sajones en la América del Norte.

Una raza está muerta y perdida cuando se asusta de empresas de creación y fundación, que cuestan menos que las empresas militares de devastación y despoblación, en que los salvajes son maestros.

Dar la espalda a las dificultades desde que salen de lo ordinario, es de pueblos poltrones y semicivilizados.

XXII. Nueva Constitución de Buenos Aires, según sus nuevos intereses

La Provincia de Buenos Aires debe darse una nueva Constitución adecuada a la nueva condición provincial, que le forma la separación de la ciudad de su nombre. La que hoy tiene respondía en mucha parte a necesidades de una Ciudad-metrópoli y centro principal de la cultura argentina. Era además difusa y complicada, hasta ser oscura en puntos capitales. Basta decir que tiene 231 artículos, mientras tiene apenas 15 la Constitución actual de la República francesa. Más bien que reforma de la existente, deberá ser nueva del todo por la forma al menos; corta, clara, simple. Por su fondo deberá ser emanación de la Constitución nacional, bajo cuyo imperio inmediato queda hoy la ciudad de Buenos Aires. Provincia rural y agrícola, con destino a ser país marítimo, para cambiar su riqueza prima con la de la Europa fabril, y recibir la inmigración de sus hombres y capitales, debe consagrar su primer cuidado la moderna Constitución, al desarrollo y fomento de las industrias, que ha de engrandecerla, tales como la ganadería, el pastoreo, la agricultura, la pesca, la marina. Siendo su condición actual la que tenían las provincias cuando se dieron su Constitución nacional, para poblarse y enriquecerse con brazos y capitales de fuera, la moderna Constitución de la Provincia de Buenos Aires, debe repetir y confirmar como derecho local suyo, todo el de la Constitución nacional, que se resume en el axioma admitido, de que «gobernar es poblar». Debe constituirse para poblarse y enriquecerse rápidamente. A este fin su gobierno debe recabar del de la Nación la abolición absoluta, por algunos años al menos, de todo derecho de aduana, en los nuevos puertos marítimos del sur, que trate de poblarse. Es así como España misma improvisó la creación de la ciudad de Lima, en el Pacífico, en el tiempo de su fundación colonial.

Bueno será que esos principios, aunque ya consagrados en Buenos Aires, se repitan en una ley, y en un momento que van a ser de gran expectación, con motivo de la reorganización de Buenos Aires, en el nuevo orden de cosas del Río de la Plata.

La Confederación Argentina, antes desconocida en Europa, arrebató sus simpatías por la generosidad de los principios que adoptó su Constitución. Que sepa hoy la Europa que lejos de persistir la Provincia de Buenos Aires en sus disidencias con la Confederación, forma hoy un solo pueblo argentino, unido y consolidado en su gobierno y destinos con ella.

La Constitución de Buenos Aires debe asimilar toda la doctrina de su derecho público, que tanto crédito y simpatías ha dado a la Confederación en el mundo entero, porque la unión con Buenos Aires añade a esas doctrinas el interés de su practicabilidad más probable, al favor de las ventajas geográficas de la provincia, que en esa línea quedó siempre la reina de las provincias del Río de la Plata.

En este libro de mera política sobre un cambio interior, esencialmente político, no ha creído el autor deber ocuparse de asuntos de economía rural, ni de otras cuestiones económicas, que interesan al desarrollo material de la moderna Buenos Aires. Esto vendría de suyo y poco a poco por la fuerza impulsiva de su inmenso interés, nuevo del todo, y fértil por lo mismo, para las conquistas del trabajo industrial de todo género, que no tardarán en dar principio.

Le quedará en todo evento el ancla de salud que se llama evolución, ley natural de desarrollo y progreso que gobierna a los gobernantes, y hace lo que ellos no han hecho en materia de progreso.

También añadiré, sin embargo, que merece el cuidado de su nueva Constitución, la consagración de los principios fundamentales de su legislación de tierras públicas y privadas. La tierra es el grande y soberano instrumento de poblamiento en países nuevos, y el monopolio usurario de su goce y dominio, constituye un pecado de lesa patria, que la ley debe castigar o prever con severidades enérgicas.

Hará parte de la formación de los nuevos poderes constitutivos del nuevo gobierno provincial, la designación de una nueva residencia, capaz de acelerar su estabilidad y desarrollo, por las condiciones económicas de su topografía, más todavía que por las de salubridad; es decir, la designación de una capital. En lo más bello de una zona templada y célebre por su salubridad proverbial, como es la región del sur de Buenos Aires, esta última condición debe subordinarse a la de un acceso fácil de las poblaciones, de toda procedencia, como hacían los puritanos que se fijaron en las costas fangosas de la Nueva Inglaterra, en la América del Norte.

En un clima sano y bueno por lo general, las condiciones de salubridad de las ciudades, son producto del arte; se hacen y forman artificialmente en todo tiempo, aun en países naturalmente malsanos. La primera de esas condiciones es su poblamiento grande y rápido, hecho a todo trance, como se toma una plaza por asalto; a ejemplo de lo que pasó en el valle de Chagres en Panamá, de que la civilización tomó posesión, mediante centenares de víctimas, que costó el ferrocarril interoceánico del Istmo.

XXIII. La reinstalación de la ciudad de Buenos Aires en Capital de la Nación, hecha en 1880, es la primera revolución efectiva contra el régimen realista de este país

La erección de la ciudad de Buenos Aires en capital definitiva de la República Argentina, operada a fines de 1880, es la primera revolución real y efectiva que se hace a la Constitución que tenía este país, cuando era colonia de España. Porque no se debe olvidar que la colonia tenía un Constitución a su modo; es decir, una ordenanza, un reglamento, una ley orgánica de régimen de gobierno interior, que se titulaba Ordenanza de intendentes..., antes de la Revolución, y cuyo régimen estuvo antes de eso organizado por las Leyes de Indias, y otras Reales órdenes, que formaban el derecho fundamental de la colonia.

Como colonias sujetas a obediencia omnímoda, ilimitada y absoluta, las de España no podían tener la organización de las colonias de Inglaterra, que fueron libres desde su origen, pues se gobernaban a sí mismas.

El Gobierno absoluto y omnímodo a que estaban sujetas las de España, requería una organización interior calculada para producirlo y mantenerlo, y es lo que España no descuidó de hacer. Digo a propósito «hacer», porque no se limitó a «escribir», como usamos nosotros, que en vez de constituir instituciones, es decir, máquinas y herramientas de gobierno, copiamos «por escrito», las leyes que organizan las de otros países libres.

Nuestra Revolución de Mayo contra España, suprimió los gobernantes realistas, pero dejó existir como estuvo la máquina del gobierno realista y absoluto que tuvo el país, siendo colonia servil de su monarca de entonces. Fue independiente de España, pero no de su gobierno propio, que siguió gobernando al pueblo argentino, en vez de ser gobernado por el pueblo, proclamado «libre», es decir, soberano, como se dijo.

La «soberanía» popular de la Nación existió de «nombre», como «idea», como «principio» de derecho; pero en el «hecho», quedó y siguió gober- nando la soberanía del gobierno patrio, que depuso al gobierno español, con el poder real y por causa de ese poder, que recibió de la Constitución o máquina orgánica del gobierno absoluto colonial, dejado en pie por los «libertos emancipados», que ignoraban el secreto y los resortes del gobierno, que hasta entonces los había gobernado automáticamente, y sin la menor intervención en la gestión de su poder.

Ellos no vieron que el resorte principal de su antiguo gobierno despótico, el muelle real de la máquina construida por la Ordenanza de intendentes..., constitución monárquica de la colonia de las provincias del Río de la Plata, estaba en la forma peculiar, dada a la «Provincia-metrópoli» de todas las demás, que era la de Buenos Aires. Para ser metrópoli efectiva de las otras, la Provincia de Buenos Aires debía ser doblemente más fuerte y poderosa que cada una de las otras, llamadas a obedecer sin réplica; y su poder metropolitano debía estar bajo la inmediata, directa y exclusiva jurisdicción del virrey, que tenía por residencia la ciudad de Buenos Aires, como gobernador de la provincia, y como virrey y capitán general de todas las demás.

Así fue constituida la «Provincia-metrópoli» (como la llamaba el texto de la Ordenanza de intendentes..., Constitución de la Colonia).

Fue formada de dos partes para tener doble poder, y fue objeto de dos mandos acumulados por el representante soberano del rey de España: el de «Gobernador de la Provincia de Buenos Aires», y el de «Virrey y Capitán General de todas las provincias», que formaban el Virreinato, Reino, o la Monarquía colonial de España en el Río de la Plata.

El virrey no era virrey de hecho, es decir, poder soberano del país, solo porque la ley le daba ese nombre, sino por el real y efectivo poder omnímodo e ilimitado, que derivaba de la «jurisdicción inmediata, local y exclusiva», sobre la «Provincia-metrópoli», en que la ciencia de los hombres de estado españoles, concentró todos los elementos y recursos económicos y financieros de poder y gobierno, que todo el país argentino contenía y producía para su gobierno absoluto, no para sí propio.

Es claro que todo sucesor del virrey, como jefe inmediato, exclusivo y directo de la «Provincia-metrópoli», así compuesta, debía tener el mismo poder realista, omnímodo y absoluto, que tenía el virrey, aunque no se llamase sino «gobernador de la Provincia de Buenos Aires», como sucedió cuando el gobernador Rosas fue el jefe absoluto y omnímodo de la «Provincia-metró poli», compuesta de dos partes, y como cuando tuvo a su cabeza un gobernador coronado, por llamar así al virrey, que nos gobernó en nombre del rey.

La ambigüedad del nombre de Buenos Aires era el cubilete que encerraba el misterio. Buenos Aires, significaba a la vez dos cosas: la «Provincia», igual a cualquiera de las «ocho» que formaban el «Virreinato», y significaba también la «ciudad», en que residía el jefe supremo de todo el «Virreinato».

Cuando la Revolución de Mayo separó virtualmente esos dos cargos, el Presidente o jefe supremo de la República debió tener por residencia la ciudad capital, que gobernó el virrey, como jefe supremo de la Colonia, transformada en República libre y soberana.

XXIV. La vida de Buenos Aires para el trabajo industrial, intelectual, no podrá ser la de París

La vida de Buenos Aires para sus nativos que se dan a «profesiones liberales», no puede ser imitación de la de París y Londres. Las letras, la ciencia, las bellas artes, los libros, la prensa, que en Buenos Aires a nadie enriquecen, y nada suministran al comercio, son cosas que en esos grandes centros de cultura y de producción intelectual, representan fortunas inmensas, por sus productos, que se exportan y cambian por riquezas extranjeras, a causa de su valor intrínseco y real, que es relativamente superior.

Esas grandes ciudades son, además, grandes talleres de productos industriales, de manufacturas especiales. Una de ellas es célebre por sus «artículos de París», como se llaman en la Europa misma, y en el mundo entero comercial.

Buenos Aires pierde su tiempo estérilmente, cuando en busca de riquezas toma esos caminos. El de su riqueza propia, que felizmente es inmensa, está en el trabajo y producción de sus campañas rurales y agrícolas. Contrayendo a ellas la mayor fuerza de su vitalidad, se hará un coloso en pocos años, de la altura y poder de los países más opulentos del mundo.

La deuda pública y el crédito privado hipotecario dejarían de ser la mercancía favorita y principal de su comercio aleatorio y azaroso, que es la consunción y ruina del comercio de productos y valores reales, nacidos del trabajo y de la tierra.

Construir casas para librar sus fortunas del naufragio continuo, de esa especie de producto, que solo por ironía puede llamarse moneda y riqueza, y vender enseguida esas casas en la forma de ese comercio, que se llama hipoteca, es empobrecerse por dos causas: la ausencia del trabajo, que es un manantial de la riqueza, y el recurso del ahorro, que es su otro manantial.

De todos esos achaques de la vieja Buenos Aires, sería un santo remedio la creación de la moderna Buenos Aires, hija legítima de la moderna civilización.

XXV

Gran tiempo es ya de corregir un vicio de lenguaje en que hemos incurrido hasta los mejores hijos y amigos de Buenos Aires, durante las pasadas disensiones, que tal vez no ha dejado de contribuir a exasperarlas y confundir sus causas. Hemos empleado el nombre de Buenos Aires, que puede equivocare con el del pueblo de Buenos Aires, cada vez que se hablaba de la absorción de los recursos y poderes de la Nación en su capital. El doctor don Julián Agüero, diputado por Buenos Aires en el Congreso Constituyente de 1825, dijo una vez: «Apresurémonos, los porteños naturalmente, a devolver a las Provincias lo que les pertenece, antes que vengan a pedírnoslo con las armas en las manos». Florencio Varela, el más noble publicista de Buenos Aires, que haya figurado en nuestros debates políticos, atribuía a cada instante a Buenos Aires, aquella absorción que era obra de su gobierno. Copiamos aquí su lenguaje empleado en el Comercio del Plata, escrito por él en Montevideo: «Solo Buenos Aires tiene interés (interés según el sistema antieconómico y estrecho que hasta ahora se ha seguido) en que buques extranjeros no suban el Paraná, porque mientras el término final de las expediciones de ultramar "sea la rada de Buenos Aires, ella sola hace todo el comercio de tránsito con las demás Provincias". Estas, por el contrario, tienen el más alto interés mercantil, económico y político en hacer el comercio directo con el extranjero; en no "pagar a Buenos Aires" los derechos y gastos del comercio de tránsito; en participar de las rentas de las aduanas, y en no permanecer en impotente dependencia de la voluntad del gobierno de Buenos Aires.

«"Haber desconocido Buenos Aires" esos intereses y esos sentimientos, ha sido en todos tiempos una de las primeras causas de la desavenencia y rompimiento de parte de las Provincias... Rosas, que se proclamaba el fundador de la Confederación Argentina es, "entre todos los gobiernos de Buenos Aires" —Varela no decía el único—, el que más tirantez y obstinación ha mostrado en negar a las Provincias confederadas, que ocupan las márgenes del Paraná, toda participación en las ventajas que "Buenos Aires deriva del comercio directo con el extranjero...".

«Para nosotros "no es esta una cuestión transitoria" o del momento; "es la cuestión de la política comercial permanente", que conviene adoptar a las provincias argentinas, para que su UNIÓN sea realmente indispensable, y su prosperidad tenga bases fijas en que reposar. "Trabajamos por el triunfo de un principio permanente", por el triunfo de la libertad, de la navegación y del comercio en las provincias argentinas, por el establecimiento de un sistema "contrario enteramente", en este punto, al que "había seguido el gobierno colonial, y al que continuaron después de él todos los gobiernos patrios desde 1810". De ese sistema, continuado por tantos años, por tantos gobiernos, por tan diversas circunstancias, no han recogido, hasta ahora, las provincias argentinas, sino imperfección en su industria, atraso en su comercio, escasez en su población, pobreza en todas las clases, enemistades y celos recíprocos entre las provincias, guerra civil interminable y sangrienta.

«¿Hay en esto una palabra que no sea cierta, que sea exagerada siquiera? No: ahí está, para dolor y vergüenza de los pueblos que abrieron la época de la Independencia de Suramérica, los anales políticos, comerciales, industriales, civiles y administrativos de esos pueblos... Su larga duración de treinta y siete años, muestra bien que no dependen de vicios accidentales o pasajeros; que "hay una causa fundamental, permanente, independiente de los varios sistemas de organización política, ensayados en esos países, y más poderosa que esos sistemas". Esa causa no es otra que el régimen estúpido del aislamiento y de las restricciones comerciales en las Provincias argentinas; tiempo es, pues, de ensayar otro nuevo...»[41]

Con la misma inadvertencia hemos incurrido en la incorrección de ese lenguaje los que hemos escrito después del más clásico de nuestros escritores argentinos, y con menos excusa que Varela, pues él hacía responsable al pueblo de Buenos Aires, bajo el gobierno de Rosas, en que menos se perteneció a sí mismo, al paso que sus imitadores lo hacíamos cuando Buenos Aires se decía o estaba libre de Rosas, y de sus gobiernos ulteriores.

---

41 *Comercio del Plata*, 1.º de enero de 1846, y de 6 de octubre de 1847; periódico publicado en Montevideo por don Florencio Varela, de Buenos Aires.

XXVI. Sofismas de forma y de falta de oportunidad

Sofismas de oportunidad y de forma, son los que emplean de vergüenza los opositores de esta grande y noble solución, que la aceptarían corriendo, si les tocase la gloria de ser ellos los ejecutores y beneficiarios de su honor.

La idea es buena en sí misma, dicen ellos, pero la forma y el momento son malos.

Los poderes y partidos políticos son como todos los vivientes en el amor a la vida. Ninguno quiere desaparecer, en ninguna forma, en ningún momento.

Si se pregunta a un «carnero» en qué forma quiere ser comido, si asado o cocido, si guisado con trufas o con hongos, su respuesta natural será, en ninguna forma, ni «asado», ni «cocido», ni «frito».

Como los poderes políticos no tienen la ingenuidad del «carnero», nunca dicen que no quieren ser suprimidos; dicen que no es la supresión la que rechazan, sino la forma, la manera, el momento de la supresión. Es el mejor camino para eludirla totalmente.

Cuando fue suprimido el poder realista español en Buenos Aires, sus partidarios no discutieron la justicia de la medida. Objetaron su forma, su oportunidad, que hallaron intempestiva y desleal, porque destituíamos al soberano, que nos había dado la existencia, en el momento y situación que lo hacían más respetable; cuando estaba prisionero de Napoleón I, lo cual no era glorioso para nosotros.

Cuando fue destruido el gobierno dictatorial de Rosas, sus partidarios, sin discutir, ni negar la justicia de su caída, objetaron la competencia de su vencedor, antiguo general suyo, y su alianza con el emperador del Brasil, enemigo de raza y principios de gobierno de la República hispanoargentina.

El general Mitre, fue uno de los primeros en reírse de la futilidad de esta objeción. Hoy, sin embargo, la repite contra el cambio, que ha quitado a su partido el puesto, que Rosas perdió a manos del libertador Urquiza.

«Sofisma de la forma». «No es morir lo que yo siento, dice el *statu quo*, sino el modo, la forma, la manera de morir». ¡Sofisma! No es la forma, es el fondo de la cosa, lo sentido.

Criticad como queráis las formas empleadas para demoler y reemplazar el antiguo orden de cosas. Suponed que se hayan empleado las formas más violentas y reprensibles, ¿creéis que sería un remedio de ello el volver a poner las cosas como estaban? ¿Creéis que el régimen de la coexistencia de los dos poderes, provincial y nacional, en la ciudad de Buenos Aires, sería un medio juicioso y sensato de restituir las cosas al mejor orden posible? No sería sino el medio de volverlas al camino sempiterno de la destrucción y del desorden.

Consiento en caducar, decís, con tal que me dejéis elegir la forma o modo de caducar. ¿Cuál forma preferís? Es bien sabido: aquella en que podáis caducar quedando vivo y pudiente.

Luego no es la forma de vuestro fin lo que desecháis, sino el fin mismo, en sustancia.

XXVII. Pretextos de oposición y reacción

¿Qué pretextos, qué motivos elegiría la reacción para atacar y conmover el nuevo orden de cosas? ¿Que no marcha demasiado vivo? ¿Que el Gobierno no produce, ni hace nacer nuevos establecimientos, nuevas empresas, nuevos trabajos, nuevas obras públicas? Preguntad a la ciencia de políticos como Herbert Spencer, si los gobiernos son hechos para eso; si están dotados del poder necesario de avanzar a la naturaleza, en la marcha gradual, lenta, natural de crear.

Si porque los gobiernos dejan de decretarlos, ¿los progresos dejarán de producirse? ¿Si las fortunas de los particulares, en que la riqueza nacional consiste, les han sido formadas por el gobierno, o las deben a su propio trabajo y labor? Las instituciones, como las leyes y los árboles, tienen su período de crecimiento y de fructificación. No crecen en el día en que se plantan o siembran; ni florecen ni fructifican sin larga espera.

Es raro que el que planta una institución útil, recoja los frutos. Urquiza plantó todo lo bueno que el país tiene después de la caída de Rosas; sus beneficios han sido recogidos por sus enemigos, autores de su ruina. Pero hasta para arruinarlo necesitaron de la ayuda del tiempo.

XXVIII. Buenos Aires austral, y la inmigración del norte de Europa. Garantías de progreso futuro

A cada instante repetimos, que lo que más conviene a nuestro país es la inmigración del norte de la Europa. Esa inmigración es el orden, la industria, la paz, la civilización política.

Pero no todos nuestros países convienen a esa inmigración que obedece en sus destinos a dos atracciones: 1.ª la libertad y la seguridad; 2.ª el clima templado y vigorizante, es decir, europeo.

No son los países suramericanos, que han sido colonias de España, los que más abundan en ellos.

Y si los tienen, los tienen de reserva, por vía de lujo, para tenerlos platónicamente, sin poseerlos ni habitarlos; es decir, sin seguridad ni libertad. Las Pampas y Patagonia, v.gr., por no decir todo el sur de la República Argentina, al otro de los 40 grados.

De esto es lo que la moderna Buenos Aires está llamada a ser centro de impulsión, de desarrollo y conquista, a toda costa y a gran prisa.

El Sol tropical, bajo cuyo imperio vivimos los actuales argentinos, aun los de Buenos Aires, repele a los inmigrantes y pobladores de la Europa del norte, que prefieren, con razón, el Canadá y los Estados Unidos, donde encuentran la nieve que han visto al nacer, y cuya presencia, según los alemanes, representa la civilización.

Aunque meridionales, como ninguno de los pueblos de la América del Sur, no es otra nuestra altura astronómica, que la de Argelia, Túnez y Marruecos, en el África Septentrional. No somos más africanos que el Brasil, por el clima, pero somos africanos como lo más bello del África, que sin embargo vive sin poblarse, a un paso de la Europa.

Este hecho geográfico es visible para el europeo del norte, por la simple inspección de los mapas, pero los viajeros le añaden su sanción. Uno de los más populares y conocidos visitantes del nuevo mundo, el vizconde de Chateaubriand, afirma en uno de sus libros, que en el verano de Buenos Aires, a las doce del día, sus calles están ocupadas por hombres que duermen la siesta, esperando que pasen las horas del calor abrasador. Aunque este hecho de otro tiempo no se confirma hoy día, todos hallarán verosímil que suceda en Buenos Aires lo que pasa en Madrid, Roma, Nápoles y otras capitales de la Europa meridional, casi inhabitables en verano para los hombres de la Europa del norte.

Los mismos pueblos actuales de la República Argentina ganarían un valor inmenso quedando en conexión y contacto con los que se formasen en las regiones frías de sus tierras australes, para la salud, para los goces, para el bienestar material de sus habitantes.

En Europa afluye al norte la población acomodada de Italia, Francia, España, Portugal, cuando los calores del verano la hacen inhabitable o incómoda, y ese refugio forma un encanto de la vida de esos países.

Pero ¿a dónde irán los argentinos y los habitantes de Buenos Aires y Montevideo, que quieran escapar de los rigores del calor tórrido, durante el verano? Si estas consideraciones no fuesen de un gran valor práctico, no serían preferibles para los inmigrantes de la Europa del norte, las ciudades de Norteamérica, iguales en clima a las de la Europa septentrional, a las mismas del sur, de aquel continente, y las meridionales de este continente mismo.

Le bastaría a la moderna Buenos Aires tomar el Sur como punto de gravitación de su futuro desarrollo, para que sus destinos cobrasen desde ahora, un valor inmenso y positivo.

XXIX. Garantías de progreso del nuevo orden de cosas

Toda la política de mis *Bases...*, según la cual está concebida la Constitución que propuse desde Chile a mi país, después de la caída de Rosas, estaba reducida a la máxima siguiente: en la América del Sur, «gobernar es poblar», porque poblar es educar, enriquecer, civilizar, con inmigraciones procedentes de la Europa más próspera y más civilizada.

Haced para ello leyes, gobiernos y política adecuados, con el objeto de atraer a esa Europa civilizada. Llamad sus pobladores y capitales, industrias y empresas para que instalen y progresen, desde el día de su establecimiento.

¿Pero cuál es la condición subentendida e indispensable para conseguir esa doble atracción de hombres y de capitales? Es la «seguridad» de la vida, de la persona, de la propiedad, de la libertad individual, para esos inmigrados. La «seguridad», es la que ha poblado y engrandecido a los Estados

Unidos. En la raza de su origen, «seguridad» significa «libertad». Montesquieu lo notó hace más de un siglo.

Y bien, ¿cuál es la base y garantía de esa seguridad? O mejor dicho, ¿cuál es la garantía de esa garantía creadora y fecunda, que es el imán que atrae en las colonias inglesas a las poblaciones y capitales excedentes de la Europa civilizada? Esa garantía vital, no es otra que el establecimiento de un gobierno serio, estable, eficaz.

Pero la negación más completa de la institución de ese gobierno, es la existencia de dos gobiernos, que siendo nacionales ambos, y aspirantes natos a la misma cosa —la presidencia— son forzosamente rivales y beligerantes, de seis en seis años, cada vez que la elección los pone en armas.

Tal sistema es la inseguridad, la guerra, la dilapidación, convertidos en régimen constitucional del país infeliz, que espera engrandecerse por el camino que le lleva cabalmente a la ruina.

Es prueba de la vitalidad incomparable del país así desordenado, cuando no ha muerto en setenta años, a manos de vecinos más juiciosos que necesitan de su suelo, para hacerse viables ellos mismos. Antípoda Chile de la Europa civilizada, que puebla el nuevo mundo atlántico; y tórrido el Brasil que, aunque cercano de esa Europa, repele a sus poblaciones, como las repele África misma, que está más cercana de ella que el Brasil.

El ejército permanente, el aliado invencible de esos dos vecinos antagonistas naturales del codiciado territorio argentino, es el régimen constitucional, que este mismo territorio mantiene, ya que no por designio, para retroceder a medida que progresa, por resultado de ese efecto de su organismo.

XXX. Una situación crítica demanda una política extraordinaria

La nueva nación, su moderna planta, exigirían prensa nueva, escritores nuevos, estudios nuevos, nuevos trabajos, que los de los últimos veinte años tan agitados.

Ha llegado el tiempo de vivir de la paz, no de las armas.

Toda prensa no conviene para un momento de crisis. En la política como en la medicina, toda crisis tiene por causa un cambio. El más capaz de producir una crisis política, es un cambio de sistema de gobierno, de la magnitud de la que cruzamos, puesto que es asimilado a las revoluciones de Mayo y de Caseros. Las crisis necesarias que ellas determinan, duran tanto como la reorganización del nuevo régimen, o mejor dicho, del nuevo sistema de gobierno. Su elaboración requiere cuidados y miramientos, sin los cuales no puede llevarse a cabo trabajo alguno de reorganización.

La prensa es un poder y cuando es libre, es un poder que se gobierna a sí mismo. Pero en su calidad de gobierno, es un poder limitado, como todo gobierno libre. ¿Se concibe que el gobierno del Estado tenga la ley por freno, y que la prensa de un individuo sea un poder sin límites y omnipotente? ¿Todavía no ha pasado el dogma de la omnipotencia del Estado como principio de gobierno, y ya tendríamos entronizada omnipotencia del escritor particular? La justicia es igual para todos los derechos. Las violencias del gobierno, son un derecho condigno de las violencias de la prensa.

La prensa es un arma. En las crisis no rige el derecho natural de llevar armas. En la crisis de París de 1870, se dejó armados de 800 cañones a los voluntarios que habían servido contra los alemanes; con ellos intentaron desconocer la autoridad del gobierno republicano, que estaba ocupado de su reconstitución, y este empleó su fuerza y su derecho para someterlos al orden legal.

XXXI. Prensa que conviene al nuevo orden de cosas

La prensa debe tomar formas adecuadas a las necesidades del moderno orden nacional de cosas. No las tiene hoy. Debe su educación al estado permanente de guerra en que ha vivido nuestro país, dividido en dos países antagonistas y rivales. En Buenos Aires, ha vivido como derecho natural el de vejar a las provincias y a los provincianos; en las provincias a los «porteños». En cada región rival del país ha vivido la libertad de imprenta, solo en beneficio del poder o partido dominante. Todo mal tratamiento fue legítimo para con el antagonista. Había una prensa libre para uso de los de casa, otra para los de fuera, es decir, para los hospedados. El «huésped», que olvidaba sus deberes de forastero, quedaba por el hecho fuera de la ley. La violencia, la destemplanza, la procacidad más extrema de lenguaje, ha sido un hábito de la prensa de combate y de guerra, por educación y sistema, de lo cual ella misma era como inconsciente.

Con tal prensa no era posible tener paz, sociedad, ni gobierno. Se distinguía por la ignorancia más supina de la libertad, que es toda ella respeto, moderación, tolerancia del hombre al hombre, y con doble razón del hombre a la sociedad. ¡Se ha hecho de la prensa una especie de ídolo sagrado, una cosa intocable, santa, divina, indiscutible, inviolable, infalible, inmaculada; superior a la paz, superior a la vida, superior a la ley! ¿Y para qué todo eso? Para emplearla como el petróleo, en destruir al adversario, desde que nos conviene; para quemarlo como profano y sacrílego, cuando conviene a nuestro adversario.

Mero fanatismo, barbarie y atraso, todo eso es burla idiota de la libertad. La prensa es como la pólvora, como el arsénico, como la dinamita, una fuerza, cuyo empleo, bueno o malo, decide su moralidad. Puede ser instrumento de crimen como de justicia criminal, según la mano que la emplea y el empleo que de ella hace esa mano. Convertida en cólera morbus, en tifus, en vómito negro, contra la vida del orden público, puede ser suprimida como uno de esos flagelos por enérgicas y prontas medidas de salubridad pública, cuando su estrago inminente justifica ese extremo.

La prensa no es el único de los bienes en el orden social. Antes de ella son la vida, la seguridad, la paz, la propiedad, la ley. Su eclipse momentáneo puede no ser mortal, cuando lo exija la salvación de los otros bienes amenazados.

Es entonces el caso del velo de que habla Montesquieu, que conviene, a veces, echar por un momento sobre la estatua de la libertad, para salvarla del flagelo de la guerra civil, o de la licencia misma que la mata.

XXXII. La prensa que conviene a la seguridad del nuevo orden de cosas

Conviniendo, tal vez, al país la prensa del «Gobierno de Mayo» y del «Gobierno de Rivadavia» de 1821, ahora que se trata de coronar la institución del gobierno empezado en esas épocas, nos ha parecido útil recordar lo que a este propósito proponíamos en Las bases... para 1852: «Otro medio de impedir que los delegatarios de la soberanía abusen de su ejercicio en daño del pueblo, a quien pertenece, es la "publicidad" de todos los actos que lo constituyen.

«La publicidad es la garantía de las garantías.

«El pueblo debe ser testigo del modo como ejercen sus mandatarios la soberanía delegada por él. Con la Constitución y la ley en sus manos, él debe llevar cuenta diaria a sus delegados del uso que hacen de sus poderes. Tan útil para el gobierno como para el país, la publicidad es el medio de prevenir errores y desmanes peligrosos para ambos.

«El pueblo debe ver cómo desempeñan su mandato los legisladores. Las leyes deben ser hechas a su vista, sancionadas en público.

«El pueblo debe ser testigo del modo como los tribunales desempeñan su mandato de interpretación y aplicación de las leyes; debe constarle ocularmente si la justicia es una palabra, o es una verdad de hecho. Para ello debe ser administrada públicamente, y las sentencias deben expresar sus motivos.

«La prensa oficial debe consignar diariamente a los ojos del pueblo todos los actos del Poder Ejecutivo.

«La prensa es el foco en que vienen a concentrarse todas las publicidades. La Legislatura, los Tribunales, el Gobierno, deben estar presentes en ella con todos sus actos, y a su lado la opinión del país, que es la estrella conductora de los poderes bien inspirados.

«Después de la organización del Poder Ejecutivo, nada más difícil que la organización de la prensa en las repúblicas nacientes. Son dos poderes que se tienen perfectamente en jaque. También tiene la prensa sus dos necesidades contradictorias: por un lado requiere libertades, y por otro, garantías, para que no degenere en tiranía. Hecha para defender las leyes, también es capaz de conculcarlas; y la libertad puede ser atacada por la pluma con más barbarie que con la lanza. En la política, todas las convulsiones se anuncian por la degeneración de la publicidad, como en la atmósfera la tempestad por la alteración del Sol. Siempre que la luz se empaña, es aviso de tiempo borrascoso.

«Para la Argentina de esta situación, en que la libertad se mantiene naciente, como el Sol de sus armas, yo dejaría a un lado todas las teorías y pediría su prensa a la Revolución de Mayo y al gobierno de Rivadavia de 1821, es decir, a las dos épocas de acción más eficaz que cuenta la historia argentina.

«En uno y otro caso la prensa correspondió maravillosamente al fin político de la Revolución Argentina. ¿De qué se trató en el primer tiempo de la Revolución de Mayo? De fundar la autoridad patria, de crear el Gobierno Nacional, que debía reemplazar a la autoridad española, derrocada en 1810. ¿De qué se trató después de 1820? De reorganizar y afianzar la autoridad que acababa de triunfar de la anarquía. En ambas épocas el asunto era el mismo: fundar la autoridad patria en lugar del antiguo gobierno realista español. Pero, ¿es otro al presente, el objeto de la cuestión? ¿No se trata hoy, como en 1810 y 1821, de crear y reorganizar la autoridad?

«Bien, pues, ¿cuál fue la conducta de la Revolución respecto de la prensa, en los años que siguieron a 1810 y a 1820? Exclusiva y celosa, o más bien, decididamente política. La consagró exclusivamente al servicio de su causa, al grande objeto de crear la autoridad nacional. La prensa de Moreno, de Paso, de Monteagudo, de Álvarez Fonte, fue la prensa del gobierno de Mayo, y no hubo otra. Los españoles, únicos adversarios de la autoridad patria naciente, no tuvieron prensa ni por el pensamiento. Una palabra de oposición al gobierno de la "patria", hubiera sido castigada como atentado. Si el gobierno de Mayo hubiese sido combatido en cada uno de sus actos por periódicos españoles, publicados en Buenos Aires, ¿habrían podido formar ejércitos Belgrano y San Martín? Una ley de 26 de octubre de 1810, proclamó el principio de la libertad de la prensa; pero fue entendido, que ese principio no sería empleado contra la Revolución de Mayo, y en defensa de los opositores españoles, a la nueva autoridad patria. El abuso de la libertad fue declarado "crimen"; y se declaró abusivo todo escrito que comprometiese la autoridad o la Constitución del Estado. En una palabra, la prensa solo fue libre para defender la Revolución de Mayo. En muchos años no se vio ejemplo de un solo ataque dirigido al gobierno patrio.

«Ese respeto acabó en 1820, y la autoridad fue entregada a todos los furores de la prensa. ¿Qué resultó? Que en solo el año de 1820, fue derrocado diez veces el gobierno de Buenos Aires. Diez gobiernos, en efecto, se sucedieron ese año; algunos duraron días, y otros solamente horas. Se hizo fuerte, por fin, el gobernante Don Martín Rodríguez, nombrado el 28 de septiembre de 1820, que tomó por ministro a Rivadavia. ¿Y cuál fue, entre otros medios, el empleado para defender y cimentar la autoridad de esa administración memorable? En sesión del 19 de febrero de 1821, la Legislatura de Buenos Aires, declaró comprendida entre las facultades extraordinarias dadas al gobierno, la de proceder y obrar libremente, a cortar sus efectos y trascendencia (de la prensa atentatoria de la autoridad), conteniendo, reprimiendo y escarmentando a los autores de tamaños males, que degradan tan altamente la dignidad del país, sea cual fuere su condición. (Ley de 20 de febrero de 1821.)

«El ministro Rivadavia dijo a la Sala, al acusar recibo de esa ley: "El país probará bien pronto los buenos y saludables efectos de aquella honorable y sabia disposición". (Nota de 5 de marzo de 1821.)

«El anuncio no salió burlado. Esa administración pudo crear y organizar al abrigo de los ultrajes de la prensa. Cuando a los dos años esta fue restablecida a su libertad, una ley de 10 de octubre de 1822, suprimió el juicio previo de "sí hay lugar a causa", establecido en 1811 y sometió a la justicia ordinaria, asociada de cuatro ciudadanos, el juicio y castigo de los abusos de la prensa, la cual marchó bajo esa legislación severa durante toda la época del Ministerio Rivadavia. La autoridad tuvo prestigio, es decir, tuvo autoridad, porque el verdadero sentido de esta palabra no estriba tanto en las bayonetas, como en el poder y consideración morales, que no se obtienen seguramente bajo la detracción y el vituperio.

«He ahí la única prensa que hará posible la creación de la autoridad en la situación presente de la República Argentina: la prensa de Moreno y de Rivadavia, de 1810 y de 1821. La prensa que hoy permite ocuparse de colonización y de ferrocarriles, a Francia, a la España y a Chile; la prensa que tiene poder para ilustrar la sociedad, pero no para destruirla y ensangrentarla.

«En cuanto a las garantías individuales de propiedad, de libertad, de igualdad, de seguridad, y a todas las demás garantías privadas, que son derivación y ramificación de estas cuatro principales, el derecho "público" de provincia debe tener por apéndice la parte de la Constitución general que consagra esos principios esenciales de toda sociedad política. A ese respecto el derecho de provincia y el derecho general deben ser uno mismo; los dos deben servirse de mutua ratificación y mutua garantía.

«No pueden ser inviolables las propiedades por la ley federal y estar expuestas a la confiscación por la ley de Provincia; no pueden ser libres la prensa, el tránsito, la industria por las leyes nacionales, y estar sujetos por la ley de provincia a restricciones anulatorias; no pueden ser igualados en derechos los extranjeros a los naturales por la "ley civil nacional", y estar sometidos a diferencias y privilegios por la "ley civil de provincia".

«Muy lejos hoy de que el derecho provincial tenga el poder de desconocer, alterar o restringir las garantías y "derechos naturales del hombre", consagrados por la Constitución general de la República, debe de considerarse incompleta y deficiente, toda Constitución de provincia que no contenga una satisfacción especial de todos y de cada uno de esos derechos y garantías, declarados a favor de todo hombre que habite el territorio argentino, por la Constitución común de las Provincias Unidas».

•••

Las palabras que dejo transcritas, fueron escritas hace treinta años, y publicadas en el extranjero, en plena paz con todos los partidos y hombres de mi país, con la misma independencia de todo deber oficial, y sin otra obligación que la de la gratitud cívica que todos los argentinos debíamos al que nos abrió las puertas de la patria, redimida por su brazo, de una tiranía de veinte años.

El libro que contenía esas palabras tuvo el aplauso de todos los argentinos, aun el de mis disidentes de más tarde.

Esa es la misma situación de ánimo en que el autor publica el presente, que es como la segunda parte y complemento del libro de las Bases y puntos de partida para la organización política de la República Argentina; en plena paz, sin espíritu de partido, sin odio, sin mira hostil alguna contra nadie.

Pueda esta identidad de circunstancias servir de prueba del propósito imparcial, desapasionado y patriótico de este libro, aun en lo que parezca tener los colores del día, y no será, en todo caso, más que reflejos de esos que los objetos toman, como las frutas, al través de un toldo rojo en las plazas de abasto. Prueba de ello es que aún el libro de las *Bases*..., recibirá tal vez, esos mismos reflejos de los colores del Sol de la estación. En todo caso sería un error de óptica del ojo del lector, no del autor.

La omnipotencia del Estado es la negación de la libertad individual[42]

1880

Una de la raíces más profundas de nuestras tiranías modernas en Suramérica, es la noción grecorromana del patriotismo y de la patria, que debemos a la educación medio clásica que nuestras universidades han copiado a la Francia.

La patria, tal como la entendían los griegos y los romanos, era esencial y radicalmente opuesta a lo que por tal entendemos en nuestros tiempos y sociedades modernos. Era una institución de origen y carácter religioso y santo; equivalente a lo que es hoy la Iglesia, por no decir más santa que ella, pues era la asociación de las almas, de las personas y de los intereses de sus miembros.

Su poder era omnipotente y sin límites respecto de los individuos de que se componía.

La patria, así entendida, era y tenía que ser la negación de «la libertad individual», en la que cifran la libertad todas las sociedades modernas que son realmente libres. El hombre individual se debía todo entero a la patria; le debía su alma, su persona, su voluntad, su fortuna, su vida, su familia, su honor.

Reservar a la patria alguna de esas cosas, era traicionarla; era como un acto de impiedad.

Según estas ideas, el patriotismo era no solo conciliable, sino idéntico y el mismo que el despotismo más absoluto y omnímodo en el orden social.

La gran revolución que trajo el cristianismo en las nociones del hombre, de Dios, de la familia, de la sociedad toda entera, cambió radical y diametralmente las bases del sistema social grecorromano.

Sin embargo, el renacimiento de la civilización antigua de entre las ruinas del Imperio Romano y la formación de los estados modernos, conservaron

42 Discurso pronunciado en la Facultad de Derecho y Ciencias Sociales de Buenos Aires en el acto de colación de grados el 24 de mayo de 1880, *Obras completas* de Juan Bautista Alberdi [1.ª ed., Buenos Aires, Imprenta La Pampa, 1880], Buenos Aires, *La Tribuna Nacional*, 1887, tomo VIII, págs. 155-182.

o revivieron los cimientos de la civilización pasada y muerta, no ya en el interés de los estados mismos, todavía informes, sino en la majestad de sus gobernantes, en quienes se personificaban la majestad, la omnipotencia y autoridad de la patria.

De ahí el despotismo de los reyes absolutos que surgieron de la feudalidad de la Europa regenerada por el cristianismo.

El Estado, o la patria, continuaron siendo omnipotentes respecto de la persona de cada uno de sus miembros, pero la patria personificada en sus monarcas o soberanos, no en sus pueblos.

La omnipotencia de los reyes, tomó el lugar de la omnipotencia del Estado o de la patria.

Los que no dijeron: «El Estado soy yo», lo pensaron y creyeron como el que lo dijo.

Sublevados contra los reyes, los pueblos los reemplazaron en el ejercicio del poder de la patria, que al fin era más legítimo en cuanto a su origen. La soberanía del pueblo tomó el lugar de la soberanía de los monarcas, aunque teóricamente.

La patria fue todo y el único poder de derecho, pero conservando la índole originaria de su poder absoluto y omnímodo sobre la persona de cada uno de sus miembros; la omnipotencia de la patria misma siguió siendo la negación de la libertad del individuo en la república, como lo había sido en la monarquía: y la sociedad cristiana y moderna, en que el hombre y sus derechos son teóricamente lo principal, siguió en realidad gobernándose por las reglas de las sociedades antiguas y paganas, en que la patria era la negación más absoluta de la libertad.

Divorciado con la libertad, el patriotismo se unió con la gloria, entendida como los griegos y los romanos la entendieron.

Esta es la condición presente de las sociedades de origen grecorromano en ambos mundos.

Sus individuos, más bien que libres, son los siervos de la patria.

La patria es libre, en cuanto no depende del extranjero; pero el individuo carece de libertad en cuanto depende del Estado de un modo omnímodo y absoluto. La patria es libre en cuanto absorbe y monopoliza las libertades de todos sus individuos, pero sus individuos no lo son, porque el gobierno les tiene todas sus libertades.

Tal es el régimen social que ha producido la Revolución Francesa, y tal la sociedad política que en la América grecolatina de raza han producido el ejemplo y repetición, que dura hasta el presente, de la Revolución Francesa.

El *Contrato social* de Rousseau, convertido en catecismo de nuestra revolución, por su ilustre corifeo el doctor Moreno, ha gobernado a nuestra sociedad, en que el ciudadano ha seguido siendo una pertenencia del Estado o de la patria, encarnada y personificada en sus gobiernos, como representantes naturales de la majestad del estado omnipotente.

La omnipotencia del Estado ejercida según las reglas de las sociedades antiguas de Grecia y Roma, ha sido la razón de ser de sus representantes los gobiernos, llamados libres solo porque dejaron de emanar del extranjero.

Otro fue el destino y la condición de la sociedad que puebla la América del Norte.

Esa sociedad, radicalmente diferente de la nuestra, debió al origen trasatlántico de sus habitantes sajones, la dirección y complexión de su régimen político de gobierno, en que la libertad de la patria tuvo por límite la libertad sagrada del individuo. Los «derechos del hombre» equilibraron allí en su valor a los «derechos de la patria», y si el Estado fue libre del extranjero, los individuos no lo fueron menos respecto del Estado. Eso fue en Europa la sociedad anglosajona y eso fue en Norteamérica la sociedad angloamericana, caracterizadas ambas por el desarrollo soberano de la libertad individual, más que por la libertad exterior o independencia del Estado, debida mayormente a su geografía insular en Inglaterra, y a su aislamiento trasatlántico en Estados Unidos.

La libertad en ambos pueblos sajones, no consistió en ser independiente del extranjero, sino en ser cada ciudadano independiente de su gobierno patrio.

Los hombres fueron libres porque el Estado, el poder de su gobierno no fue omnipotente, y el Estado tuvo un poder limitado por la esfera de la libertad o el poder de sus miembros, a causa de que su gobierno no tuvo por modelo el de las sociedades griega y romana.

Montesquieu ha dicho que la Constitución inglesa salió de los bosques de la Germania, en lo que tal vez quiso decir que los destructores germanos del Imperio romano fueron libres porque su gobierno no fue de origen ni tipo latinos.

A la libertad del individuo, que es la libertad por excelencia, debieron los pueblos del Norte la opulencia que los distingue.

Los pueblos del Norte no han debido su opulencia y grandeza al poder de sus gobiernos, sino al poder de sus individuos. Son el producto del egoísmo más que del patriotismo. Haciendo su propia grandeza particular, cada individuo contribuyó a labrar la de su país.[43]

Este aviso interesa altamente a la salvación de las repúblicas americanas de origen latino.

Sus destinos futuros deberán su salvación al individualismo; o no los verán jamás salvados si esperan que alguien los salve por patriotismo.

El egoísmo bien entendido de los ciudadanos, solo es un vicio para el egoísmo de los gobiernos, que personifican a los estados. En realidad, el afán del propio engrandecimiento, es el afán virtuoso de la propia grandeza del individuo, como factor fundamental que es del orden social, de la familia, de la propiedad, del hogar, del poder y bienestar de cada hombre.

Las sociedades que esperan su felicidad de la mano de sus gobiernos, esperan una cosa que es contraria a la naturaleza. Por la naturaleza de las cosas, cada hombre tiene el encargo providencial de su propio bienestar y progreso, porque nadie puede amar el engrandecimiento de otro, como el suyo propio; no hay medio más poderoso y eficaz de hacer la grandeza del cuerpo social, que dejar a cada uno de sus miembros individuales el cuidado y poder pleno de labrar su personal engrandecimiento.

Ese es el orden de la naturaleza, y por eso es el mejor y más fecundo en bienes reales. De ello es un testimonio la historia de las sociedades sajonas del norte de ambos mundos.

Los Estados son ricos por la labor de sus individuos; y su labor es fecunda porque el hombre es libre, es decir, dueño y señor de su persona, de sus bienes, de su vida, de su hogar.

---

43   Adam Smith, *Riqueza de las naciones.*

Cuando el pueblo de esas sociedades necesita alguna obra o mejoramiento de público interés, sus hombres se miran unos a otros, se buscan, se reúnen, discuten, ponen de acuerdo sus voluntades y obran por sí mismos en la ejecución del trabajo que sus comunes intereses necesitan ver satisfecho.

En los pueblos latinos de origen, los individuos que necesitan un trabajo de mejoramiento general, alzan los ojos al gobierno, suplican, lo esperan todo de su intervención y se quedan sin agua, sin luz, sin comercio, sin puentes, sin muelles, si el gobierno no se los da todo hecho.

Pero no debemos olvidar que no fue griego ni romano todo el origen de la omnipotencia del Estado y de su gobierno entre nosotros suramericanos. En todo caso, no sería ese sino el origen mediato, pues el inmediato origen de la omnipotencia en que se ahogan nuestras libertades individuales, fue el organismo que España dio a sus estados coloniales en el Nuevo Mundo, cuyo organismo no fue diferente en ese punto, del que España se dio a sí misma en el Viejo Mundo.

Así, la raíz y origen de nuestras tiranías modernas en Suramérica es no solamente nuestro origen remoto o grecorromano, sino también nuestro origen inmediato y moderno de carácter español.

La España nos dio la complexión que debía ella misma a su pasado de colonia romana que fue, antes de ser provincia romana.

La patria en sus nociones territoriales, absorbió siempre al individuo y se personificó en sus gobiernos el «derecho divino» y sagrado, que eclipsaron del todo los derechos del hombre.

La omnipotencia del Estado o el poder omnímodo e ilimitado de la patria respecto de los individuos que son sus miembros, tiene por consecuencia necesaria la omnipotencia del gobierno en que el Estado se personifica, es decir, el despotismo puro y simple.

Y no hay más medio de conseguir que el gobierno deje o no llegue a ser omnipotente sobre los individuos de que el Estado se compone, sino haciendo que el Estado mismo deje de ser ilimitado en su poder respecto del individuo, factor elemental de su pueblo. Un ejemplo de esto: cuando el gobernador de Buenos Aires recibió en 1835 de los representantes del Estado la suma de sus poderes públicos, no lo tuvo por la ley que aparentó discernírselo. La ley, lejos de ser causa y origen de ese poder, tuvo por razón de ser y causa a ese poder mismo que ya existía en manos del jefe del Estado omnipotente por la Ordenanza de intendentes..., constitución española del «Virreinato de Buenos Aires», según cuyas palabras, debía continuar el «virrey gobernador y capitán general con el poder omnímodo y las facultades extraordinarias que le daban esa constitución y las Leyes de Indias» de su referencia.

La contextura que el gobierno hispanoargentino recibió de esa legislación, es la que sus leyes ulteriores a la revolución no han reconstruido de hecho hasta hoy en ese punto; y la república, como el virreinato colonial, siguió entendiendo el poder de la patria sobre sus miembros, como lo entendieron las antiguas sociedades de Grecia y de Roma.

A pesar de nuestras constituciones modernas, copiadas de las que gobiernan a los países libres de origen sajón, a ningún liberal le ocurriría entre nosotros, dudar que el derecho del individuo debe inclinarse y ceder ante el derecho del Estado, en ciertos casos.

La República, por tanto, continuó siendo en este punto gobernada para provecho de los poderes públicos que han reemplazado al poder especial que le dio, siendo su colonia, la contextura y complexión que convenía a su real e imperial beneficio.

La corona de España, no fundó sus colonias de América para hacer la riqueza y poder de sus colonos, sino para hacer su negocio y poder propio de la corona misma. Pero, para que esta mira no degenerase en un sistema capaz de dar la riqueza y el poder a los colonos, en lugar de darlos al monarca, la colonia recibió la Constitución social y política que debía de hacer a su pueblo un mero instrumento del real patrimonio, un simple productor fiscal de cuenta de su gobierno y para su real beneficio.

Sin duda que las constituciones que reglaron después la conducta del gobierno de la República, calificaron de «crimen legislativo» el acto de dar poderes extraordinarios y omnímodos a sus gobernantes; pero esa magnífica disposición no impidió que la suma de todos los poderes y fuerzas económicas del país quedasen de hecho a la discreción del gobierno, que puede usar de él por mil medios indirectos.

¿Cómo así? Si dejáis en manos de la patria, es decir del Estado, la suma del poder público, dejáis en manos del gobierno que representa y obra por el Estado, esa suma entera del poder público.

Si lo hacéis por una Constitución, esa Constitución será una máquina productora de un despotismo tiránico que no dejará de aparecer a su tiempo, por la mera razón de existir la máquina, que le servirá de causa y ocasión suficiente.

Por Constitución entiendo aquí, no la ley escrita a que damos este nombre, sino la complexión o construcción real de la máquina del Estado.

Si esta máquina es un hecho de la historia del país, en vano la Constitución escrita pretenderá limitar los poderes del Estado respecto del derecho de sus individuos; en el hecho esos poderes seguirán siendo omnipotentes.

Son testimonio confirmatorio de esta observación, los gobiernos republicanos que han reemplazado en la dirección del reciente y moderno Estado, al que lo fundó, organizó y condujo por siglos como colonia perteneciente a un gobierno absoluto y omnímodo.

Mientras la máquina que hace omnipotente el poder del Estado exista viva y palpitante de hecho, bien podría llamarse República libre y representativa por su Constitución escrita: su constitución histórica y real guardada en sus entrañas, la hará ser siempre una colonia o patrimonio del gobierno republicano, sucesor de su gobierno realista y pasado.

El primer deber de una gran revolución hecha con la pretensión de cambiar de régimen social de gobierno, es cambiar la contextura social que tuvo por objeto hacer del pueblo colonial una máquina fiscal productora de fuerza y de provecho en servicio de su dueño y fundador metropolitano. De otro modo, las rentas y productos de la tierra y del trabajo anual del pueblo, seguirían yendo, bajo la república nominal, a donde fuesen bajo la monarquía efectiva, ¿a dónde, por ejemplo? A todas partes, menos a manos del pueblo.

Las viejas arcas que eran recipientes del real tesoro, se perderán como las aguas de un río que se derrama y resume en los campos; o se disipa en acequias que van a regar los vergeles de la clase o porción del pueblo a quien ha cabido el privilegio de seguir ocupando la esfera del antiguo poder metropolitano, en lo que es el goce de los beneficios que la real máquina seguirá haciendo del suelo y trabajo del país.

En las manos de esa porción o clase privilegiada del país oficial, seguirá existiendo el poder y la libertad de que seguirán viéndose excluidos y privados los pueblos, sucesores nominales de los antiguos soberanos.

No será el Estado sino su representante (que es el gobierno del Estado) el que seguirá ejerciendo y gozando la omnipotencia de los medios y poderes entregados a la patria por la maquinaria del viejo edificio primitivo y colonial persistente.

Pero dejar en manos del gobierno de la patria todo el poder público adjudicado a la patria misma, es dejar a todos los ciudadanos que componen el pueblo de la patria sin el poder individual en que consiste la libertad individual, que es toda y la real libertad de los países que se gobiernan, que se educan, que se enriquecen y engrandecen a sí mismos, por la mano de sus particulares, no de sus gobiernos.

«Los antiguos —dice De Coulanges—, habían dado tal poder al Estado, que el día en que un tirano tomaba en sus manos esta omnipotencia, los hombres no tenían ya ninguna garantía contra él, y él era realmente el señor de su vida y de su fortuna».

De las consideraciones que preceden, se deduce que el despotismo, la tiranía frecuente de los países de Suramérica, no reside en el déspota y en el tirano, sino en la máquina o construcción mecánica del Estado, por la cual todo el poder de sus individuos refundido y condensado, cede en provecho de su gobierno y queda en manos de su institución. El déspota y el tirano son el efecto y el resultado, no la causa de la omnipotencia de los medios y fuerzas económicas del país puestas en poder del establecimiento de su gobierno y del círculo personal que personifican al Estado, por la maquinaria del Estado mismo. Sumergida y ahogada la libertad de los individuos en ese caudal de poder público ilimitado y omnipotente, resulta de ello que la tiranía de la patria omnímoda y omnipotente, es ejercida en nombre de un patriotismo tras del cual vive eclipsada la libertad del individuo, que es la libertad patriótica por excelencia.

Así se explica que en las sociedades antiguas de la Grecia y de Italia en que ese orden de cosas era de ley fundamental, las libertades individuales de vida, de conducta, de pensamiento, de opinión, fueron del todo desconocidas. El patriotismo tenía entonces en esas sociedades el lugar que tiene el «liberalismo» en las sociedades actuales de tipo y de origen sajón. El despotismo recibía su sanción y excusa del patriotismo del gobierno omnipotente en que la patria estaba personificada.

La razón de esa omnipotencia de la patria entre los antiguos, es digna de tenerse siempre presente por los pueblos modernos, que toman por modelos a esos organismos muertos, de índole, de principios y de propósitos radical y esencialmente opuestos.

¿Qué eran en efecto la patria y el patriotismo, en el sistema social y político de las antiguas sociedades de Grecia y Roma? Insistamos en explicarlo.

La palabra «patria», entre los antiguos, según De Coulanges, significaba la tierra de los padres, «tierra patria». La patria de cada hombre, era la parte del suelo que su religión doméstica o nacional había santificado, la tierra en que estaban depositadas las osamentas de sus antecesores y que estaban ocupadas por sus almas. «Tierra sagrada de la patria», decían los griegos. Ese suelo era literalmente «sagrado» para el hombre de ese tiempo, porque estaba habitado por sus dioses. «Estado, patria, ciudad», estas palabras no eran una mera abstracción, como en los modernos; representaban realmente todo un conjunto de divinidades locales, con un culto de todos los días, y creencias poderosas sobre el alma. Solo así se explica el patriotismo entre los antiguos; sentimiento enérgico que era para ellos la virtud suprema, en que todas las virtudes venían a refundirse.

Una patria semejante no era para el hombre un mero domicilio. La patria tenía ligado al hombre por un vínculo sagrado. Tenía que amarla como se ama a una religión, obedecerla como se obedece a Dios: darse a ella todo entero; cifrar todo en ella, consagrarle su ser. El griego y el romano no morían por desprendimiento en obsequio de un hombre, o por punto de honor; pero a su patria le debían su vida. Porque si la patria era atacada, es su religión la que se ataca, decían ellos. Combatían verdaderamente por sus altares, por sus hogares, pro aris et focis; porque si el enemigo se amparaba de la ciudad, sus altares eran derribados, sus fogones extinguidos, sus tumbas profanadas, sus dioses destruidos, su culto despedazado. El amor a la patria era la piedad misma de los antiguos. Para ellos, Dios no estaba en todas partes. Los dioses de cada hombre eran aquellos que habitaban su casa, su ciudad, su cantón.[44]

El desterrado dejando a su patria tras sí, dejaba también sus dioses. Pero como la religión era la fuente de que emanaban sus derechos civiles, el desterrado perdía todo esto, perdiendo la religión de su país, por el hecho de su destierro: no tenía ya derecho de propiedad. Sus bienes eran confiscados en provecho de los dioses y del Estado. No teniendo culto, no tenía ya familia: dejaba de ser marido y padre.

El destierro de la patria no parecía un suplicio más tolerante que la muerte. Los jurisconsultos romanos le llamaban «pena capital».[45]

¿De dónde nacían estas nociones sobre patria y el patriotismo? Era que la «ciudad» había sido fundada en una religión y constituía como una iglesia. De ahí la fuerza, la omnipotencia y absoluto imperio que la patria ejercía sobre sus miembros. Se concibe que en una sociedad establecida sobre tales principios, la libertad «individual» no pudiese existir. No había nada en el hombre que fuese independiente. Ni su vida privada escapaba a esta omnipotencia del Estado.

Los antiguos no conocían, pues, ni la libertad de la vida privada, ni la libertad de educación, ni la libertad religiosa. La persona humana era contada por muy poca cosa delante de esa autoridad santa y casi divina que se llamaba la «Patria» o el «Estado».[46]

No era extraño, según estos precedentes históricos, que, tergiversados en su sentido, indujesen a los revolucionarios franceses del siglo pasado, imitadores inconscientes de la antigua sociedad de Grecia y de Roma, a que imitasen con exaltación esos modelos muertos.

La funesta máxima revolucionaria de que la «Salud del Estado es la ley suprema de la sociedad», fue formulada por la Antigüedad griega y romana.

Se pensaba entonces que el derecho, la justicia, la moral, todo debía ceder ante el interés de la patria.

No ha habido, pues, un error más grande que el de creer que, en las ciudades antiguas, el hombre disfrutara de la libertad. Ni la idea siquiera

---

44 De Coulanges, *Cité antique.*
45 Ibíd.
46 Ibíd., pág. 415.

tenían de ella. No creían que pudiese existir derecho alguno en oposición a la ciudad y sus dioses.

Es verdad que revoluciones ulteriores cambiaron esa forma de gobierno; pero la naturaleza del Estado quedó casi la misma. El gobierno se llamó sucesivamente «monarquía», «aristocracia», «democracia»; pero ninguna de esas revoluciones dio a los hombres la verdadera libertad, que es la libertad individual.

Tener derechos políticos, votar, nombrar o elegir magistrados, poder ser uno de ellos, es todo lo que se llamaba libertad; pero el hombre no continuaba menos avasallado al Estado, que como antes lo estuvo.

Concíbese que hablando de una antigüedad tan remota y desconocida, con esta seguridad, yo me apoye en autoridades que han hecho una especialidad de su estudio casi técnico. La que dejo explorada por ejemplo, pertenece a una de las más grandes capacidades de la Escuela Normal de Francia.

No es que la erudición alemana sea menos competente para interpretar a la Antigüedad en materia de instituciones sociales, sino que la de un país latino, como Francia, es más comprensible para la América del mismo origen, que ha imitado en su revolución sus mismos errores y caído en sus mismos escollos, de que la ciencia moderna de los franceses comienza a darse cuenta, por la pluma de pensadores como A. de Tocqueville, de De Coulanges, de Taine, desde algunos años a esta parte.

Pero ahí no quedaron las cosas del naciente orden de las sociedades civilizadas de la Europa cristiana. Ya desde antes que la grande y definitiva religión produjese como su obra a la sociedad moderna, la misma sociedad antigua había empezó a cambiar, con la madurez y progreso natural de las ideas, sus instituciones y reglas de gobierno.

De esto, sin embargo, parecen no darse bastante cuenta los pueblos actuales, que han buscado en la restauración o renacimiento de la Antigüedad civilizada los elementos y base de organización de la sociedad moderna.

El Estado había estado ligado estrechamente a la religión, procedía de ella y se confundía con ella.

Por eso es que en la ciudad primitiva, todas las instituciones políticas habían sido instituciones religiosas.[47]

Las fiestas habían sido ceremonias del culto; las leyes habían sido fórmulas sagradas; los reyes y los magistrados habían sido sacerdotes. Es por eso mismo que la libertad individual había sido desconocida y que el hombre no había podido sustraer su conciencia misma a la omnipotencia de la ciudad. Es por ello, en fin, que el Estado había quedado limitado a las proporciones de una villa, sin poder salvar el recinto que sus dioses nacionales le habían trazado en su origen. Cada ciudad tenía no solo su independencia, sino también su culto y su código. La religión, el derecho, el gobierno, todo era municipal. La ciudad era la única fuerza viva; nada otra cosa más arriba, nada más abajo, es decir, ni unidad nacional, ni libertad individual. (*Cité antique*).

Pero este régimen desapareció con el desarrollo del espíritu humano, y el principio de la asociación de los hombres, una vez cambiado, tanto el gobierno como la religión y el derecho perdieron ese carácter municipal que habían tenido en la Antigüedad.

Un nuevo principio, la filosofía de los estoicos, ensanchando las nociones de la humana asociación, emancipó al individuo. No quiso ya que la persona humana fuese sacrificada al Estado. Este gran principio, que la antigua ciudad había desconocido, debía ser un día la más santa de las reglas de la política de todos los tiempos.

Se comenzó entonces a comprender que había otros deberes hacia la patria o el Estado; otras virtudes que las virtudes cívicas. El alma se ligó a otros objetos que a la patria. La «ciudad antigua» había sido tan poderosa y tan tiránica, que de ella había hecho el hombre el fin de todo su trabajo y de todas sus virtudes; la patria había sido la regla de lo bello y de lo humano, y no había heroísmo sino para ella.

En medio de los cambios que se habían producido en las instituciones, en las costumbres, en las creencias, en el derecho, el patriotismo mismo había cambiado de naturaleza, y es una de las cosas que más contribuyeron a los grandes progresos de Roma.

---

47   De Coulanges, lib. V, cap. II.

No hay que olvidar lo que había sido el sentimiento del patriotismo en la primera edad de las ciudades griegas y romanas. Formaba parte de la religión de aquellos tiempos, se amaba a la Patria porque se amaba a sus dioses protectores; porque en ella se hallaba su altar, un fuego divino, fiestas, plegarias, himnos, y porque fuera de la patria no había ni dioses ni culto. Tal patrio sistema era una fe, un sentimiento piadoso. Pero cuando la casta sacerdotal perdió su dominación, esa clase de patriotismo desapareció de la ciudad con ella. El amor de la ciudad no pereció, pero tomó una forma nueva.

No se amó ya a la patria por su religión y sus dioses; se la amó solamente por sus leyes, por sus instituciones, por los derechos y la seguridad que ella acordaba a sus miembros.

Ese patriotismo nuevo, no tuvo los efectos que el de los viejos tiempos. Como el corazón no se apegaba ya al altar, a los dioses protectores, al suelo sagrado, sino únicamente a las instituciones y a las leyes, que en el estado de inestabilidad en que todas las ideas se encontraban entonces, cambiaban frecuentemente, el patriotismo se volvió un sentimiento variable e inconstante, que dependió de las circunstancias y que estuvo sujeto a iguales fluctuaciones que el gobierno mismo.

Ya no se amó la patria sino en tanto que se amaba el régimen político que prevalecía en ella a la sazón. El que encontraba malas sus leyes, no tenía ya vínculo que lo apegase a ella.

El patriotismo municipal se debilitó de ese modo y pereció en las almas. La opinión de cada uno le fue más sagrada que su patria, y el triunfo de su partido le vino a ser más caro que la grandeza o gloria de su ciudad. Cada uno vino a preferir sobre su ciudad natal, si allí no hallaba las instituciones que él amaba, a tal otra ciudad en que veía esas instituciones en vigor. Entonces se comenzó a emigrar más voluntariamente; se temió menos el destierro. Ya no se pensaba en los dioses protectores y se acostumbraban fácilmente a separarse de la patria.

Se buscó la alianza de una ciudad enemiga para hacer triunfar su partido en la propia.

Pocos griegos había que no estuviesen prontos a sacrificar la independencia municipal, para tener la constitución que ellos preferían.

En cuanto a los hombres honestos y escrupulosos, las disensiones perpetuas de que eran testigos, les daban el disgusto del régimen local o municipal. No podían, en efecto, gustar de una forma de sociedad en que era preciso batirse todos los días, en que el pobre y el rico estaban siempre en guerra.

Se empezaba a sentir la necesidad de salir del sistema municipal para llegar a otra forma de gobierno que el de la ciudad o local. Muchos hombres pensaban al menos en establecer más arriba de las ciudades una especie de poder soberano, que velase en el mantenimiento del orden y que obligase a esas pequeñas ciudades turbulentas a vivir en paz.

En Italia no se pasaban las cosas de otro modo que en Roma.

Esa disposición centralista de los espíritus hicieron la fortuna de Roma, dice De Coulanges.

La moral de la historia de ese tiempo es que Roma no hubiese alcanzado la grandeza que la puso a la cabeza del mundo, si no hubiese salido del espíritu local o municipal y si el patriotismo nacional no hubiese reemplazado al patriotismo local o provincial.[48]

Así se diseñaban dos cambios en el prospecto de la humanidad, que debían conducir a la concepción de una autoridad nacional y suprema, más alta que la del estado municipal, y que la libertad del hombre erigida en faz de la patria y del Estado, como formando un contrafuerte de su edificio.

Así el patriotismo grande ni chico no marcó el último progreso de la humana sociedad.

Faltaba la aparición y el reinado del «individualismo», es decir de la libertad del hombre, levantada y establecida a la faz de la patria y del patriotismo, coexistiendo con ellos armónicamente.

Fue el carácter y distintivo que las sociedades libres y modernas tomaron del espíritu y de la influencia del cristianismo, fuente y origen de la moderna libertad humana, que ha transformado al mundo.

Se puede decir con verdad, que la sociedad de nuestros días debe al «individualismo» así entendido, los progresos de su civilización. En este sentido, no es temerario establecer que el mundo civilizado y libre, es la obra del egoísmo individual, cristianamente entendido: «Ama a Dios sobre todo»,

---

48 *Ensayos de moral, ciencia y estética.*

enseñó él, «y a tu prójimo como a ti mismo», santificando de este modo el amor de sí a la par del amor del hombre.

No son las libertades de la patria las que han engrandecido a las naciones modernas, sino las libertades individuales, con que el hombre ha creado y labrado su propia grandeza personal; factor elemental de la grandeza de las naciones, realmente grandes y libres, que son las del Norte de ambos mundos.

«La iniciativa privada ha hecho mucho y bien», dice Herbert Spencer.

La iniciativa privada ha demostrado, desaguado, fertilizado nuestras campañas y edificado nuestras ciudades: ella ha descubierto y explotado minas, trazado rutas, abierto canales, construido caminos de hierro con sus trabajos de arte; ella ha inventado y llevado a su perfección el arado, el oficio de tejer, la máquina de vapor, la prensa, innumerables máquinas; ha construido nuestros bajeles, nuestras inmensas manufacturas, los recipientes de nuestros puertos; ella ha formado los bancos, las compañías de seguros, los periódicos, ha cubierto la mar de una red de líneas de vapor, y la tierra de una red eléctrica. La iniciativa privada ha conducido la agricultura, la industria y el comercio a la prosperidad presente y actualmente la impele en la misma vía con rapidez creciente. ¿Por eso desconfiáis de la iniciativa privada?[49]

Todo eso ha sido hecho por el egoísmo, es decir por el individualismo, tanto en Inglaterra como en nuestra América más o menos. Todo al menos puede ser hecho en nuestros países por esos mismos egoístas de la Europa entrados en nuestro suelo como inmigrados, a condición de que les demos aquí la libertad individual, es decir, la seguridad que allá tienen por las leyes (porque esa libertad, allí significa seguridad, si Montesquieu no ha entendido mal las instituciones inglesas).

¿Acaso en nuestro país mismo ha sucedido otra cosa que en Inglaterra? ¿A quién sino a la iniciativa privada es debida la opulencia de nuestra industria rural, que es el manantial de la fortuna del Estado y de los particulares?[50]

---

49   Adam Smith, *Riqueza de las naciones*, lib. II, cap. V.
50   Smith, *Riqueza de las naciones*, libro V, cap. Y.

¿Han hecho más por ella nuestros mejores gobiernos, que la energía, perseverancia y buena conducta de nuestros estancieros afamados a justo título? Si hay estatuas que se echen de menos en nuestras plazas son las de esos modestos obreros de nuestra grandeza rural, sin la cual fuera estéril la gloria de nuestra independencia nacional.

Al contrario, ha sucedido con frecuencia: toda la cooperación que el Estado ha podido dar al progreso de nuestra riqueza debía consistir en la seguridad y en la defensa de las garantías protectoras de las vidas, personas, propiedades, industria y paz de sus habitantes; pero eso es cabalmente lo que han interrumpido las frecuentes guerras y revoluciones que no han sido obra de los particulares.

Las más veces en Suramérica las revoluciones y asonadas, son oficiales, es decir, productos de la iniciativa del Estado.

Después de leer al discípulo, leamos al maestro de Herbert Spencer —al autor de la *Riqueza de las naciones*—, Adam Smith, que la ve nacer toda entera en su formación natural de la iniciativa inteligente y libre de los individuos: «Es a veces la prodigalidad y la mala conducta pública, jamás la de los particulares, dice Smith, las que empobrecen a una nación. Todo o casi todo el rédito público es empleado en muchos países en el sostén de gentes no productoras. Tales son esas que componen una corte numerosa y brillante, un grande establecimiento eclesiástico, grandes escuadras y grandes ejércitos, que en tiempos de paz no producen nada; y que en tiempo de guerra no adquieren nada que pueda compensar solamente lo que cuesta su mantenimiento, mientras ella dura. Allí todas las gentes que no producen nada por sí mismas, son mantenidas por el producto del trabajo de los otros... «El esfuerzo constante, uniforme y no interrumpido de cada particular para mejorar su condición, principio de donde emana originariamente la opulencia pública y nacional, tanto como la opulencia particular, es a menudo bastante fuerte para hacer marchar las cosas de mejor en mejor, y para mantener en progreso natural, a pesar de la extravagancia del gobierno y de los más grandes errores de la administración.

«Semejante al principio desconocido de la vida animal, él restaura comúnmente la salud y el vigor de la constitución, en despique no solamente de la enfermedad, sino de las absurdas recetas del médico.

«El producto anual de sus tierras y de su trabajo (de Inglaterra), es sin contradicción mucho más grande al presente, que no lo era en tiempo de la restauración o de la revolución. El capital empleado en cultivar esas tierras y en hacer marchar ese trabajo debe, pues, ser igualmente mucho más grande. En medio de todas las exacciones del gobierno, ese capital se ha acumulado en silencio y gradualmente, por la economía y buena conducta particular de los individuos, y por el esfuerzo universal, continuo y no interrumpido, que han hecho ellos para mejorar su condición.

«Este esfuerzo, protegido por las leyes y por la libertad de emplear su energía de la manera más ventajosa, es lo que ha sostenido los progresos de la Inglaterra hacia la opulencia y a la mejora, en casi todas las épocas que han precedido, y lo que los sostendrá todavía, como es de esperar, en todos los tiempos que se sucederán».[51]

Resulta de las observaciones contenidas en este estudio, que lo que entendemos por patria y patriotismo habitualmente, son bases y puntos de partida muy peligrosos para la organización de un país libre, porque lejos de conducir a la libertad, puede llevarnos al polo opuesto, es decir, al despotismo, por poco que el camino se equivoque.

Es muy simple el camino por donde el extremo amor a la patria, puede alejar de la libertad del hombre y conducir al despotismo patrio del Estado. El que ama a la patria sobre todas las cosas, no está lejos de darle todos los poderes y hacerla omnipotente. Pero, la omnipotencia de la patria o del Estado, es la exclusión y negación de la libertad individual, es decir de la libertad del hombre, que no es en sí misma sino un poder moderador del poder del Estado.

La libertad individual es el límite sagrado en que termina la autoridad de la patria.

La omnipotencia de la «patria» o del «Estado», es toda la causa y razón de ser de la omnipotencia del gobierno de la patria, que le sirve de personificación o representación en la acción de su poder soberano.

Así es como se ha visto invocar el patriotismo y la patria a la «Convención» francesa de 1793 y a la «Dictadura» de Buenos Aires de 1840, en todas las violencias con que han sido holladas las libertades individuales del hombre,

---

51 Ibíd.

para el uso y posesión de su vida, de su hogar, de su opinión, de su palabra, de su voto, de su conducta, de su domicilio y locomoción.

Todos los crímenes públicos contra la libertad del hombre, han podido ser cometidos, no solo impune, sino legalmente en nombre de la patria omnipotente, invocada por su gobierno omnímodo.

La libertad del hombre puede ser no solamente incompatible con la libertad de la patria, sino que la primera puede ser desconocida y devorada por la otra. Son dos libertades diferentes, que a menudo están reñidas y en divorcio. La libertad de la patria es la independencia respecto de todo país extranjero. La libertad del hombre es la independencia del individuo respecto del gobierno de su país propio.

La libertad de la patria es compatible con la más grande tiranía, y pueden coexistir en el mismo país. La libertad del individuo deja de existir por el hecho mismo de asumir la patria la omnipotencia del país.

La libertad individual significa literalmente ausencia de todo poder omnipotente y omnímodo en el Estado y en el gobierno del Estado.

Las dos libertades no son igualmente fecundas en su poder fecundante de la civilización y del progreso de las naciones. La omnipotencia o despotismo de la patria, para ser fecundo en bienes públicos, necesita dos cosas: 1.ª Ser ilustrado; 2.ª ser honesto y justo. En estados nuevos, que ensayan recién la constitución de sus gobiernos libres, la omnipotencia de la patria es estéril, y la de su gobierno es destructora. La libertad del individuo en tales casos, es la madre y nodriza de todos los adelantos del país, porque su pueblo abunda en extranjeros inmigrados, que han traído al país la inteligencia y la buena voluntad de mejorar su condición individual, mediante la libertad individual que sus leyes le prometen y aseguran. En países que han sido colonias de gobiernos omnímodos y absolutos, los gobiernos de nueva creación son débiles e ininteligentes para labrar el progreso de su civilización.

La omnipotencia de la patria, es exclusiva no solo de toda libertad, sino de todo progreso público, porque el obrero favorito de este progreso es el individuo particular, que sabe usar de su energía y de su poder naturales, para conservar y mejorar su persona, su fortuna y su condición de hombre civilizado.

Ahora bien, como la masa o conjunto de esos individuos particulares es lo que se denomina pueblo, en la acepción vulgar de esta palabra, se sigue que es el pueblo y no el gobierno a quien está entregado por las condiciones de la sociedad suramericana, la obra gradual de su progreso y civilización. Y la máquina favorita del pueblo para llevar a cabo esa elaboración, es la libertad civil o social distribuida por igual entre sus individuos nativos y extranjeros, que forman la asociación o pueblo suramericano.

Si esta ley natural y fatal de propio engrandecimiento individual se domina egoísmo, forzoso es admitir que el «egoísmo» está llamado a proceder al «patriotismo» en la jerarquía de los obreros y servidores del progreso nacional.

Los adelantos del país deben marchar necesariamente en proporción directa del número de sus egoístas inteligentes, laboriosos y enérgicos, y de las facilidades y garantías que su egoísmo fecundo y civilizador encuentra para ejercerse y desenvolverse.

La sociedad suramericana estaría salvada y asegurada en su porvenir de libertad y de progreso, desde que fuese el egoísmo inteligente y no el patriotismo egoísta el llamado a construir y edificar el edificio de las repúblicas de Suramérica.

Y como no es natural que el egoísmo sano descuide el trabajo de su propio engrandecimiento individual, so pena de dañar a su interés cardinal, se puede decir con verdad perfecta, que el progreso futuro de Suramérica está garantido y asegurado por el hecho de quedar bajo el protectorado vigilante del egoísmo individual, que nunca duerme.

La omnipotencia de la patria, convertida fatalmente en omnipotencia del gobierno en que ella se personaliza, es no solamente la negación de la libertad, sino también la negación del progreso social, porque ella suprime la iniciativa privada en la obra de ese progreso. El estado absorbe toda la actividad de los individuos, cuando tiene absorbidos todos sus medios y trabajos de mejoramiento. Para llevar a cabo la absorción, el Estado engancha en las filas de sus empleados a los individuos que serían más capaces entregados a sí mismos. En todo interviene el Estado y todo se hace por su iniciativa en la gestión de sus intereses públicos. El Estado se hace fabricante, constructor, empresario, banquero, comerciante, editor y se distrae así de su mandato esencial y único, que es proteger a los individuos de que se compone, contra toda agresión interna y externa. En todas las funciones que no son de la esencia del gobierno, obra como un ignorante y como un concurrente dañino de los particulares, empeorando el servicio del país, lejos de servirlo mejor.

La materia o servicio de la administración pública, se vuelve industria y oficio de vivir para la mitad de los individuos de que se compone la sociedad. El ejercicio de esa industria administrativa y política, que es mero oficio de vivir, toma el nombre de patriotismo, pues toma el aire de servicio a la patria el servicio que cada individuo se hace hacer por la patria para vivir. Naturalmente toma entonces el semblante de amor a la patria —gran sentimiento desinteresado por esencia— el amor a la mano que procura el pan de que se vive. ¿Cómo no amar a la patria como a su vida, cuando es la patria la que hace vivir? Así el patriotismo no es religión como en los viejos tiempos griegos y romanos, ni es siquiera superstición ni fanatismo. Es muchas veces mera hipocresía en sus pretensiones a la virtud y en realidad una simple industria de vivir.

Y como los mejores industriales, los más inteligentes y activos son los inmigrantes procedentes de los países civilizados de la Europa y esos no pueden ejercer la industria-gobierno, por su calidad de extranjeros, el mal desempeño del industrialismo oficial viene a dañarlos a ellos, a contener su inmigración y perjudicar a los nacionales que no tienen trabajo en los talleres privilegiados de la administración política.

Si más de un joven en vez de disputarse el honor de recibir un salario como empleado o agente o sirviente asalariado del Estado, prefiriese el de quedar señor de sí mismo en el gobierno de su granja o propiedad rural, la patria quedaría desde entonces colocada en el camino de su grandeza, de su libertad y de su progreso verdadero.

Otro de los grandes inconvenientes de la noción romana de la patria y del patriotismo para el desarrollo de la libertad es, que como la patria era un culto religioso en su origen, ella engendraba el entusiasmo y el fanatismo, es decir, el calor y la pasión que ciegan.

De ahí nuestros cantos a la patria entendida de un modo místico, que han excedido a los cánticos religiosos del patriotismo antiguo y pagano.

El entusiasmo, ha dicho la libre Inglaterra por la pluma de Adam Smith, es el mayor enemigo de la ciencia, fuente de toda civilización y progreso. El entusiasmo es un veneno que como el opio hace cerrar los ojos y ciega el entendimiento: contra él no hay más antídoto que la ciencia, dice el rey de los economistas.

En la América del Sur envenenada con ese tósigo, el entusiasmo es una calidad recomendable, lejos de ser enfermedad peligrosa.[52]

La libertad es fría y paciente de temperamento; racional y reflexiva, no entusiasta como lo demuestra el ejemplo de los pueblos sajones, realmente libres. Los americanos del Norte como los ingleses y los holandeses, tratan sus negocios políticos no con el calor que inspiran las cosas religiosas, sino como lo más prosaico de la vida, que son los intereses que la sustentan. Jamás su calor moderno llega al fanatismo.

El entusiasmo engendra la retórica, el lujo del lenguaje, el tono poético que va tan mal a los negocios, y todas las violencias de la frase, precursoras de las violencias y tiranías de la conducta.

En esas pompas sonoras de la palabra escrita y hablada, que es peculiar del entusiasmo, desaparece la idea, que solo vive de la reflexión y de la ciencia fría.

De ahí es que los americanos del Norte, los ingleses y los holandeses no conocen esa poesía patriótica, esa literatura política, que se exhala en cantos de guerra, que intimidan y ahuyentan a la libertad en vez de atraerla. Los americanos del Norte no cantan la libertad pero la practican en silencio.

La libertad para ellos no es una deidad; es una herramienta ordinaria, como la barrera y el martillo.

Todo lo que falta a Suramérica para ser libre como los Estados Unidos, es tener el temperamento frío, pacífico, manso y paciente para tratar y resolver los negocios más complicados de la política, que lo es también de los ingleses y de los holandeses, el cual no excluye el calor a veces, pero no va jamás hasta el fanatismo, que enceguece y extravía. La Francia entra en la libertad a medida que contrae ese temple realmente viril, es decir, frío.

El entusiasmo patrio es un sentimiento peculiar de la guerra, no de la libertad, que se alimenta de la paz. La guerra misma se ha hecho más

---

52   Adam Smith, *Riqueza de las naciones.*

228

fecunda desde que ha cambiado el entusiasmo por la ciencia, pero es más hija del entusiasmo que de la ciencia.

¿Por qué vínculo misterioso se han visto hermanadas en la América del Sur las nociones de la patria, la libertad, el entusiasmo, la gloria, la guerra, la poesía, a que hoy se debe que se traten con tanta pasión las cuestiones públicas, que permanecen indecisas precisamente, porque no son tratadas con la serenidad y templanza que las haría tan expeditivas y fáciles? No es difícil concebirlo. Vista la patria como fue considerada por las sociedades griegas y romanas, a cuyos ojos era una institución religiosa y santa, la patria y su culto llenaron los corazones del entusiasmo inexplicable de las cosas santas. Del entusiasmo al fanatismo la distancia no fue larga. La patria fue adorada como una especie de divinidad y su culto produjo un entusiasmo ferviente como el de la religión misma. En la independencia natural y esencial de la patria respecto del extranjero, se hizo consistir toda su libertad, y en su omnipotencia se vio la negación de toda libertad individual capaz de limitar su autoridad divina. Así el guerrero fue el campeón de su libertad contra el extranjero, considerado como enemigo nato de la independencia patria, y la gloria humana consistió en los triunfos de la lucha sostenida en defender la libertad de la patria contra toda dominación de fuera.

La guerra tomó así su santidad de la santidad de su objeto favorito, que fue la libertad de la patria, la defensa de su suelo sagrado y de la santidad de los estandartes, que eran sus símbolos bendecidos de la patria, su suelo y sus altares entendidos como los griegos y romanos en un sentido religioso. Consideradas de ese punto de vista las cosas, la patria fue inseparable de ellas, el entusiasmo que infundían las cosas santas y sagradas. La patria omnipotente y absoluta absorbió la personalidad del individuo, y la libertad de la patria, eclipsando la libertad del hombre, no dejó otro objeto legítimo y sagrado a la guerra, que la defensa de la independencia o libertad de la patria respecto del extranjero, y su omnipotencia respecto del individuo, que era miembro de ella.

Así fue como en el nacimiento de los nuevos estados de Suramérica, San Martín, Bolívar, Sucre, O'Higgins, los Carrera, Belgrano, Alvear, Puey-rredón, que se habían educado en España y tomado allí sus nociones de patria y libertad, entendiendo la libertad americana a la española, la hicieron consistir toda entera en la independencia de los nuevos Estados respecto de España, como España la había entendido respecto de Francia, cuando la guerra con Napoleón I.

Esos grandes hombres fueron sin duda campeones de la libertad de América, pero de la libertad en el sentido de la independencia de la patria respecto de España; y si no defendieron también la omnipotencia de la patria respecto de sus miembros individuales, tampoco defendieron la libertad individual entendida como límite del poder de la patria o del Estado, porque no comprendieron ni conocieron la libertad en ese sentido, que es su sentido más precioso. ¿Dónde, de quién podían haberla aprendido? ¿De España, que jamás la conoció, en el tiempo en que ellos se educaron allí? Washington y sus contemporáneos en ese caso, no estuvieron sino en el caso opuesto. Ellos conocían mejor la libertad individual que la independencia de su país, porque habían nacido, crecido y vivido desde su cuna, disfrutando de la libertad del hombre, bajo la misma dependencia de la libre Inglaterra.

Así fue que después de conquistar la independencia de su patria, los individuos que eran miembros de ella se encontraron tan libres como habían sido desde la fundación de esos pueblos, y su constitución, de nación independiente, no hizo sino confirmar sus viejas libertades interiores, que ya conocían y manejaban como veteranos de la libertad.

La gloria de nuestros grandes hombres fue más deslumbrante, porque nació del entusiasmo que produjeron la guerra y las victorias de la independencia de la patria, que nació omnipotente respecto de sus individuos, como lo había sido la madre patria bajo el régimen omnímodo del gobierno de sus reyes, en que la patria se personificaba. La gloria omnipotente de nuestros grandes guerreros de la Independencia, como nacía del entusiasmo por la patria, que había sido todo su objeto, porque la entendían en el sentido casi divino que tuvo en la vieja Roma y en la vieja España; la gloria de nuestras grandes personalidades históricas de la guerra de la independencia de la patria, continuó eclipsando a la verdadera libertad que es la libertad del hombre, llegando el entusiasmo por esos hombres simbólicos hasta tomar a la libertad sus altares mismos.

Este es el terreno en que se han mantenido hasta aquí la dirección de nuestra política orgánica y nuestra literatura política y social, en que las libertades de la patria han eclipsado y hecho olvidar las libertades del individuo, que es el factor y unidad de que la patria está formada.

¿De dónde deriva su importancia la libertad individual? De su acción en el progreso de las naciones.

Es una libertad multíplice o multiforme, que se descompone y ejerce bajo estas diversas formas:

— Libertad de querer, optar y elegir.

— Libertad de pensar, de hablar, escribir: opinar y publicar.

— Libertad de obrar y proceder.

— Libertad de trabajar, de adquirir y disponer de lo suyo.

— Libertad de estar o de irse, de salir y entrar en su país, de locomoción y de circulación.

— Libertad de conciencia y de culto.

— Libertad de emigrar y de no moverse de su país.

— Libertad de testar, de contratar, de enajenar, de producir y adquirir.

Como ella encierra el círculo de la actividad humana, la libertad individual, que es la capital libertad del hombre, es la obrera principal e inmediata de todos sus progresos, de todas sus mejoras, de todas las conquistas de la civilización, en todas y cada una de las naciones.

Pero la rival más terrible de esa hada de los pueblos civilizados, es la patria omnipotente y omnímoda, que vive personificada fatalmente en gobiernos omnímodos y omnipotentes, que no la quieren porque es límite sagrado de su omnipotencia misma.

Conviene, sin embargo, no olvidar que así como la libertad individual es la nodriza de la patria, así la libertad de la patria es el paladium de las libertades del hombre, que es miembro esencial de esa patria. Pero ¿cuál puede ser la patria más interesada en conservar nuestras personas y nuestros personales derechos, sino aquella de que nuestra persona es parte y unidad elemental? Por decirlo todo en una palabra final, la libertad de la patria es una faz de la libertad del hombre civilizado, fundamento y término de todo el edificio social de la humana raza.

Libros a la carta

A la carta es un servicio especializado para

empresas,

librerías,

bibliotecas,

editoriales

y centros de enseñanza;

y permite confeccionar libros que, por su formato y concepción, sirven a los propósitos más específicos de estas instituciones.

Las empresas nos encargan ediciones personalizadas para marketing editorial o para regalos institucionales. Y los interesados solicitan, a título personal, ediciones antiguas, o no disponibles en el mercado; y las acompañan con notas y comentarios críticos.

Las ediciones tienen como apoyo un libro de estilo con todo tipo de referencias sobre los criterios de tratamiento tipográfico aplicados a nuestros libros que puede ser consultado en Linkgua-ediciones.com.

Linkgua edita por encargo diferentes versiones de una misma obra con distintos tratamientos ortotipográficos (actualizaciones de carácter divulgativo de un clásico, o versiones estrictamente fieles a la edición original de referencia).

Este servicio de ediciones a la carta le permitirá, si usted se dedica a la enseñanza, tener una forma de hacer pública su interpretación de un texto y, sobre una versión digitalizada «base», usted podrá introducir interpretaciones del texto fuente. Es un tópico que los profesores denuncien en clase los desmanes de una edición, o vayan comentando errores de interpretación de un texto y esta es una solución útil a esa necesidad del mundo académico.

Asimismo publicamos de manera sistemática, en un mismo catálogo, tesis doctorales y actas de congresos académicos, que son distribuidas a través de nuestra Web.

El servicio de «libros a la carta» funciona de dos formas.

1. Tenemos un fondo de libros digitalizados que usted puede personalizar en tiradas de al menos cinco ejemplares. Estas personalizaciones pueden ser de todo tipo: añadir notas de clase para uso de un grupo de estudiantes,

introducir logos corporativos para uso con fines de marketing empresarial, etc. etc.

2. Buscamos libros descatalogados de otras editoriales y los reeditamos en tiradas cortas a petición de un cliente.

www.ingramcontent.com/pod-product-compliance
Lightning Source LLC
LaVergne TN
LVHW041332080426
835512LV00006B/413